Mitos y leyendas nórdicos

Mitos y leyendas nórdicas

Martyn Whittock y Hannah Whittock

MITOS Y LEYENDAS NÓRDICOS

Relatos vikingos sobre dioses y héroes

www.edaf.net

MADRID - MÉXICO - BUENOS AIRES - SANTIAGO
2019

Mitos y leyendas nórdicos
© 2017. Martyn Whittock y Hannah Whittock.
© 2021. De esta edición, Editorial EDAF, S. L. U.
© 2021. De la traducción, José Antonio Álvaro Garrido.

EDITORIAL EDAF, S. L. U.
Jorge Juan, 68. 28009 Madrid, España
Tel. (34) 91 435 82 60
Fax (34) 91 431 52 81
http://www.edaf.net
edaf@edaf.net

ALGABA EDICIONES, S.A. de C.V.
Calle 21, Poniente 3323,
Colonia Belisario Domínguez
(entre la 33 Sur y la 35 Sur)
Puebla, 72180, México
Telf.: 52 22 22 11 13 87
jaime.breton@edaf.com.mx

EDAF DEL PLATA, S. A.
Chile, 2222
1227 Buenos Aires, Argentina
Tel/Fax (54) 11 43 08 52 22
edaf4@speedy.com.ar

EDAF CHILE, S. A.
Coyancura, 2270 Oficina, 914
Providencia, Santiago de Chile
Chile
Tel (56) 2/335 75 11 - (56) 2/334 84 17
Fax (56) 2/ 231 13 97
comercialedafchile@edafchile.cl

Queda prohibida, salvo excepción prevista en la ley, cualquier forma de reproducción, distribución, comunicación pública y transformación de esta obra sin contar con la autorización de los titulares de la propiedad intelectual. La infracción de los derechos mencionados puede ser constitutiva de delito contra la propiedad intelectual (art. 270 y siguientes del Código Penal). El centro Español de Derechos Reprográficos (CEDRO) vela por el respeto de los citados derechos.

Cuarta edición, enero 2021

ISBN: 978-84-414-3858-3
Depósito legal: M-11100-2018

IMPRESO EN ESPAÑA — PRINTED IN SPAIN

Service Point

A Neal, Elizabeth, Lesley y Debbie.
Recordando nuestros días felices en Bruselas.
HEW

ÍNDICE

INTRODUCCIÓN 9

1. ¿Quiénes eran los nórdicos? 13
2. El impacto del cristianismo en la mitología nórdica 23

PRIMERA PARTE: MITOS NÓRDICOS 29

3. Los orígenes del mundo 31
4. El orden de las cosas 41
5. Loki el tramposo y sus hijos 53
6. Las diosas Asyniur, las valquirias y la esposa de Freyr 61
7. La astucia de Loki y las aventuras de Thor 69
8. El asesinato de Baldr y el castigo de Loki 83
9. El rapto de Idunn y los orígenes de la poesía 95
10. Aventuras en Giantland 103
11. Historias de oro y de dioses 113
12. Los dichos de Odín 129
13. La rivalidad entre Odín y Frigg a cuenta de los hijos del rey Hraudung 135
14. El conflicto en el paso del transbordador 143
15. Thor y Tyr consiguen un caldero gigante en Giantland y Loki insulta a los dioses y diosas en el salón de Aegir 153
16. Thor se viste de mujer con el fin de recuperar su martillo de los gigantes 167
17. La historia de los dioses y de los humanos: la *Profecía de la vidente* 175
18. El Ragnarok y el fin del mundo 187

— 7 —

Segunda parte: Leyendas nórdicas 193

19. La *Saga de los Volsungs* y la historia de Sigurd, el matador de dragones 195
20. Gobernantes legendarios de los hombres 213
21. La *Saga de los Ynglinga* y la historia de dioses y reyes 219
22. La espada mágica llamada *Tyrfing* 231
23. La saga del rey Hrolf Kraki 243
24. Viajes a Vinlandia 265

Notas 280

Índice onomástico 285

Bibliografía seleccionada 293

Introducción

Los mitos nórdicos han conseguido despertar una atención generalizada en el mundo. Esto es algo que, sobre todo, se debe a un gran interés por los mitos y leyendas tocantes al mundo de los vikingos (los nórdicos) y también gracias a una diáspora escandinava (sobre todo en los Estados Unidos) que ha difundido tales mitos por todo el orbe conocido.

Que existe un interés muy generalizado queda de manifiesto por la aparición de temas mitológicos nórdicos en la cultura popular. Películas como *Thor* (2011), *Thor II: El mundo oscuro* (2013) y las protagonizadas por los Vengadores en las que aparece Thor (la última es *Vengadores: La era de Ultrón*, 2015), prueban la existencia de un interés sostenido por reinterpretar —y también por generar historias derivadas de— la mitología nórdica. Esas películas en concreto, son adaptaciones de los cómics de superhéroes de la Marvel, cuyos creadores (Stan Lee y Jack Kirby) basaron su personaje de Thor en el dios del trueno de la mitología nórdica. A eso hemos de sumar que la Tierra Media de Tolkien (tal como aparece tanto en *El señor de los anillos* como en *El Hobbit*) tiene una deuda enorme con la mitología nórdico-germánica.

Esto no es nada nuevo, ya que tales historias han sido difundidas y adaptadas a través del tiempo y de las culturas. Desde los homenajes de los islandeses medievales a sus raíces vikingas, al poner por escrito tales mitos, hasta el poema de William Morris, *Sigurd el Volsung*. De *El anillo de los Nibelungos*

(*Der Ring des Nibelungen*) al hombre-lobo de J.K. Rowling, Fenrir Greyback. Desde la manipulación durante el siglo XX, por parte de los nazis y sus aliados, de la mitología nórdica, a las referencias comerciales y culturales a tales mitos para promocionar equipos deportivos, cervezas, restaurantes y mucho más. Con claridad, la mitología nórdica sigue ejerciendo su influencia sobre todo un abanico de aspectos de la cultura moderna.

La pregunta es: ¿cuáles son las antiguas historias que subyacen tras estas recreaciones y reinterpretaciones tardías? Este libro pretende tanto proporcionar una lectura nueva de estas historias dramáticas como ponerlas en contexto, para que se pueda entender su lugar dentro de la cosmovisión de los vikingos. Aquí no hay traducciones nuevas de los mitos y leyendas. Eso obedece al hecho de que ya existe cierto número de traducciones académicas a partir del antiguo lenguaje nórdico, y también a que los relatos —incluso transcritos por expertos— pueden resultar difíciles de traducir. En lugar de eso, aquí se narran de manera libre. A partir de las historias originales, pero presentados de modo accesible en forma de relatos que se puedan leer como tales. Han sido extraídos de la matriz de las narraciones medievales (la mayor parte de ellas islandesas), de la misma forma que un paleontólogo obtiene un fósil de dinosaurio a partir de los huecos incrustados en una masa rocosa. El resultado es que un lector moderno puede explorar las distintas historias y leyendas.

Las historias en cuestión son mitos nórdicos (historias por lo general religiosas que explican los orígenes; por qué las cosas son como son; la naturaleza de lo espiritual) y, en menor medida, leyendas (historias que tratan de explicar sucesos históricos y que pueden involucrar a personajes históricos, pero que no se cuentan de manera historicista, y que a menudo incluyen elementos sobrenaturales). Todos ellos, juntos, nos llevan al mundo espiritual de la Era Vikinga de la Alta Edad Media.

Con respecto al idioma, el nórdico antiguo empleaba letras que ya no están en uso en idiomas modernos. En casi todos los casos, estas letras se han traducido a las del alfabeto actual. Para dar un ejemplo obvio, el *Óðinn* nórdico se presenta con la forma mucho más familiar de Odín. Sin embargo, de manera excepcional, aparecerán cuando hacen referencia a una fuente, un nombre personal a un nombre de lugar que los emplee, o formen parte de lugares modernos, etc., además de letras modernas, las propias de lenguajes escandinavos. La única excepción es la de la palabra *Æsir* (una de las dos familias de dioses nórdicos), que se emplea con esa forma debido a que es la habitual en muchas fuentes actuales, y no tanto la forma moderna de Aesir.

Respecto a las fuentes escritas, nos hemos referido a ellas en una forma entendible, por lo que empleamos, por ejemplo, *Los dichos de Grimnir* en lugar de *Grímnismál*. Cuando se usa una palabra, frase o fuente en nórdico antiguo, va siempre acompañada de su traducción, como por ejemplo: *Heimskringla* (Círculo del Mundo) o el nombre personal Bodvar Bjarki (*bjarki* significa «oso pequeño»). En algunas ocasiones, el nombre de un manuscrito se ofrece sin traducción (como por ejemplo *Codex Regius*) porque esa es la convención habitual.

En 2013 y 2014, el coautor de este libro, Martyn Whittock, visitó Islandia, Dinamarca, Noruega y Suecia como parte de la investigación para su obra (lo que incluyó escrutar en los manuscritos de la exposición de la Casa de la Cultura de Reykjavik). Por su parte, Hannah Whittock (licenciada y máster de Cambridge en estudios anglosajones, nórdicos y célticos) ha aportado al proyecto un conocimiento detallado de los textos en nórdico antiguo y sus temáticas, junto con su capacidad para leer nórdico antiguo (el lenguaje en el que están escritos los relatos originales).

Hemos contraído una gran deuda con los eruditos, cuyas expertas traducciones nos han ayudado a expresar de manera libre nuestra versión de los relatos de estos mitos y leyendas, y una selección de las mismas se ofrece en la bibliografía selecta al final del libro. Los lectores que deseen estudiar estos mitos en el contexto de la literatura en la que fueron consignados por primera vez pueden acceder a ellos a través de tales traducciones.

Cualquier error, por supuesto, es nuestro.

Martyn y Hannah Whittock

1

¿Quiénes eran los nórdicos?

Antes de que nos lancemos a explorar una selección de los mitos y leyendas nórdicos, nos será útil tratar de entender un poco lo que subyace bajo el término «nórdicos». ¿Dónde y cuándo vivieron?, y ¿hasta dónde se extendió geográficamente su influencia?

El término «nórdico» suele aplicarse a los distintos pueblos de Escandinavia que hablaban el antiguo idioma nórdico entre los siglos VIII y XIII a.C. Aunque hubiese dialectos orientales y occidentales, en general se entenderían unos a otros dentro de las zonas en las que se empleaba. Una tercera forma distinta se hablaba en la isla de Gotland.

El nórdico antiguo evolucionó hacia los modernos idiomas danés, feroés, islandés, noruego y sueco. Además, existieron los lenguajes nórdicos de las islas Orcadas y Shetland, ya extintos. Fue, en esencia, el idioma de los vikingos. En consecuencia, este libro trata sobre todo acerca de los mitos y leyendas de los vikingos.

Los vikingos y hasta dónde llegaron sus asentamientos

El término «vikingo» es en sí mismo motivo de controversia. En su momento, describía más lo que hacían (incursionar, piratear, merodear) que lo que eran[1]. El antiguo verbo, en islandés antiguo, para «desplazarse y virar» era *vikya*, y tal vocablo en nórdico antiguo podría haber designado a los «hombres de mar lejos de casa». Fuentes escritas en nórdico antiguo de Escandinavia designan como *vikingr* a un incursor pirata, y a una expedición de ese tipo como un *viking*[II]. En origen, no tenía un significado étnico, pero es lo que implica en la actualidad. En consecuencia, a día de hoy empleamos el término «vikingo» para describir a los escandinavos de la llamada «Era Vikinga». Y es en tal sentido como lo usaremos en este libro.

La Era Vikinga duró desde finales del siglo VIII hasta el 1100, aproximadamente. Fue ese el lapso de tiempo en el que las gentes de Escandinavia atacaron primero y se asentaron después en una amplia extensión territorial que iba desde Rusia, por el este, hasta Groenlandia y la costa de Norteamérica, por el oeste. Atacaron a ambos lados del canal de la Mancha y se establecieron en Normandía, y en el este y el norte de Inglaterra, así como en las islas orientales y norteñas de Escocia, y crearon un reino vikingo en Dublín. Fueron esos pueblos los que colonizaron Islandia, las islas Feroes y partes de Groenlandia. Ataques más lejanos llegaron incluso hasta España y al interior del Mediterráneo.

A partir del siglo X vemos surgir reinos en Dinamarca, Noruega y por último en Suecia, pero la construcción nacional llevó su tiempo y las fronteras se mantuvieron fluidas y cambiantes durante muchas generaciones. Por tal razón, cuando empleamos los términos «Dinamarca», «Noruega» y «Suecia» es para describir difusas unidades políticas tempranas y no a los distintos estados-nación que conocemos ahora.

En lo que respecta a Norteamérica, las sagas nos hablan de la exploración de una región llamada «Vinlandia», aunque hay cierto debate sobre si las referencias a *vinber* (granos de vino) indican la presencia de uvas silvestres o si se trata de otra planta. El nombre «Vinlandia» se consigna por primera vez en los escritos de un cronista medieval alemán llamado Adam de Bremen, en su *Descripción de las islas del Norte* (escrito hacia el 1075), en la forma alemana de Winland. Dio a entender que eso hacía referencia al «vino» y por tanto a las «uvas». Este nombre aparece luego en el siglo XIII en *La Saga de los islandeses*. Que se emplee ahí sugiere que lo que tenían en mente era *vínber*, un término que designa tanto a uvas como grosellas y quizá también a los arándanos. Además, se ha sugerido que el término *vínviður* (vides) que aparece en *La Saga de los groenlandeses* debiera ser en realidad *viður* (madera), en cuyo caso *vínber* no tendría necesariamente que referirse a uvas, sino más bien a bayas de árboles[III].

Esto deja la duda abierta sobre si los escritos nórdicos del siglo XIII se refieren a uvas salvajes (las plantas productoras de vino del más temprano escrito de Adam de Bremen) o a alguna baya salvaje que podría fermentarse para obtener vino. Es importante, porque puede ayudar a explicar cuán lejos hacia el sur, navegando por la costa oriental de América del Norte, llegaron con exactitud los exploradores del siglo XI. Desde luego, no encontraron uvas salvajes creciendo en L'Anse aux Meadows, en Terranova, que es en la actualidad el único emplazamiento arqueológicamente probado de los nórdicos en el continente norteamericano[IV]. Por eso queda claro que L'Anse aux Meadows no fue Vinlandia. Sin embargo, ese lugar contenía pistas que apuntaban a exploraciones más hacia el sur llevadas a cabo por los colonos nórdicos cuyas casas se descubrieron allí. Tales pistas eran las *butternuts* (o nueces blancas) encontradas en el lugar. Dado que estas proceden del oriente de los Estados Unidos y el sureste de Canadá, sugieren que Vinlandia pudo haber estado tan al sur como el río San Lorenzo y partes de New Brunswick, dado que tales son las fronteras norte para las *butternuts* y las uvas silvestres.

Hay otra posible referencia literaria a Vinlandia en forma de una línea de la piedra rúnica Hønen de Norderhov, en Noruega (hoy por desgracia perdida). La línea en cuestión contiene una inscripción en nórdico antiguo: *Vinlandi á ísa* (de Vinlandia sobre hielo). Sin embargo, puede interpretarse mejor como *Vindkalda á ísa* (sobre el hielo del viento gélido)[V]. Sea como sea, nos da una referencia geográfica sobre la ubicación real de la Vinlandia que se menciona en las sagas del siglo XIII. Lo que parece claro, sin embargo, es que otras pruebas de la actividad de nórdicos en América del Norte son falsificaciones o se basan en objetos (por ejemplo, monedas) que llegaron a Norteamérica mucho después de la Era Vikinga y que no nos dicen nada sobre los lugares que visitaron los verdaderos exploradores nórdicos, siglos antes. Al parecer, en tiempos posteriores, algunos colonos de origen escandinavo (por ejemplo, los de Minnesota) estaban tan ansiosos de proclamar sus raíces «y de celebrar sus antiguas conexiones medievales con su nuevo hogar» que fabricaron pruebas para que dieran fe de ello. La piedra rúnica de Kensington, en Minnesota, entra dentro de esa categoría. Sin embargo, podemos suponer que, en el futuro, aparecerán verdaderas pruebas sobre los asentamientos nórdicos en la costa este y que tal cosa se añadirá a las notables evidencias ya reunidas en L'Anse aux Meadows.

El material en la mitología nórdica: la literatura

La mayor parte de lo que conocemos sobre los mitos nórdicos procede de dos fuentes medievales tardías: la *Edda Prosaica* y la *Edda Poética*, ambas del siglo XIII[VI]. El término *Edda* puede proceder tanto de la palabra nórdica antigua *óðr* (poesía) como del nombre de un personaje que aparece en uno de los poemas de la *Edda Poética*, o del latín *edo* (yo compongo). Que dé título a estas dos recopilaciones se debe a la terminología empleada por eruditos posteriores. Estas dos fuentes nos suministran casi todo lo que sabemos sobre mitología nórdica. Las pistas que se encuentran en la poesía escáldica, y las sagas y la toponimia, se pueden también cotejar y comparar con los testimonios de las *Eddas*. En cuanto a las leyendas nórdicas, dependemos de las sagas, que de nuevo son sobre todo del siglo XIII islandés.

La *Edda Prosaica* (también conocida como *Snorra Edda* o *Joven Edda*) se considera escrita por Snorri Sturluson, un caudillo islandés de los primeros años del siglo XIII. Snorri es también el autor de *Heimskingla* (*Círculo del Mundo*), que es una recopilación de sagas sobre los reyes noruegos. Tales sagas contienen gran cantidad de poesía escáldica —sobre todo poesía laudatoria escáldica— y son una fuente primaria para este tipo de poesía. La poesía escáldica es una de las dos principales formas de poesía en nórdico antiguo y es una fórmula poética de lo más complicada que, por lo general, se reserva para poemas históricos o laudatorios. Al revés que otras formas poéticas de este periodo, el verso escáldico se puede atribuir con facilidad a poetas o escaldas determinados. La poesía escáldica hace un gran uso de *kennings*, que son herramientas poéticas en las que las figuras literarias se emplean en lugar de vocablos concretos. Tales figuras literarias a menudo contienen referencias al mundo mitológico nórdico. Snorri también hace alusión a gran cantidad de *kennings* y explica sus orígenes en su *Edda*.

La *Edda Prosaica* fue escrita en islandés. Resulta poco habitual que los tratados medievales poéticos se redactasen en lengua vernácula, y también las propias poesías fueron escritas en tal idioma. Han sobrevivido siete manuscritos. De ellos, seis son de la Edad Media y el séptimo está datado hacia el año 1600. Ninguno de esos manuscritos es igual al resto; todos tienen diferentes variaciones y todos están incompletos en mayor o menor medida. Los cuatro manuscritos principales son *Codex Upsaliensis, Codex Regius, Codex Wormianus* y *Codex Trajectinus*.

Los tres primeros se compusieron en el siglo XIV. El *Codex Upsaliensis* es el más antiguo de los textos supervivientes y se escribió a comienzos de ese siglo. El manuscrito contiene la única referencia al título de la primera parte de la *Edda Prosaica, Gylfaginning (El engaño de Gylfi)*, en nórdico antiguo, que encontraremos más tarde cuando exploremos los mitos. También es un texto ilustrado. El *Codex Regius* es un poco más tardío y se escribió en la primera mitad del siglo XIV. Es el más completo de los cuatro manuscritos y parece ser el más fiel al original. Por esa razón se emplea como base para la mayor parte de las ediciones y traducciones de la *Edda Prosaica*. El *Codex Wormianus* se escribió a mediados del siglo XIV. Contiene algunas partes de poesía, incluido el *Primer tratado gramatical*, que es un trabajo del siglo XII sobre la fonología del nórdico antiguo, y la *Lista de Ríg*, que es un poema éddico. El *Codex Trajectinus* del siglo XVI es el último manuscrito y es una copia de otro anterior del siglo XIII.

La *Edda Poética* es una recopilación de poemas en nórdico antiguo que se centran en la mitología nórdica y el mundo heroico germánico. Son todos poemas éddicos, la segunda de las formas principales de poesía en nórdico antiguo. La mayoría de los poemas éddicos están contenidos en el *Codex Regius* y muchos de los poemas incluidos solo se encuentran ahí. La *Edda Prosaica* cita algunos de ellos —como por ejemplo la *Profecía de la vidente*—, pero son solo fragmentos, no recoge poemas íntegros. Aunque el manuscrito no se escribió hasta 1270 en Islandia, es comúnmente aceptado que recoge poemas previos a la conversión al cristianismo. Sin embargo, son difíciles de fechar, sobre todo en relación unos con otros. Incluso es difícil asegurar dónde se redactaron originalmente[VII].

Otra importante fuente poética en nórdico antiguo es el manuscrito *AM 748I 4to*[VIII], que es un texto sobre pergamino del siglo XIV que contiene una serie de poemas entre los que está el *Sueño de Baldr*. Además, también contiene los otros poemas que se hallan en el *Codex Regius*.

Por último, una rica fuente de literatura en nórdico antiguo son las sagas[IX]. Las sagas nórdicas, por lo general, se clasifican mediante títulos que indican su contenido temático: *Sagas de los reyes*, *Sagas de islandeses*, *Cuentos cortos de islandeses*, *Sagas contemporáneas*, *Sagas legendarias*, *Sagas caballerescas*, *Sagas de los santos* y *Sagas de los obispos*. Se escribieron en Islandia, casi todas en prosa, aunque algunas contienen poesía escáldica y éddica en el propio texto. Dejando de un lado las *Sagas legendarias*, como es el caso de la *Saga de los Volsungs*, son a menudo realistas e inspiradas, aunque sea de forma lejana, en personas reales que vivieron en Islandia. Relatan historias sobre la migración a Islandia, los primeros viajes e incursiones vikingas y las venganzas de sangre y litigios en Islandia. Los protagonistas de estas historias son a menudo retratados de forma muy humana y, a pesar de las situaciones extremas en las que se encuentran, cercanos. Como ya veremos, incluyen algún material legendario que aparecerá más tarde en este libro.

El material de la mitología nórdica: la arqueología

La arqueología se puede usar para comparar los restos de las tumbas, tallas e instrumentos de la Era Vikinga con la imagen que recibimos de las creencias nórdicas a partir de testimonios escritos posteriores. Así, encontramos martillos de

Thor usados como colgantes en toda Escandinavia y Gran Bretaña[x]; pájaros que acompañan a un guerrero montado (¿Odín y sus cuervos?) en cascos decorados de estilo Vendel y desenterrados en Suecia[XI]; un amuleto con forma de mujer que porta un cuerno de beber (¿una valquiria?) de Öland, Suecia[XII]; un guerrero luchando contra dos osos en una placa de bronce de Torslunda, Suecia, que también podría mostrar híbridos de humano y animal[XIII]; una talla del caballo de ocho patas de Odín, Sleipnir, procedente de Gotland[XIV]; tenemos enterramientos de barcos de personajes notables en Noruega, Suecia y las islas Británicas; y se han encontrado sacrificios de animales y, ocasionalmente, de seres humanos. Todos estos temas recurrentes se encuentran en mitos escritos posteriores y corroboran algo de lo que estos revelan sobre las creencias nórdicas de la Era Vikinga.

De igual forma, las piedras rúnicas de Dinamarca, Suecia y Noruega revelan creencias gracias a las imágenes impresas en ellas, así como a los breves mensajes tallados en las mismas. Runas que nos revelan creencias religiosas y mágicas se han encontrado sobre huesos, armas y otros artículos. A partir de ahí, podemos comparar los nombres de dioses y prácticas religiosas con los conceptos registrados en la literatura. No obstante, aunque evidencian con claridad la existencia de creencias comunes a lo largo de una amplia área cultural nórdica, no deberíamos esperar uniformidad, ya que las creencias no estaban codificadas ni vigiladas por ninguna jerarquía religiosa común.

Otras pistas supervivientes

Originalmente, los primeros pobladores anglosajones adoraban a dioses similares a otros de grupos germánicos del noroeste y escandinavos, por lo que tales creencias religiosas, ya fuera de los terruños escandinavos, se pueden rastrear y comparar. Aunque los nombres varían ligeramente (los que en nórdico antiguo son *Odín* y *Thor* aparecen en inglés antiguo como *Woden* y *Thunor*), se asume de manera general que las creencias eran similares en todo el mundo nórdico; aunque debe admitirse que lo que sabemos de las creencias paganas anglosajonas es poco. Sin embargo, aspectos de esas creencias norteñas se pueden identificar incluso fuera de Escandinavia: desde los vocablos ingleses para *thunder* y *thursday*[1] (ya que ambos contienen la variante inglesa antigua del vocablo nórdico antiguo *Thor*), y *wednesday*[2] (que significa el día de *Woden/Odín*) a nombres de lugares que dan fe de la adoración a esas deidades escandinavas en Inglaterra, como por ejemplo el nombre de Wandsdyke (muro de *Woden/Odín*) en Wiltshire, y los múltiples *Grim's Ditches* (que se forma a partir de la palabra *grima*, «El enmascarado», que es otro nombre para *Woden/Odín*).

En el siglo IX, los vikingos invasores reintrodujeron sus variantes de estos dioses en Inglaterra y otros lugares, hasta que se convirtieron ellos mismos más tarde al cristianismo. En consecuencia, hay escenas que ilustran la lucha de Odín con el lobo en el Ragnarok (el fin del mundo) talladas en una cruz procedente de Kirk Andreas, en la isla de Man. Thor pescando a la serpiente Midgard está tallado en una cruz plantada en Gosforth, Cumbria, que también parece estar decorada con una valquiria. Se puede ver a Regin forjando la espada de Sigurd y a Sigurd asando el corazón del dragón en una cruz de piedra de Halton, Lancashire[xv]. Las fuentes escritas anglosajonas también hacen referencia a los estandartes con el cuervo, que representan a los compañeros de

---

[1] Trueno y jueves. (N. del t.).
[2] Miércoles. (N. del t.).

Odín, y que igualmente aparecen en los mitos vikingos, y eran usados por los ejércitos de estos[xvi].

Durante la diáspora vikinga, de Suecia a Islandia, los nombres de los dioses y las diosas nórdicos —así como las referencias a elfos, enanos y dragones— hacen acto de presencia en esos territorios. Eso revela cómo tales creencias marcaron las perspectivas y los «mapas mentales» de las comunidades granjeras, y se pueden comparar con la documentación para formarnos una imagen más consistente de las creencias durante la Era Vikinga.

Sin embargo, es a partir de la tradición escrita —la mayor parte de ella procedente de la Islandia del siglo XIII— de donde obtenemos los detalles tocantes a esos mitos tempranos. Volver a contar tales historias es el propósito de este libro.

2

EL IMPACTO DEL CRISTIANISMO EN LA MITOLOGÍA NÓRDICA

LA PLASMACIÓN POR ESCRITO de la mitología nórdica se produjo sobre todo durante el siglo XIII en Islandia, cuando Snorri Sturluson recopiló su *Edda Prosaica* y se escribió también la *Edda Poética*, sobre todo el *Codex Regius*[XVII]. Ese trabajo lo realizaron cristianos practicantes, en un país que era oficialmente cristiano desde hacía más de doscientos años. Por tanto, cabe debatir acerca de cuánto de todo eso es una representación fidedigna de creencias previas a la conversión y hasta qué punto estamos viendo la mitología nórdica a través de la óptica cristiana medieval. El punto clave está en que ningún creyente que viviera durante la Era Vikinga escribió nada sobre la mitología y religión nórdicas[XVIII]. Lo mismo, por supuesto, se aplica a lo que conservamos de mitología céltica y también a las creencias anglosajonas precristianas. Los vikingos no son los únicos cuyas creencias fueron más tarde recogidas por aquellos que ya no las compartían.

La obra y la ideología de Snorri Sturluson

La *Edda* de Snorri Sturluson se concibió como un libro de texto sobre el arte tradicional de escribir poesía escáldica. Enfoca hacia el contenido, el estilo y la métrica de la poesía tradicional vikinga y, debido a eso, también se preocupa mucho por la mitología precristiana. Las historias mitológicas se encuentran sobre todo en la sección titulada *El engaño de Gylfi*, donde nos relata el comienzo y el fin del mundo, así como en varios otros cuentos sobre los dioses. La parte llamada *El lenguaje de la poesía* también contiene historias mitológicas que sirven de ejemplo para explicar los orígenes de la forma poética conocida como *kennings*. Estas historias se basan en poemas más antiguos, tradicionales, y puede que también en relatos en prosa orales, aunque el proceso de trasmisión oral implica que, muy probablemente, fueron adaptadas o alteradas a partir de sus composiciones originales. También parece que el propio Snorri adaptó esas historias y —con la ayuda del prólogo— intentó hacerlas más neutras para conseguir que ese pasado pagano resultase aceptable a sus contemporáneos cristianos.

Snorri expone su actitud hacia el pasado pagano en su prólogo y lo emplea para poner a la mitología dentro del contexto social de su época, basándose en una «interpretación histórica, antes que ideológica o mitológica»[XIX]. El comienzo de su *Prólogo* se lee de manera muy similar al *Génesis* y luego discurre sobre cómo Dios fue descuidado por la humanidad. Después el *Prólogo* va a considerar que las creencias animistas o religión natural que practicaban aquellos que no conocían a Cristo —debido a que sus predecesores se apartaron de Dios— trataban de explicar la creación, pero no lograban hacerlo por faltarles la sabiduría divina. Hace una clara distinción entre el conocimiento de Dios obtenido a través de la observación natural y el logrado mediante la Gracia.

Snorri pasa luego a discutir acerca de la marcha de Odín y sus hermanos, desde su tierra natal de Troya a Escandinavia, donde crean su propio reino. Eso liga el pasado pagano escandinavo no solo con el bíblico, sino también con el clásico, algo que era aceptable dentro de la sociedad cristiana medieval. La narración versa sobre la aparente grandeza de Odín, pero no se le retrata como un dios guerrero sino como un hombre de la Antigüedad al que gente descarriada comenzó a rendir adoración y ofrecer sacrificios. En contraste con este papel central de Odín en el *Prólogo*, el personaje de Thor resulta oscurecido tanto ahí como en la *Saga de los Ynglinga*, que se supone también escrita por Snorri. A Thor se le coloca en la genealogía de una forma que se aminora su importancia en comparación con la de Odín. Ya que Thor fue considerado por muchos misioneros cristianos como una fuerza antagónica a Cristo, pudiera ser que, como Odín proyectaba una imagen menos poderosa y potente, resultase más seguro presentar a este último como un análogo a Cristo. Como veremos en próximos capítulos, la forma en que la creación del mundo se presenta en *El engaño de Gylfi* parece indicar que Snorri adaptó las tradiciones para hacerlas más familiares a un público cristiano[xx].

En *El lenguaje de la poesía*, Snorri discute el pasado pagano en relación con los *kennings* usados en poesía escáldica, para así suministrar a los lectores de su tratado una compresión de cuáles son los orígenes de tales elementos. A pesar de las referencias iniciales a los Æsir como dioses, al comienzo de *El lenguaje de la poesía*, Snorri emplea el «evemerismo»[3], donde los dioses precristianos se explican por la transformación en tradiciones tardías de quienes no eran más que humanos sobresalientes. Así trata de hacerlos más aceptables socialmente y reducir su impacto. Se justifica por contar tales mitos apoyándose en su valor como ejemplos y expli-

---

[3] Teoría del sofista griego Evemero, según la cual los dioses no eran más que antiguos personajes históricos cuyo recuerdo se había deformado y magnificado con el paso del tiempo. (N. del t.).

caciones, y sugiere que tales historias no deben ser vistas como mitología, sino entenderse para ser usadas en poesía. Referencia tales historias introduciendo versos de grandes poetas. Eso implica que esas historias podrían no ser verdad, pero que puede resultar socialmente aceptable emplearlas en poemas, como una forma antigua y tradicional de comunicación oral que fue usada por una larga sucesión de poetas previos a él. Realiza una cerrada defensa de la tradición poética, aunque no busque impulsarla como un sistema de creencias. Esto es prueba del equilibrio intelectual que tiene que hacer Snorri[XXI]. Es este énfasis en los *kennings* y no en la mitología lo que le ayuda a quitarles hierro: La *Edda* de Snorri no es un catálogo de mitología precristiana, sino un tratado de poesía que reposa sobre el credo pagano y que él adapta y emplea para sus propios y polémicos propósitos[XXII]. Esto significa que no tiene problemas en negar autenticidad a las historias, dado que no son su objetivo principal. Sin embargo, suministra a futuros lectores una panorámica sobre la primitiva mitología nórdica.

La aportación de Adam de Bremen

Aunque la mayor parte de la información sobre mitología nórdica procede de las *Eddas Prosaica* y *Poética*, disponemos de información sobre cómo se adoraban a los dioses gracias a otras fuentes. Adam de Bremen, un cronista y monje alemán que escribió en la segunda mitad del siglo XI, registró nombres de dioses llamados Thor, Wotan (Odín) y Frikko (Freyr) que recibían adoración en el templo de Uppsala[XXIII]. Cosa interesante, es Thor y no Odín el que se consigna como dios supremo. Además, a Odín se le presenta como dios de la guerra y no de la poesía, como ocurre en las fuentes tardías. Este trío de dioses entronca con los escritos del historiador romano Tácito, del siglo I, aunque este usa nombres romanos: Hércules, Mercurio y Marte (este último se cree más a menudo que es el equivalente al dios nórdico Tyr)[XXIV].

Posible influencia cristiana en las sagas

En las sagas, aparecen varios personajes que profesan particular devoción a distintos dioses. Uno de ellos es el personaje principal de nombre Hrafnkell, en la *Saga de Hrafnkell*. Muestra tal dedicación al dios Freyr que le apodan *Freysgoði* o «Caudillo de Frey». No todos los personajes muestran firme devoción por algún dios y, en la *Saga de Egill*, Egill Skallgrímson se «convierte» de Thor a Odín. Esto, sin embargo, podría estar teñido por las ideas cristianas acerca de la devoción hacia un dios determinado.

¿Una voz contemporánea?

A falta de registros escritos nativos de la época de la conversión, la poesía escáldica nos suministra de la manera más cercana posible los pensamientos y sentimientos de aquellos que vivieron en el periodo vikingo. No obstante, en una sociedad preliteraria, la tradición y la trasmisión oral eran las únicas formas de conservar los versos. Eso significa que los versos escáldicos que se han conservado han vivido muchas etapas de trasmisión, antes de ser consignados por escrito en la forma actual. Aunque las reglas estrictas y métricas favorecían una memorización y trasmisión exacta de las estrofas escáldicas, los manuscritos nos ofrecen abundantes muestras de corrupción y variaciones. Esto implica que no podemos dar por sentado que los versos que tenemos sean los producidos originalmente por los escaldas (poetas), aunque parece que, en la mayor parte de los casos, tenemos el sentido general de lo que el *skald* original dijo. La obra de los escaldas a menudo tiene que ver con la vida y hazañas de grandes hombres y, una vez que los complicados *kennings* se desentrañan, los versos a menudo dicen poco más que «el rey es un gran guerrero que ha matado a muchos hombres». No obstante, lo que tiene particular interés para la conservación de la mitología original son los *kennings* mismos, ya que a menudo contienen pistas sobre la religión pagana y la fe de los reyes conversos.

Todo esto implica que es muy difícil de conseguir una imagen de verdad precisa sobre lo que creían los escandinavos de los siglos VIII, IX y X. Los mejores testimonios proceden de la poesía —tanto la éddica como la escáldica—, pero incluso en esto, debido a los años de trasmisión oral, resulta difícil saber qué ha sobrevivido intacto del todo. Como veremos en la *Profecía de la vidente*, incluso en uno de los más famosos poemas en nórdico antiguo puede haber partes que resulten ser una interpolación cristiana posterior[xxv]. Lo que sí se mantiene en todas las fuentes, empero, son los nombres de los dioses, y podemos estar bien seguros de que esas eran las deidades que adoraban las gentes de comienzos de la Edad Media escandinava, aunque no podamos estar completamente seguros de cuál era el sistema exacto de creencias. Y las historias, aunque nos las hayan trasmitido escritores cristianos, suministran notable cantidad de información tocante a las tradiciones asociadas a esos dioses y diosas.

Primera parte:
Mitos nórdicos

PRIMERA PARTE

NIÑOS Y NIÑOS

3

LOS ORÍGENES DEL MUNDO

EN LA COLECCIÓN DE MITOS NÓRDICOS conocida como *Edda Poética*, y en particular en la sección llamada *El engaño de Gylfi*, encontramos multitud de cuentos sobre las aventuras de dioses y gigantes nórdicos que van desde el comienzo de la vida hasta la construcción del puente Bifrost, entre Asgard y el mundo.

El propósito de *El engaño de Gylfi* parece ser el de proporcionar un trasfondo para situar los *kennings* (por lo general formados por dos palabras que describen de forma indirecta algo) que se encuentran en *El lenguaje de la poesía*, en la *Edda Prosaica*. La naturaleza de los dioses y su presentación son muy diferentes ahí respecto a las del prólogo de la *Edda Prosaica*. Mientras que en el *Prólogo* se nos muestra a personajes como Odín o Thor tan solo como humanos sobresalientes, en el cuerpo principal de *El engaño de Gylfi*, a ellos —lo mismo que a muchos otros— nos los presentan con claridad como dioses y, en repetidas ocasiones, están visiblemente alejados de los parámetros de la humanidad. Además, el recopilador, Snorri, trata de explicar mucho, aunque no todo, sobre la mitología nórdica. Reunió información sobre distintos temas y los colocó en orden cronológico, más o menos, con la excusa de formular preguntas al respecto. La presentación de estas historias por parte de Snorri indica que las adaptó para hacerlas más familiares a la audiencia cristiana.

Por ejemplo, se refiere a Odín como Padre Supremo, para dar una similitud entre paganismo y cristianismo, algo que resulta reforzado más tarde, cuando lo describe a través de todas las eras y gobernando sobre todos los reinos. Los tres oradores representan con claridad a la Trinidad. Al llamarlos Altísimo, Tan Alto y, al del trono más alto, el Tercero, se puede entender que se busca un sentido de unidad e igualdad, que es un rasgo característico de la Trinidad Cristiana. Los nombres de los tres oradores también se presentan como propios de Odín en las listas de sinónimos poéticos conocidos como *heiti*, y esto es algo que parece confirmar el sentido de unidad atribuido a los tres personajes.

El engaño de Gylfi está marcado a fondo por la poesía éddica. Esto es una reminiscencia de las fórmulas poéticas que se encuentran en la versión de la mitología conocida como *Edda Poética*. La versión en prosa se basa en las historias perfiladas en la poética. Aunque no es la única fuente, en absoluto: la principal es la *Profecía de la vidente* que se encuentra en la *Edda Poética*. Aunque es similar en muchas cosas a la *Profecía de la vidente*, existen ciertas diferencias en la presentación de la información, y Snorri parece haber tratado de mostrarlo más en línea con la ideología cristiana. Sin embargo, a pesar de ciertas similitudes entre las historias bíblicas y algunos cuentos mitológicos, en su mayor parte estos están en plena contradicción con las enseñanzas cristianas, y los actos de los dioses no son para nada «agradables a Dios» en el sentido cristiano de la expresión. Odín no es omnipotente ni omnisciente; tiene que sacrificar su ojo para ganar en sabiduría y es incapaz de impedir su total destrucción por Fenrir, el lobo. Por tanto, está muy aminorado en comparación con Cristo, que trasciende a la muerte. En este sentido, el propósito de la narración era, con claridad, el de presentar en desventaja las creencias paganas, incluso aunque las estuviera volviendo a narrar.

* * *

El engaño del rey Gylfi de Suecia y la creación de Zelanda

Hace mucho tiempo, en la tierra que ahora llamamos Suecia, vivía un rey llamado Gylfi. Una de las historias que se cuentan sobre él relata cómo, cierta vez, una mujer errante llegó a su corte y le sedujo. A modo de recompensa, el rey Gylfi le concedió una parcela de tierra en su reino. La parcela abarcaba la tierra que se pudiera arar con cuatro bueyes durante un día y una noche. Ese sería su precio. Pero la mujer errante no era una mortal ordinaria, sino que era una de la raza de los divinos Æsir. Se llamaba Gefion y estaba casada con un gigante. Así que se marchó al norte y seleccionó cuatro bueyes fuertes para arar. No eran bueyes ordinarios, ya que, de hecho, eran sus propios hijos, a los que había transformado, y eran mitad gigantes y mitad Æsir. Aquellos grandes bueyes tiraron del arado con tal fuerza que hendieron profundamente el suelo y rompieron la conexión con la tierra inferior. Como resultado, todo fue arrastrado a gran distancia, mar adentro, por los bueyes que tiraban del arado. Llevaron esa tierra lejos, al oeste, hasta que al final se detuvieron en un gran entrante de mar. Gefion paró a los bueyes ahí y llamó a aquella tierra *Zelanda*, que significa Tierra Marina. En el lugar donde se había desarraigado toda esa tierra quedó un gran agujero que se llenó de agua y se convirtió en el lago Mälaren de Suecia. Todavía a día de hoy se puede constatar que las bahías del lago tienen las mismas formas que los cabos de Zelanda y eso da fe de cómo el lago se formó hace mucho.

La historia de Gefion la conocía el poeta Bragi el Viejo, que compuso un poema. En él recordaba a sus oyentes que:

> *Gefion tomó felizmente una gran porción de tierra*
> *Y los bueyes laboriosos hicieron de ella parte de Dinamarca.*
> *Cada buey tenía ocho ojos y cuatro cabezas*
> *Y la tierra que hurtaron era rica en praderas.*

Sin embargo, el rey Gylfi era no solo inteligente, sino también mago. Estaba atónito por la forma en la que los Æsir se salían siempre con la suya y se preguntaba por qué sucedía tal cosa. Se hizo la pregunta de si eso se debía a sus propias mañas y habilidades o a que los dioses les eran particularmente favorables. Estaba decidido a descubrir la respuesta y se dispuso a viajar a Asgard, la tierra de los dioses. Determinó ir en secreto y para ello se disfrazó de anciano. Pero los Æsir tenían el don de la profecía y eran capaces de frustrar sus designios. Sabían que llegaba y estaban dispuestos a engañarle; ¡no todo sería como él lo percibía! Porque los Æsir utilizarían varios disfraces para salirle al paso.

El rey Gylfi en Asgard: las preguntas planteadas por El Vagabundo

Cuando ese anciano vagabundo —que por supuesto era el rey Gylfi— llegó por fin a Asgard, quedó sorprendido por sus dimensiones y su grandeza. Pero lo que más le impresionó fue el gran salón situado en el centro de la ciudad. Se llamaba *Valhalla*, que significa Salón de los Muertos, aunque algunos dicen que significa Salón Escudo.

Al aproximarse al salón, su atención fue captada por un hombre que estaba haciendo malabares nada menos que con siete cuchillos. El malabarista de los cuchillos le preguntó al rey Gylfi cómo se llamaba, pero el rey no quería delatarse, así que respondió que su nombre era El Vagabundo, aunque algunos dicen que su nombre era Harto de los Caminos, que viene a ser lo mismo. Afirmó haber estado largo tiempo errando; y preguntó si le podrían alojar por una noche y cuál era aquel salón techado. A la última de las preguntas, el malabarista de los cuchillos respondió que era el salón de su rey. Pero, en cuanto al nombre del rey, el viajero habría de preguntárselo él mismo.

Cuando llevó a Gylfi al salón, este se apercibió de que era espacioso, con gran cantidad de estancias, y que los que estaban dentro se ocupaban en multitud de actividades, desde jugar y beber, hasta combatir unos contra otros. Al advertir su curiosidad, el malabarista le aconsejó que procediese con suma precaución al entrar en una habitación, ya que no sabría nunca si había o no algún enemigo al acecho.

Al final, Gylfi llegó ante tres tronos que se hallaban a diferentes alturas, ocupados por tres hombres. Al ver eso, le preguntó a su acompañante el nombre del rey del salón y este le dijo que era el del trono más bajo y que su nombre era Altísimo; otro se llamaba Tan Alto y el tercero (sentado en el trono más alto) Tercero. Gylfi le preguntó al rey llamado Altísimo si en ese salón moraban gentes sabias y entendidas. Altísimo respondió que, en efecto, los había, pero que Gylfi tendría que pagar su precio si resultaba ser menos sabio que aquellos a los que interrogase.

¿Quién es el más grande de los dioses?

Sin inmutarse ante tal advertencia, Gylfi hizo su primera pregunta: ¿Qué dios es el más elevado y el más antiguo entre todos los dioses y diosas? A esto, Altísimo respondió que el dios más antiguo era conocido como el Padre Supremo, pero que en Asgard era llamado por otros doce nombres.

Entonces Gylfi hizo su segunda pregunta: ¿Dónde está la residencia de ese dios y qué trabajos y prodigios ha realizado para demostrar su poder? A esto, Altísimo contestó que había vivido durante todas las eras y gobernaba sobre todo ser viviente. Y el hombre del segundo trono, Tan Alto, añadió que ese dios antiguo creó cuanto existe y cuanto vive, sea en la tierra, en los cielos o en cualquier otro reino. Una vez que hubo añadido eso, el llamado Tercero habló y le dijo a Gylfi que el mayor de los trabajos del antiguo dios llamado Padre Supremo fue la creación de la gente y del espíritu que hay en cada persona. Era ese espíritu el que sobrevivía al cuerpo de los mortales, que están condenados a la decadencia. De entre tales mortales, aquellos que se mostraban dignos continuarían viviendo al lado del Padre Supremo tras la muerte, en el lugar conocido como Gimle, el lugar más hermoso de la tierra. Por otra parte, los malvados se verían condenados a Hel y Niflhel, que se hallaban en el noveno mundo.

Entonces Gylfi formuló su tercera pregunta: ¿Qué hizo el Padre Supremo y dónde vivió antes de hacer todas las cosas? Le respondieron que el Padre Supremo vivía en aquel entonces entre los gigantes del hielo.

Los orígenes de los gigantes de hielo y de Odín

Gylfi hizo una cuarta pregunta: ¿Cuándo y cómo vinieron a ser todas las cosas y qué existía antes de eso? El llamado Altísimo respondió que eso fue antes de que el tiempo o cualquier otra cosa existiera. Entonces no había más que un gran vacío sin vida.

A eso, el llamado Tan Alto agregó que, antes de que se crease la tierra, surgió el lugar llamado Niflheim, con un gran manantial en su centro del que fluyeron diez ríos. Cerca estaban las Puertas de Hel. El llamado Tercero explicó que, antes de que existiera la tierra, había en el sur una región llameante llamada Muspell y que, de ese lugar, al final del mundo, saldría Surt para derrotar a los dioses y abrasarlo todo.

Entonces Gylfi formuló su quinta pregunta: ¿Cómo eran las cosas antes de que los humanos creciesen en número? Ante eso, sus interlocutores, todos a una, le hablaron de grandes ríos venenosos llenos de hielo y de los que surgían vapores. La parte norte de todo aquello estaba cubierta de hielo grueso, en tanto que la sur se derritió con el calor de Muspell. En el lugar en el que el hielo y el calor se encontraron, las gotas mezcladas tomaron la forma de un hombre cuyo nombre era Ymir. Era un gigante del hielo y de él descienden todos los de esa raza. Esos gigantes de hielo recordaron a su antepasado Ymir dándole su propio nombre con la forma Aurgelmir.

Entonces Gylfi formuló su sexta pregunta: Cómo llegaron a ser las demás personas y si era Ymir uno de los dioses. A eso, Altísimo respondió que Ymir no era un dios, ya que él y todos los gigantes de hielo eran malignos. Ymir sudó mientras dormía y de ese sudor bajo el brazo izquierdo se formaron un varón y una hembra; y un hijo nació del sudor de sus piernas. Así se creó la raza de los gigantes del hielo.

Entonces Gylfi hizo una séptima pregunta: ¿Dónde vivía Ymir y qué comía? A lo que recibió la respuesta de que, cuando el hielo siguió derritiéndose y goteando, formó una gran vaca cuyo nombre era Audhumla y de sus ubres fluyeron cuatro ríos de leche. Eso alimentó al gigante Ymir.

Entonces Gylfi realizó su octava pregunta: ¿Qué alimentaba a la vaca? La respuesta que recibió explicaba los orígenes del dios Odín, porque le dijeron que la vaca lamía rocas saladas y que del derretir de esas rocas apareció un hombre llamado Buri. Del hijo de Buri —que se casó con una giganta— nacieron tres hijos. El mayor se llamaba Odín y los otros dos Vili y Ve. Odín y sus hermanos se convirtieron en los gobernantes de cuanto existe.

La creación y la estructura del universo

Gylfi reflexionó sobre esas diferentes razas que habían surgido en los tiempos antiguos: los gigantes del hielo descendientes de Ymir y los dioses, descendientes de Buri, que habían nacido cuando la vaca lamió las rocas saladas, y preguntó qué ocurrió con tales razas. La respuesta que recibió fue que Odín y sus hermanos mataron al gigante del hielo Ymir y de su cuerpo salió tanta sangre que ahogó a todos los demás gigantes del hielo, excepto a uno, que escapó con su familia y criados. Así, la raza de los gigantes del hielo pervivió.

Tras el asesinato de Ymir, Odín y sus hermanos se apoderaron de su cuerpo y de él hicieron la tierra; de su sangre el mar y los lagos; de sus huesos las rocas y de sus dientes los cantos que yacen en las laderas de las montañas. El mar (creado a partir de la sangre de Ymir) circundó la tierra y esta quedó confinada en mitad de ese mar inmenso que pocos o nadie pueden cruzar. Del cráneo de Ymir hicieron el cielo, que tiene cuatro esquinas, y bajo cada una de ellas pusieron a un enano. Los nombres de esos enanos fueron *Austri* (que significa este), *Vestri* (que significa oeste), *Nordri* (que significa norte) y *Sudri* (que significa sur). Las estrellas las hicieron de las chispas de fuego que surgían de Muspell, el lugar del fuego. Las nubes las crearon con el cerebro de Ymir.

Luego, Altísimo explicó que la tierra es un gran círculo y que más allá se encuentra el Gran Mar. Los gigantes viven a la orilla de ese gran mar, pero se les impide entrar en otros lugares de la tierra gracias a un gran seto creado con las pestañas de Ymir. Ese seto poderoso es llamado *Midgard*, que significa recinto central o, como lo llaman algunos, la Tierra Media. Ese es el lugar en el que viven los humanos. Las primeras personas fueron creadas por Odín y sus dos hermanos a partir de piezas de madera que encontraron a orillas del mar. Formaron un hombre con esa madera y lo llamaron Ask; formaron una mujer y la llamaron Embla. Tanto Odín como sus hermanos entregaron regalos a esas personas recién creadas: el primero les dio vida, el segundo consciencia y movimiento; el tercero voz, oído y vista.

En el centro del mundo se formó Asgard, donde hicieron su hogar los dioses y diosas. Odín plantó su trono en Asgard, junto con su esposa Frigg. La familia divina de los Æsir desciende de ellos. Es por eso que a Odín se le conoce como Padre Supremo, puesto que es el progenitor de todos los dioses y hombres. El primer dios que nació fue Thor, que es sumamente fuerte y puede vencer a todo ser viviente.

Odín, Padre Supremo, creó a Día y a Noche. Noche era hija de un gigante y es de color oscuro. Tuvo tres esposos sucesivamente y el último fue Delling, de los Æsir. De ese matrimonio nació un hijo llamado Día que era brillante y hermoso al ser medio Æsir. Odín, Padre Supremo, tomó a Noche y a Día y les entregó a cada uno un carro tirado por caballos que, al cabalgar por el cielo, dieron lugar al día y la noche. El caballo de Noche, Hrimfaxi, babea saliva que forma el rocío. De las crines del caballo de Día, Skinfaxi, brota la luz.

Sol, Luna, el puente Bifrost y el final de todas las cosas

Al escuchar todo eso, Gylfi —El Vagabundo— preguntó acerca de los orígenes del sol y la luna, y de cómo se mantienen en curso. Entonces Altísimo le explicó que Luna y Sol eran hijos de un hombre llamado Mundilfaeri. Luna era su hijo y Sol su hija. Considerando los dioses que su padre era un arrogante, se apoderaron de sus hijos y los pusieron en el cielo. Sol guía el carro durante el día y Luna guía a la luna a través de la noche.

Sol cabalga rápido por el cielo porque la persigue un lobo grande y terrible llamado Skoll. Y otro lobo, llamado Hati Hrodvitnisson, persigue a Luna. Y un día los atraparán. Esos lobos proceden del bosque llamado Bosque de Hierro, donde vive una giganta terrible —esposa de un troll— cuyos gigantes hijos tienen todos forma de lobo. De esa familia de lobos gigantes procede ese que bebe la sangre de todos los que mueren, y seguirá hasta consumir los cuerpos celestiales y llenar de sangre el cielo. Ese día, el sol dejará de brillar.

En ese momento, la destrucción surgirá de Muspell, el lugar del fuego. A caballo, los llegados desde Muspell irrumpirán por el puente que conecta el cielo y la tierra. Ese puente se llama Bifrost y se ve en el arco iris. Fue bien construido por los dioses, pero se quebrará cuando surjan los hijos de Muspell, porque nada de lo que existe es capaz de resistírseles.

4

El orden de las cosas

En la recopilación conocida como la *Edda Prosaica*, en la sección llamada *El engaño de Gylfi*, encontramos historias que hablan de las cortes de los dioses, de la estructura del universo, de la naturaleza del destino y de la jerarquía de las deidades. La *Edda Poética* contiene asimismo un poema llamado *La lista de Rig* que suministra una explicación sobrenatural complementaria acerca de los orígenes del orden social humano.

En *La lista de Rig*, un dios llamado Rig crea tres seres humanos que nombrarán también a las tres clases sociales distintas: Thrall, Granjero y Señor. En nórdico antiguo, la palabra *thrall* (*þræll*) servía para designar a un esclavo. En inglés antiguo el término correspondiente era *theow* (*þēow*). El poema se halla en el *Codex Wormianus*, que también contiene una copia de la *Edda Prosaica* de Snorri Sturluson. El nombre Rig podría proceder de la palabra irlandesa para rey: *ri*. Esto tal vez indique que el poema en nórdico antiguo pasó algún tiempo en los reinos vikingos del mar de Irlanda. Es incluso posible que el poema original fuese céltico, en vista del uso del nombre Rig. A menudo se considera que Rig es un alias del dios Heimdall, pero esta asociación no está del todo contrastada. La identificación con Heimdall no se encuentra en el propio poema, sino en la introducción en prosa que se agregó cuando se escribió el *Codex Wormianus* en el siglo XIV. El poema *Profecía de la vidente* habla de «la primavera de Heimdall» en su línea inicial y eso también parece sugerir la participación de

Heimdall en la creación de la humanidad. Por tanto, podría ser que la introducción en prosa realizada en las postrimerías del siglo XIV esté tratando de casar las dos tradiciones y crear una única narración coherente a partir de ambas. Eso podría ser la intención del escritor original de *La lista de Rig*, o podría tratarse del añadido de una idea posterior en la obra. Heimdall era el guardián de los dioses y otras tradiciones ubicaron su residencia cerca del puente Bifrost, que une Asgard (hogar de los dioses) con Midgard (la Tierra Media).

Es interesante observar que Rey, que aparece al final del poema, es el hijo menor de Señor, y se destaca por su conocimiento de las runas, así como por su relación con Rig. Se presenta aquí la idea de un rey que es elegido por los dioses, y no una simple sucesión de padre a hijo. Esta afirmación de los orígenes divinos de la monarquía podría ser el reflejo de una ideología que hundiría sus raíces en los conceptos paganos de la Era Vikinga. Por otra parte, la idea de una realeza sancionada por la divinidad se encuentra a menudo en las sociedades cristianas de la Europa medieval, por lo que también podría indicar una posterior reescritura del material mitológico previo.

* * *

El viaje del rey Gylfi

El rey Gylfi de Suecia fue a Asgard, el hogar de los dioses, para descubrir los secretos de los Æsir. Mientras estaba allí, hizo multitud de preguntas a los tres misteriosos gobernantes conocidos como Altísimo, Tan Alto y Tercero. Dado que Gylfi no quería delatarse, dijo llamarse El Vagabundo. Y fue así como trató de desentrañar los secretos de los Æsir.

Primero descubrió cómo nació el universo y cómo se crearon los gigantes del hielo, los dioses y los hombres. Aprendió cómo se estructuraron las diversas partes del universo y cómo algún día este llegaría a su fin con terrible violencia. Luego descubrió cómo se organizaba y ordenaba la sociedad dentro del universo en el que había surgido gracias a la acción del fuego y el hielo, y la interacción de los dioses y los gigantes helados.

El templo, la corte y la metalurgia en Asgard

Odín, conocido como Padre Supremo, designó gobernantes para regir Asgard y también el destino de los hombres. Entre todos, construyeron un templo inmenso en el centro de Asgard, en el lugar llamado Gladsheim. En ese templo se erigieron trece tronos: uno para Odín y doce para sus asociados. Se le dio un aspecto, tanto interior como exterior, resplandeciente como el oro. Además de Gladsheim, construyeron un salón para que viviesen las diosas. Lo llamaron Vingolf.

Tras eso, crearon fraguas y equipos de herrería con los que fabricaron cuantos útiles necesitaban. A continuación, se convirtieron en artesanos de todo tipo de materiales —piedra, madera y metal— y en orfebres que realizaron todos los muebles y utensilios en oro. Fue la Edad de Oro. Pronto, esa Edad de Oro se vería desafiada por la llegada de mujeres de Giantland, pero antes los dioses establecieron sus tronos y las cortes que los regían y, lo primero de todo, discutieron entre ellos el destino de los enanos.

Cuando se creó el mundo, la tierra se había formado de la carne del gigante Ymir. En esa carne vivían criaturas que surgieron de la misma forma que lo hacen los gusanos en la carne en descomposición. Fue decisión de los dioses, sentados en el templo de Gladsheim, que tales seres debían adoptar la forma y el raciocinio de los hombres, pero seguir habitando en la tierra y las rocas. Tal fue el origen de los enanos. El primer enano se llamó Motsognir y el segundo Durin. Algunos enanos vivían en la tierra y otros en las rocas.

El fresno Yggdrasil

El lugar más sagrado de los dioses de Asgard se hallaba en el fresno conocido como Yggdrasil. Allí fue donde instalaron su corte. El árbol es el mayor de todo los existentes y sus ramas cubren el mundo entero. Sus raíces son tres, de gran longitud.

Una de las raíces de Yggdrasil crece en el reino gobernado por los dioses de los Æsir.

Otra de sus raíces crece en la tierra de los gigantes de hielo. Debajo de esta se encuentra el pozo de Mimir. Su agua contiene la sabiduría y el conocimiento, y el amo de ese pozo, Mimir, es sabio porque la bebe. Odín, Padre Supremo, fue hasta allí y, por un simple sorbo, entregó uno de sus ojos a modo de pago.

La tercera raíz crece profunda hacia el Niflheim. Bajo esa raíz subyace el burbujeante e hirviente manantial de Hvergelmir (que es fuente de muchos ríos). El dragón Nidhogg roe esa raíz. Esta tercera raíz se extiende lejos —en el cielo— y hay otro pozo bajo ella, el muy sagrado Pozo de Weird. Las deidades celebran allí Cortes y los dioses de los Æsir cabalgan cada día hasta ese lugar a través del puente Bifrost, que une el cielo y la tierra. El mejor caballo de los que monta Odín es Sleipnir, el de ocho patas. Tiene otros diez, pero el que una vez perteneció al dios Baldr fue quemado cuando incineraron a su amo. El dios Thor camina hacia donde se celebran las Cortes y vadea ríos para poder llegar.

Las doncellas que conforman el destino de los hombres

El rojo en el arco iris es el fuego que arde en el puente llamado Bifrost (que une la tierra con el cielo). De no ser así, los gigantes del hielo y los gigantes de la montaña podrían cruzarlo. Protegidos al otro lado, se hallan los hermosos sitios del cielo. Uno de los lugares más bellos es un salón que se encuentra junto al fresno Yggdrasil. En ese salón viven tres doncellas llamadas Weird, Verdandi y Skuld. Son las nornas, y dan forma al destino de las gentes. Otras nornas visitan a cada persona que nace para decidir el curso de sus vidas. Las nornas son de tres orígenes: algunas son divinas y provienen de los Æsir, otras son elfos y el tercer grupo proviene de los enanos. Las nornas buenas determinan el destino de aquellos cuyas vidas discurren bien, en tanto que las nornas malas lo hacen con aquellos que sufren en infortunio su existencia.

Las nornas viven debajo del fresno y en las ramas de este se aposenta un águila que sabe de muchas cosas. Es más, entre los ojos de esa águila se sienta un halcón llamado Wedrfolnir. Una ardilla llamada Ratatosk corretea arriba y abajo del fresno. Lleva mensajes ofensivos entre el águila y el dragón Nidhogg. Y ese no es el mayor problema para el fresno: cuatro ciervos corren por sus ramas y se comen sus hojas. Tienen por nombres Dain, Dvalin, Duneyr y Durathror. Además, hay un gran número de serpientes que viven alrededor del dragón Nidhogg y devoran el fresno por debajo. Y no solo eso, sino que uno de los lados del árbol también se está pudriendo.

Para intentar salvar al fresno, las nornas que viven junto al Pozo de Weird sacan de él agua todos los días y toman también barro de sus próximidades para cubrirlo y tratar de proteger sus ramas de la decadencia. El agua del pozo es tan sagrada que vuelve blanco todo lo que entra en contacto con ella. Además, el rocío que cae del árbol es dulce como la miel y las abejas se alimentan de él. También comen allí, en el mismo pozo, dos cisnes. De ellos descienden todos los cisnes que existen.

Los otros lugares asombrosos
que se encuentran en el reino de los dioses

En el reino de los dioses existen muchos lugares prodigiosos. Uno, llamado Alfheim, es el hogar de los elfos de luz. Los elfos de luz son de apariencia brillante, relucientes como el sol, y eso se refleja en su naturaleza. Bajo tierra, por el contrario, viven los elfos oscuros. Son más negros que la pez y eso también se refleja en su naturaleza.

Otros hermosos palacios son Breidablik y Glitnir; este último está hecho de oro rojo y tiene un techo recubierto de plata. Otro palacio también techado en plata es Valaskialf, que es una residencia de Odín, y es ahí donde tiene su trono llamado Hlidskialf. Desde ese trono, Odín, Padre Supremo, puede ver el mundo entero. Aún más grande es el palacio conocido como Gimle, más brillante que el sol y que sobrevivirá a la destrucción final del cielo y la tierra. Aquellos que mueren y han sido buenos irán a vivir a ese lugar imperecedero.

Gimle sobrevivirá a la destrucción del cielo y la tierra porque hay otros cielos aparte de aquel en el que los dioses viven ahora. Uno, llamado Andlang, se encuentra al sur y por encima de ese en el que viven los dioses, existe otro llamado Vidblain, que está todavía más arriba. Es en ese tercer cielo donde se sitúa Gimle y, de momento, solo los elfos de luz viven en tales lugares.

Pero hay más que decir acerca del orden de las cosas. En el norte del cielo se encuentra la fuente de todo viento, que se produce cuando el águila gigante Hraesvelg agita las alas. Y, en lo tocante a los orígenes del verano y el invierno, el primero nace de su padre Svasud y el segundo de Vindloni, el del corazón duro y helado.

El ordenamiento de la sociedad de los Æsir

Hay doce divinos Æsir. Odín es el que se erige sobre todos. Los otros dioses se someten a él como los niños se someten a su padre. Por tal razón es conocido como Padre Supremo. Está casado con Frigg, que conoce el destino de todas las personas. Odín es también el padre de los guerreros muertos en batalla y es quien decide dónde vivirán en el Valhalla. Por esa razón, se le llama a veces Padre de los Muertos. También se le conoce como Dios de los Ahorcados, Dios de los Prisioneros y Dios de los Cargamentos. O por muchos otros nombres con los que le designan distintas gentes del mundo.

Por debajo de Odín se encuentra Thor. Es el más sobresaliente de los demás dioses. Le llaman Thor de los Æsir y es más fuerte que cualquier otro dios u hombre. Su salón, que lleva el nombre de Bilskirnir, se halla en Thurdvangar. Es más grande que ningún otro y dispone de muchas habitaciones. Thor viaja en un carro tirado por dos cabras que se llaman Tanngniost y Tanngrisnir.

Thor es también conocido por tres de sus posesiones. La primera es el martillo Miollnir, el quebrantacráneos. ¡Bien que lo saben los gigantes del hielo y los gigantes de la montaña! La segunda es una faja que duplica su fuerza cuando se la ciñe. La tercera y última, es un par de guanteletes de hierro que se pone cada vez que blande su martillo. Acerca de Thor corren multitud de historias.

Entre los Æsir hay también muchos otros dioses y diosas. El segundo hijo (Thor es el primero) es Baldr. Apuesto y resplandeciente de luz brillante, es reverenciado por todos. Sus pestañas son tan blancas que hay una planta alba que lleva su nombre. Aunque es el más sabio de los Æsir, misericordioso y de verbo amable, nada de lo que anuncia sucede. En su hogar, Breidablik, no hay nada impuro.

Otro de los dioses es Niord, dios del viento, el mar y el fuego. En su casa, en Noatun, aquellos que van a viajar o a adentrarse en el mar para pescar le ofrecen plegarias. Niord no es de la raza de los Æsir. Al contrario, es de la de los Vanir, y fue entregado a los Æsir como rehén durante la tregua que puso paz entre los Æsir y los Vanir. Su esposa es Skadi, una giganta. Skadi quería vivir en las montañas, pero Niord prefería tener su hogar junto al mar. Para dirimir el problema, dividieron su tiempo entre los dos lugares, aunque Niord manifestó que le perturbaban los lobos aullantes de las montañas y ella se quejaba de las molestias causadas por el griterío de las gaviotas en la costa. Tan infeliz se sentía Skadi que abandonó el mar para irse a las montañas, por lo que es conocida como «dama esquí». Al quedarse en la costa, Niord tuvo dos niños: Freyr, amo de la lluvia, el sol y cuanto crece en la tierra, y Freyia, que elige a la mitad de los guerreros muertos en batalla —la otra mitad son enviados al salón de Odín— y conduce un carro tirado por dos gatos. Aquellos que buscan la paz y la prosperidad rezan a Freyr, en tanto que la gente reza a Freyia pidiendo amor. Las damas de alta cuna reciben un tratamiento que procede de su nombre.

Otro dios es Tyr. Se trata de una deidad guerrera, valiente, a la que rezan aquellos que van a la batalla. Los guerreros más hábiles en las artes de la guerra son nombrados en su honor (*tyr*-valeroso). Y por su sabiduría, los hombres sabios son nombrados también en su honor (*tyr*-sabios). Tyr solo tiene una mano. Eso se debe a que la otra se la arrancó el lobo Fenrir. Cuando los Æsir encadenaron a Fenrir, fue Tyr el que colocó su mano en la boca del lobo como garantía de que Fenrir acabaría por ser liberado de la cadena. Cuando los Æsir no lo hicieron, Fenrir le arrancó la mano. Por eso ahora a la muñeca se la llama «juntura del lobo».

Otro dios es Bragi, deidad del lenguaje y la poesía. Tanto los hombres como las mujeres que son buenos oradores llevan su nombre (*brag*-hombre, *brag*-mujer). Su esposa, Idunn, es la guardiana de las manzanas que los dioses comen para conservarse jóvenes. Por eso se mantendrán así hasta el Ragnarok.

Otro Æsir es Heimdall el Santo, que tiene dientes de oro y nació de nueve hermanas vírgenes. Es el guardián de los dioses. Vive cerca del Bifrost a fin de protegerlo contra cualquier gigante de las montañas que pudiera tratar de cruzar el puente y llegar al reino de los dioses. Su caballo se llama Gulltop. Duerme menos que un pájaro, su vista es tan aguda por la noche como por el día y puede ver a gran distancia. Tan aguzados están sus sentidos que puede oír crecer la hierba y también la lana en el lomo de las ovejas, a pesar de que eso ocurra muy bajo tierra. Su trompeta se llama Giallarhorn, y sus notas suenan tan fuerte que se pueden oír en los distintos mundos.

El dios Hod es muy fuerte pero ciego. Los dioses no le mencionan porque hizo cosas terribles (como matar de forma involuntaria a su hermano Baldr, por lo que él mismo fue asesinado en venganza por el dios llamado Vali).

Vidar el Silente es casi tan fuerte como Thor y es defensor de las causas de los dioses, no importan los peligros que tenga que arrostrar.

Vali es temerario en el combate e hijo de Odín y la diosa Rind (una giganta). Es muy buen tirador con arco (vengó a Baldr matando a Hod).

Otro buen arquero y esquiador experto es Ull, nietastro de Thor. Además de guerrero valeroso es hermoso de apariencia. Aquellos que se enfrentan a un combate singular rezan a Ull en busca de auxilio.

Los que se ven en dificultades legales rezan a Forseti, el hijo de Baldr y Nanna. Su salón se llama Glitner, tiene paredes y pilares de oro adornados con oro rojo y el techo forrado de plata. Allí juzga las disputas legales tanto entre dioses como entre hombres.

De cómo el dios Heimdall creó los diferentes órdenes de personas

En los tiempos antiguos, el poderoso dios llamado Heimdall, que también lleva el nombre de Rig, viajó por las verdes carreteras que recorren la tierra. En su camino, llamó a la puerta de tres casas y, mientras estuvo en ellas, dio origen, a través de las generaciones siguientes, a los diferentes órdenes sociales de las personas.

La primera casa a la que Heimdall (Rig) llegó, estaba habitada por una pareja de ancianos. Eran campesinos y le dieron la bienvenida con pan basto y ternero hervido. Al llegar la noche, durmió entre ellos en la cama. Permaneció allí tres noches, antes de marcharse. Al cabo de nueve meses, la anciana alumbró a un niño. Era de pelo y piel oscuros, y lo llamó Thrall. Creció fuerte, pero feo. Resultó hábil haciendo cosas para la granja y trabajando. Se casó con una chica cuyo nombre era Esclava, y sus hijos son todos aquellos que trabajan para otros como esclavos. Sus hijos tenían nombres como Curtido, Vago, Gris, Estruendo y Parlanchín.

En la segunda casa que visitó Heimdall vivía una pareja de apuestos ancianos. Él tenía barba bien recortada y ella vestía la cofia y el delantal de la esposa de un granjero. Él era un carpintero habilidoso y ella ducha con el huso de hilar. Al llegar la noche, Heimdall durmió entre ellos en su cama. Se quedó tres noches antes de marcharse. Al cabo de nueve meses, la anciana dio a luz a un niño. Era de tez rubicunda y su madre lo llamó Granjero. Creció y se hizo hábil en los oficios de arar, cuidar del ganado y construir granjas y graneros. Se casó con una chica llamada Nuera y formaron un hogar. Sus hijos son todos aquellos que cultivan la tierra. Tuvieron nombres tales como Herrero, Recortado, Combativo, Esposa y Sensible.

La tercera casa a la que llegó Heimdall estaba habitada por una apuesta pareja. El hombre era hábil con el arco y la dama llevaba el broche y la blusa propios de las mujeres nobles. Le dieron la bienvenida con pan fino, cerdo asado y aves de calidad. Bebieron vino en copas de buena factura. Al llegar la noche, Heimdall durmió entre ellos en su cama. Al cabo de nueve meses, la mujer dio a luz a un niño. Tenía el pelo rubio y mirada brillante. Lo llamó Señor.

Señor creció, haciéndose experto en el uso del arco y el escudo, así como en la equitación. Heimdall regresó y le enseñó las runas, y reveló que Señor era su hijo. Señor se dedicó a la guerra, mató a sus enemigos y se hizo el dueño de las poblaciones cercanas. Se hizo rico y recompensó a los guerreros. Se casó con una chica —la hija de Caudillo— que era sabia y bella. Sus hijos tuvieron nombres tales como Hijo, Noble y Descendiente. Al más joven le llamaron Rey. Conocía las runas y estaba versado en muchos aspectos de la vida. Era fuerte y podía entender el lenguaje de las aves. Tan ducho se hizo en el conocimiento y el empleo de las runas que llegó a ser conocido con el nombre de Rig, su abuelo. Mientras Rey cabalgaba por el bosque, un cuervo le recordó que su destino era dirigir ejércitos y aprender de aquellos que podían capitanear buques y blandir espadas en la guerra.

5

Loki el tramposo y sus hijos

También en la recopilación conocida como *Edda Prosaica*, en la sección llamada *El engaño de Gylfi*, se habla del dios tramposo, Loki, y de sus terribles hijos. El personaje de Loki es fundamental en la mitología nórdica y en la dinámica de grupo de los dioses. Loki es medio hermano de Odín y comparten la misma madre. Sin embargo, mientras que el padre de Odín, Bor, era uno de los dioses Æsir, el padre de Loki era un gigante. Eso implica que Loki disfruta de la peculiar distinción de pertenecer tanto al mundo de los dioses como al de los gigantes, que son enemigos naturales. Es esta indefinición y el conflicto entre las dos partes de la ascendencia de Loki lo que contribuye a su compleja naturaleza. A pesar de que los poemas de la *Edda Poética* fueron para Snorri una fuente capital mientras recopilaba su *Edda Prosaica*, sus representaciones de Loki no son siempre iguales.

Loki se nos presenta en las dos *Eddas* como alguien de naturaleza maligna. En la *Profecía de la vidente*, de la *Edda Poética*, Loki se nos describe en noruego antiguo como *Lægiarnlíki Loki* (ese Loki perverso) y tal imagen de Loki como maligno cuadra con su descripción en *El engaño de Gylfi*, que afirma que «Loki era de aspecto apuesto y agradable, pero de carácter maléfico y comportamiento caprichoso».

Sin embargo, aunque la *Edda Poética* retrata a Loki como malvado, no parece centrarse tanto en la manifestación de esa malignidad, sustanciada en trampas y trastadas. Por otro lado, los *kennings* poéticos que se enumeran en *El lenguaje de la poesía*

El fresno Yggdrasil, el lugar más sagrado de los dioses de Asgard. Grabado de Friedrich Wilhelm Heine realizado en 1886.

(en la *Edda Prosaica*) suelen incidir en la vena trapacera del personaje. Al llamar a Loki enemigo de los dioses, Snorri sugiere que, pese a ser mitad dios y mitad gigante, su lealtad cae del lado de su ascendencia paterna. Es la antítesis de Thor, cuya madre era una giganta y siempre se muestra completamente leal a los Æsir. Tal cosa sugiere que es la sangre del padre lo que determina de manera última el comportamiento. La yuxtaposición de apariencia hermosa con maldad interior y fealdad moral también puede reflejar el mestizaje de Loki.

Otra manifestación de la naturaleza maligna de Loki es su prole monstruosa. *El engaño de Gylfi* pone de relieve el importante papel que Loki juega en la paternidad de la criatura que en último término es responsable de la destrucción de Odín. Snorri nos recuerda que todos estos hijos jugarán un importante papel en la batalla final: cuando la serpiente Midgard mate a Thor y Hel ayude a su padre con la tripulación de su barco. Dado que Snorri consigna que la razón para su malvada naturaleza es la igualmente maligna de su padre, queda claro que Loki es responsable del comportamiento de sus hijos.

* * *

La naturaleza de Loki

Hay alguien entre los Æsir que es considerado por algunos como el más innoble de todos los dioses y hombres; él es el causante de la desgracia de los Æsir y el padre de todos los engaños. Su nombre es Loki. Es hijo del gigante Farbauti y su madre es Laufey. Tiene dos hermanos llamados Byleist y Helblindi.

Loki es hermoso de apariencia, pero maligno. No se puede confiar en él, es más astuto que nadie y experto en engaños. Solía causar daños a los Æsir y luego trataba de hurtarse a las consecuencias mediante artimañas.

Los hijos de Loki

Loki tuvo muchos hijos con diferentes mujeres. Con la llamada Sigyn, tuvo a Narfi. Con la giganta Angrboda tuvo a Fenrir el lobo; Jormungand, la serpiente de Midgard y a Hel.

Estos tres hijos fueron criados en Giantland, pues los Æsir temían que fuesen la fuente de multitud de desgracias. Y tenían tal convencimiento por tres razones: las profecías proclamadas acerca de que ellos serían motivo de desastres; que su madre, una giganta, era enemiga de los Æsir y que su padre, Loki, tenía una naturaleza en la que no se podía confiar. Para prevenir desastres, Odín Padre Supremo ordenó que llevasen a los hijos de Loki a su presencia. Cuando los dioses llevaron a Fenrir el lobo, Jormungand y Hel ante Odín, este decidió el destino de cada uno de ellos.

A Jormungand la serpiente, Odín la arrojó al mar profundo que rodea el mundo. Es conocido como el océano de Midgard y, por tal razón, a Jormungand se la denomina la serpiente Midgard. Allí, en ese gran océano, Jormungand creció hasta hacerse tan larga que su cuerpo rodeó el mundo entero y su cola se encontró con sus mandíbulas y pudo mordérsela. Se dice que, cuando suelte la cola, será el fin del mundo.

Hel fue arrojada al Niflheim (un reino creado antes que el mundo y en cuyo centro hay un gran manantial del que fluyen diez ríos; estaba próximo a las Puertas de Hel). A ella se le dio autoridad sobre nueve mundos y gobierna sobre aquellos que mueren de enfermedad y vejez. En ese reino vive en un salón llamado Eliudnir, y Hambre es el nombre del plato en el que come. Privación, el nombre del cuchillo con el que come, Traspiés se llama el vestíbulo de su casa, Lecho de Dolor su cama, e Infortunio los cortinajes que protegen su descanso. A Hel se la reconoce con facilidad porque es mitad negra y mitad sonrosada. Su aspecto es fiero y su mirada abate.

Por último, Odín permitió que el lobo Fenrir viviera entre los Æsir. Pero, de todos los Æsir, solo el dios Tyr osó acercarse al lobo; así de feroz era. Solo Tyr se atrevió a alimentarlo. El lobo se hizo día a día más grande y más fuerte, y los Æsir temieron que llegara a cometer los actos terribles que las profecías habían vaticinado. Entonces, planearon cómo aherrojarlo para que no pudiese causarles daño.

La prisión del lobo Fenrir

Para evitar que Fenrir sembrase la destrucción entre ellos, los Æsir forjaron una cadena lo bastante fuerte como para contenerle. A la cadena la pusieron por nombre Leyding, y los Æsir desafiaron al lobo a probar sus fuerzas contra ella. El lobo observó la cadena y decidió que, aunque era fuerte, su poderío lupino era aún mayor. Así que aceptó ser encadenado y, con un gran tirón, consiguió quebrar a Leyding.

Sin desanimarse, los Æsir crearon una segunda cadena. A esta la llamaron Dromi. De nuevo desafiaron al lobo para que se dejase encadenar y, para convencerlo, le dijeron que lograría gran fama si conseguía liberarse de una cadena tan fuerte. Fenrir valoró la cadena y reflexionó sobre lo fuerte que era, pero también sabía que había ganado él mismo en fortaleza desde que quebrase la primera cadena. Envalentonado por tal pensamiento, aceptó ser encadenado por segunda vez, ya que la fama que ganaría si rompía la cadena bien valía el riesgo de dejar que los Æsir lo sujetaran. Cuando se vio encadenado por segunda vez, ejerció de nuevo toda su fuerza y quebrantó la segunda cadena, ¡de igual forma a la que hiciera la otra vez con la primera! Por eso los hombres dirían «Liberado de Leyding» y «Quebrantado de Dromi» al describir algo que se había logrado con gran esfuerzo. Al manifestarse así, rememoran las hazañas de Fenrir.

Los Æsir comenzaron a temer que nunca serían capaces de reducir al gran lobo. Fue en ese momento cuando Odín, Padre Supremo, eligió a uno de los criados de confianza de Freyr para llevar a cabo un encargo especial. Freyr —regente de la lluvia, el sol y de cuanto crece en la tierra— era uno de los dioses Æsir, pero descendía de la raza de los Vanir a través de su padre, Niord, dios del viento, el mar y el fuego. El sirviente de Freyr se llamaba Skirnir y Odín lo envió al reino de los elfos negros, donde los enanos se ocuparon de forjar una tercera cadena, que sería la que por fin sujetase a Fenrir. La cadena se llamaba Gleipnir y estaba hecha de tres cosas que de otra manera serían imposibles de encontrar: el sonido de las pisadas de un gato, la barba de una mujer y las raíces de una montaña. Y eso lo mezclaron con tendones de oso, aliento de pez y saliva de pájaro. Con todo ello hicieron una cadena tan suave y lisa como la seda, pero de fuerza inmensa.

Llevaron aquellos grilletes suaves —Gleipnir—, a los Æsir, que quedaron muy contentos con ellos. Citaron al lobo a una isla en mitad del lago Amsvartnir que se llamaba Lyngvi. Allí mostraron a Gleipnir a Fenrir y le informaron de que era más fuerte de lo que parecía, pero que estaban seguros de que el lobo podría romperla. Fenrir observó con detenimiento esos grilletes con forma de cinta de seda y manifestó que, en apariencia, poca fama obtendría al liberarse por la fuerza de una cadena así, pero también se preguntó si ahí habría más de lo que parecía a simple vista y se mostró reacio a probarla. Los Æsir respondieron que, si no podía romperla, ya no le temerían y ¡que lo liberarían!

La promesa de los Æsir no tranquilizó al lobo, que respondió que, si se veía preso por aquella cadena con forma de cinta y no podía romperla, ¡dudaba de que los Æsir se diesen prisa en liberarlo! Pero tampoco quería que su valor fuese puesto en tela de juicio y por eso preguntó si uno de los Æsir pondría su mano entre sus mandíbulas, como prueba de buena voluntad por ambas partes.

El dios Tyr pierde su mano en las fauces de Fenrir

Ninguno de los Æsir estaba dispuesto a meter la mano en las mandíbulas del gran lobo, porque sabían que mordería si la cadena lo retenía. Por fin, el dios Tyr dio un paso adelante y puso la mano derecha entre sus grandes fauces. Entonces Fenrir aceptó ser encadenado a Gleipnir.

Cuando estuvo sujeto, el lobo dio un tirón como había hecho otras veces. Pero, cuanta más fuerza empleaba, mayor firmeza demostraba aquella banda. Así que al final quedó sujeto y reducido. Todos los Æsir rieron al ver al lobo por fin sojuzgado. El único que no rio fue Tyr, ¡porque el lobo le mordió la mano derecha!

La prisión de Fenrir

Una vez que el lobo estuvo sujeto, los Æsir lo aseguraron con una cuerda enrollada alrededor de una gran roca. Luego tomaron esa roca y la aseguraron a su vez con firmeza, hundiéndola a mucha profundidad en la tierra. Por si todo eso no fuera suficiente, tomaron otra gran roca y la añadieron a la primera. La clavija petrea se hundió aún más abajo. Mientras hacían todo eso, el lobo se abalanzó sobre ellos con sus grandes fauces abiertas, tratando de morderlos. Pero los Æsir tomaron una espada y la plantaron en vertical entre sus mandíbulas, dejándolas abiertas. Al hacer eso, el lobo ya no podría acometerlos. Aullaba salvajemente y de su boca fluyó saliva bastante como para formar el río Hope. Ese será el destino del lobo Fenrir, hijo de Loki, hasta el día del Ragnarok.

Aunque estaba profetizado que el lobo llegaría un día a causar la muerte de Odín, Padre Supremo, los Æsir no lo mataron. De haberlo hecho, habrían contaminado su santuario con la sangre del lobo, por lo que se abstuvieron, por respeto al lugar. Fenrir aguarda encadenado desde entonces, con las mandíbulas abiertas y aullando, hasta el día en que por fin se desate el fin del mundo.

6

LAS DIOSAS ASYNIUR, LAS VALQUIRIAS Y LA ESPOSA DE FREYR

La información sobre las deidades femeninas se encuentra en muchos lugares de la literatura nórdica. Eso incluye la sección de *El engaño de Gylfi* en la *Edda Prosaica*, un poema llamado el *Poema de Thym* en la *Edda Poética*, el *Elogio de la casa*, un poema escáldico que se conserva solo en parte en la *Edda Prosaica* y en la *Historia de Sorli*, una historia corta en la tardía y extendida versión de *La Saga de Olaf Tryggvason*, que a su vez sobrevive en el manuscrito islandés conocido como *Flateyjarbók*, así como en otros textos de las *Eddas Prosaica* y *Poética*. La historia de Freyr y Gerd se encuentra también en el manuscrito islandés *Heimskringla*, donde se considera a Freyr rey de Suecia y fundador de la dinastía Yngling. Las deidades femeninas son siempre hermosas y, aunque son figuras importantes, no suelen jugar un papel activo o principal en las historias en las que aparecen.

Las valquirias son un apartado femenino particularmente interesante dentro del mundo mitológico nórdico. Ellas son las que eligen a los muertos que viven en el Valhalla, ya que son enviadas a la tierra para recoger a los guerreros designados por Odín. Sin embargo, dado que son intermediarias que trasmiten los deseos de Odín, cabe la posibilidad de que tales deseos se trastoquen. A las valquirias se las presenta a menudo como seres semidivinos, pero también pueden ser princesas que deciden asumir tal papel. Las valquirias pueden enamorarse y proteger o dar buena suerte a su héroe elegido en la batalla. Los guerreros, no importa los valientes o fuertes que sean, no tienen el control supremo; ese control sobre la victoria, la gloria, la vida y la muerte está en manos de mujeres que pertenecen al mundo humano y mitológico. Eso le permite al héroe escapar inicialmente a la muerte, pero no podrá sustraerse a ella por siempre y su interacción con las valquirias le llevará de forma inevitable a un conflicto con amantes previas o miembros de la familia. Ese es un tema común en los poemas éddicos heroicos, y en particular en el de *Helgi Hundingsbane*, construido alrededor del amor y las batallas del héroe y su amante valquiria, lo que lleva a su extinción definitiva.

* * *

Las diosas Asyniur

En la raza divina de los Æsir hay tanto dioses como diosas. Para hablar con propiedad, los Æsir son los dioses y las Asyniur las diosas. De tales deidades, la más elevada es Frigg. Vive en un palacio llamado Fensalir, que es un lugar muy hermoso. Está casada con Odín, Padre Supremo, y es la madre del dios Baldr, que cayó muerto a consecuencia de un cruel engaño de Loki.

También de alto rango y próxima a Frigg es Freyia. Está casada con Od y su hija es Hnoss. Tan bella es Hnoss que cualquier objeto hermoso o de gran valor se describe como *hnossir* (atesorado). Cuando Od se fue de viaje, dejó a Freyia atrás y ella, al quedarse sola, lloró lágrimas de oro rojo. Tanto añoraba Freyia a Od que fue tras él, tratando de encontrarlo. Por esa razón recibe muchos nombres, porque asumió distintos apelativos entre los distintos pueblos por los que pasó. En algunos fue conocida como Mardoll y en otros como Gefn o Syr. Freyia es conocida también como la Dama de los Vanir (esos dioses y diosas que se aliaron con los Æsir después de una guerra que terminó primero en tregua y luego en paz duradera).

Al cuello, Freyia lleva un collar llamado Brisingamen o collar de Brising. Fue el que se rompió y cayó de su garganta cuando, llena de ira, oyó por boca de Loki que Thymr, rey de los gigantes, exigía casarse con ella. Se lo prestó a Thor cuando este la suplantó y fue en su lugar a la corte de Thrymr. Loki robó una vez ese collar, pero Freyia pidió ayuda al dios Heimdall (al que algunos consideran de la raza de los Vanir) para encontrarlo. Al descubrir a Loki con forma de foca, Heimdall tomó a su vez la forma del mismo animal y recuperó el collar para Freyia. Algunos dicen que Freyia era también esposa de Odín, Padre Supremo, y fue en calidad de tal como entró en posesión del collar. Según ese relato, estando un día en Asialand, Freyia encontró la cueva de los enanos Alfrig, Dwalin, Berling y Grer. Al ver que trabajaban en un hermoso collar, les ofreció oro y plata a cambio del mismo. Pero el precio que le pidieron fue pasar cada uno de ellos una noche con ella. Tan grande fue su deseo de poseer el collar, que así lo hizo. A cambio le dieron a Brisingamen.

El tramposo y alborotador Loki descubrió su secreto y se lo contó a su esposo Odín, que se puso furioso. Exigió a Loki que consiguiera el collar y se lo llevase. Así lo hizo Loki, colándose en la habitación de la diosa transformado en mosca. Luego se convirtió en pulga y la picó mientras dormía hasta que se giró incómoda y dejó a la vista el cierre del collar, que Loki abrió para robar la pieza. Odín solo se lo devolvería si ella hacía que dos grupos de guerreros luchasen los unos contra los otros para siempre. Una maldi-

Frigg y sus sirvientas. De pie, a la izquierda de Frigg, Gna. Sentada a su derecha, Fulla. Grabado de Carl Emil Doepler realizado en 1882.

ción que solo se rompería cuando un cristiano (el rey posterior llamado Olaf Tryggvason) los matase y les diese así el descanso eterno.

Hay otras diosas entre las Asyniur. Una, llamada Saga, vive en Sokkvabekk, que es un gran palacio. Otra es una diosa sanadora de nombre Eir. Sus habilidades médicas son famosas. Una diosa virgen es Gefi y todas las mujeres que mueren vírgenes se convierten en sus asistentes. Otra diosa virgen es Fulla. Lleva el cabello suelto y usa una diadema dorada. Fulla es íntima de Frigg. Es la que lleva el cofre del tesoro de esta, cuida de sus zapatos y conoce todos sus secretos. Siofn se ocupa de amores y es la que rige las mentes de hombres y mujeres cuando se enamoran. A partir de su nombre, las gentes describen el amor entre personas con la palabra siafni. Aquellos a los que se les ha prohibido un matrimonio rezan a la diosa Lofn, pues es tan bondadosa que es capaz de persuadir a Odín, Padre Supremo, o a Frigg para que permitan que se produzca, aun cuando haya sido desestimado previamente. Por tal razón, su nombre se usa en la forma *lof* (permiso), cuando se describen tales enlaces, y en *lofat* (loado), cuando algo destaca sobremanera y es alabable. Los contratos que se realizan en privado entre hombres y mujeres se llaman *varar*, a partir de la diosa Var. Se hace así porque está muy atenta a juramentos y contratos y para ella es una cuestión personal. Nada escapa a su estrecha vigilancia en tales asuntos. Por tal razón, una mujer que revela un secreto recibe el nombre de *vor* (descubierto). Var castiga a todos los que rompen juramentos o contratos.

La diosa Syn es guardiana de las puertas del salón y de las asambleas donde se dirimen asuntos. Para responder «no a algo» en tales asambleas se dice *syn* (refuto) en honor a ella. Aquellos a los que Frigg desea proteger se colocan al amparo de la diosa Hlin; por su nombre, de los que están refugiados se dice que están en *hleinir* (refugio/protección). Los que son sabios reciben el sobrenombre de *snotr* (sabio) por Snotra, diosa de la sabiduría. Por último, está la diosa Gna. Monta un caballo llamado Hofvarpnir, que puede cruzar el cielo y el mar, ya que ella emprende viajes enviada por Frigg. A resultas de eso, si alguien es muy alto, la gente dice que es *gnæfa* (imponente), por esa diosa, ya que se la ve volando por los cielos en Hofvarpnir. A la madre de Thor, que se llama Iord, y a Rind, la madre de Vali, también se las considera parte de los Asyniur.

Las valquirias y el Valhalla

También entre las diosas Asyniur están las llamadas valquirias. Sirven en el Valhalla y escancian bebidas a los guerreros elegidos para vivir allí. Entre ellas están Hrist, Mist, Skeggiold, Skogul, Hlokk y Reginleif. Las valquirias son enviadas por Odín como espectadoras a cuanta batalla tiene lugar. Deciden quién ha de vivir y quién ha de morir, quién será derrotado y quién saldrá victorioso. Las valquirias que se llaman Gunn, Rota y Skuld (que es una norna) son las que deciden quiénes de entre los guerreros han de morir. Las nornas gobiernan los destinos de dioses y hombres.

Los elegidos para el Valhalla son numerosos y disponen de gran cantidad de comida. Siempre tienen de sobra porque se alimentan del jabalí llamado Saehrimnir. Se cocina todos los días y, no obstante, ¡está entero a la tarde! Así pues, hay comida bastante para esa tremenda multitud de guerreros que, sin embargo, no serán suficientes para contener al lobo Fenrir cuando este se libere en el Ragnarok.

Sin embargo, Odín no come, ya que el vino es a la vez alimento y bebida para él. Aunque sí da carne a sus lobos Geri y Freki, al tiempo que los dos cuervos posados sobre sus hombros —de nombres Hugin y Munin— le susurran todo cuanto han visto entre el amanecer y el festín nocturno, ya que sobrevuelan el mundo.

Pero, volviendo al Valhalla —el lugar al que las valquirias llevan a los muertos—, en su techo se alimenta una cabra cuyas ubres suministran hidromiel a los guerreros, y un ciervo de cuya cornamenta gotea agua suficiente como para ser fuente de muchos ríos. El salón es tan grande que se accede a él por quinientas cuarenta puertas por las que saldrán en tromba los guerreros el día que el lobo llegue. Hasta entonces, esos guerreros de Odín Padre Supremo matan el tiempo peleando durante el día y, por la noche, vuelven al Valhalla y se dan un festín comunal con la carne del jabalí Saehrimnir.

Gerd: la más hermosa de las mujeres, la esposa de Freyr

Aunque no pertenece a las Asyniur, la hija del gigante de la montaña Gymir y de su esposa Aurboda fue considerada la mujer más bella del mundo. Su nombre era Gerd. Un día, el dios Freyr de los Vanir la espió. Se coló en el lugar llamado Hlidskialf, al que no se le permitía acceder, ya que es el trono de Odín, desde el que se pueden observar todos los mundos. Al mirar hacia el norte, divisó a una mujer que se acercaba a un salón grande y hermoso y, cuando abrió la puerta, observó la luz derramarse desde ella sobre el mar y el cielo. Al verla así, se abatió de enorme deseo por ella. Su padre, Niord, se apercibió de que estaba afligido y mandó a su sirviente Skirnir a descubrir por qué era tan infeliz. Era el mismo Skirnir enviado por Odín, Padre Supremo, para asegurar la buena manufactura de la cadena Gleipnir, que se usó para aherrojar al gran lobo Fenrir.

Al preguntar a Freyr qué era lo que le disgustaba, Skirnir descubrió la razón de su infelicidad y Freyr le conminó a ir al norte a pedir en su nombre la mano de esa mujer y a conseguirla, lo quisiera el padre de esta o no. Skirnir aceptó, pero preguntó si podría llevar la espada de Freyr para defenderse. Esa espada no tenía parangón y peleaba por su cuenta sin necesidad de estar en manos de su dueño. Por eso, cuando Freyr luchó más tarde con el gigante Beli iba armado nada más que con la cornamenta de un ciervo, y fue con esa cornamenta con la que mató al gigante. Más problemática, sin embargo, sería la falta de esa espada cuando, llegado el momento, tuviera que acudir al Ragnarok sin ella. Para entonces, acudirían los hijos de Muspell e irrumpirían por el puente Bifrost para hacer la guerra a los Æsir y Freyr desearía tener su famosa espada en la mano.

Cuando Skirnir fue a cortejar a Gerd, regresó con la noticia de que acudiría a Freyr al cabo de nueve noches para casarse con él, cosa que a Freyr le pareció que era demasiado tiempo para esperar a la mujer. Pasado el plazo acudió y se casó con él, y algunos afirman que así se inició la dinastía real de los Ynglings de Suecia. Unos dicen que acudió después de que Skirnir la amenazase, en tanto que otros aseguran que lo hizo por propia voluntad. Así, Gerd, la giganta de la montaña, se convirtió en una diosa y estuvo casada con la raza de los Vanir.

7

LA ASTUCIA DE LOKI Y LAS AVENTURAS DE THOR

EN LA SECCIÓN DE *EL ENGAÑO DE GYLFI*, en la *Edda Prosaica*, se habla de las mañas de Loki y de un viaje de Thor y Loki que luego proseguiría Thor solo, con los engaños y aventuras que tuvieron lugar.

Tales historias muestran abundantes referencias al martillo mágico de Thor, Miollnir. Se describe como un arma terrible, capaz de aplastar cráneos y allanar montañas. La *Edda Prosaica* nos dice que lo fabricaron los enanos, y se ha convertido en el más común de los símbolos asociados a Thor. Miollnir parece haber sido usado como colgante o amuleto por algunos devotos de Thor durante la Alta Edad Media, sin embargo, es interesante reseñar que se han encontrado sobre todo en áreas de fuerte influencia cristiana y podrían ser una reacción al uso de cruces por parte de conversos cristianos. De ser así, eso desvelaría otra forma en la que las creencias religiosas de la Era Vikinga se vieron afectadas por la interacción con el cristianismo.

Utgarda-Loki (o Utgard-Loki) es una figura importante en estas narraciones. Es el alcaide de un castillo llamado Utgard en Giantland y él mismo es un gigante. Su nombre significa literalmente Loki del castillo Utgard y se llama así para distinguirlo del Loki que viaja con Thor. Esta historia no se encuentra en la *Edda Poética*.

La aparición de gigantes en estos relatos nos recuerda la compleja interconexión entre dioses y gigantes en la mitología nórdica. Tal relación abarca desde la cooperación a la fuerza (como en la construcción de la fortaleza), hasta relaciones sexuales (que no están presentes en estos relatos en particular). Pero por lo general se asocia a amenaza y miedo (como la necesidad de una fortaleza para defenderse contra los gigantes, la muerte que Thor da al constructor gigante, el encuentro con Skrynir y la humillación en el salón del rey Utgarda-Loki). En tales conflictos, Thor aparecía de manera tradicional como enemigo de gigantes y empleaba contra ellos su martillo con efecto devastador.

Estas historias también muestran a Thor batallando por dos veces contra la serpiente Midgard (llamada Jormungand en otros relatos). Es la criatura que al final le destruirá en el Ragnarok. En la mitología nórdica, la serpiente Midgard es una serpiente marina engendrada por Loki con una gigante (Angrboda) y es tan grande que rodea el mundo entero. Thor se encontrará con la serpiente Midgard tres veces, la última durante el Ragnarok, el fin del mundo, cuando se destruyan el uno al otro. El encuentro durante el viaje de pesca parece haber sido un motivo bastante común en el arte de la Era Vikinga y aparece en una serie de pinturas sobre piedra. Una de ellas es la piedra Ardre VIII, que es del siglo VIII o IX, hallada en Gotland, Suecia. Si la imagen muestra de verdad el viaje de pesca con Hymir, demostraría que la historia estuvo circulando varios siglos antes de que fuese consignada por primera vez en la *Edda Prosaica*.

***

El engaño al constructor de una fortaleza

Hace mucho, mucho tiempo, cuando los dioses acababan de construir Midgard y el Valhalla, llegó hasta ellos un constructor que les prometió que podría levantar para ellos una fortaleza tan poderosa que ningún gigante de la montaña o del hielo podría invadirla, incluso aunque hubiesen logrado rebasar las fronteras de Midgard. También afirmó que podría completar su edificación en solo tres temporadas. Pero el precio de tal construcción sería elevado. En pago pidió a Freyia como esposa, así como ser propietario tanto del sol como de la luna.

Los Æsir se reunieron para discutir sus condiciones y le hicieron una contraoferta. Tendría cuanto pedía, pero a condición de que completase el trabajo en una sola temporada. Le darían tan solo un invierno para construirla y, si la fortaleza no estaba terminada el primer día de verano, no recibiría pago alguno. Además, ningún hombre debía ayudarle a construir la fortificación.

El constructor consideró la contraoferta. Respondió que aceptaría si los Æsir le permitían un único ayudante; sería su semental, que tenía por nombre Svadilfaeri. Los Æsir reflexionaron al respecto y, por consejo de Loki, aceptaron la solicitud.

El primer día de invierno comenzó la fortaleza. El constructor trabajaba durante el día en la edificación y, por la noche, acarreaba piedra hasta el lugar elegido con su semental Svadilfaeri. Las piedras que arrastraba eran enormes. De hecho, el semental era el doble de fuerte que el constructor y los Æsir comprobaron que, en efecto, el constructor era muy poderoso.

Hay que señalar que los gigantes —de los que el constructor formaba parte— temían hallarse entre los Æsir en caso de que Thor llegase a casa y les pillase allí, pues Thor era un matador de gigantes. Por eso, cuando acordaron el contrato original para construir la fortaleza, se garantizó su seguridad mediante juramentos y en presencia de muchos testigos poderosos. Solo entonces el gigante constructor se sintió seguro para continuar con el encargo, a pesar de que Thor estaba matando trolls en las montañas orientales.

Pero, volviendo al edificio..., durante el invierno, los muros y portales de la fortaleza se fueron elevando a velocidad asombrosa. Y se construyó tan bien, que ningún enemigo podría invadirla. Finalmente, a solo tres días del comienzo del verano, estuvo casi concluida. Eso causó gran desazón entre los dioses Æsir, ya que sabían que, si se completaba antes del verano, los detalles de su acuerdo obligarían a que Freyia pasase de Asgard a Giantland y, además, que el sol y la luna salieran del cielo y se convirtieran en posesión de los gigantes. Buscaron alguien al que culpar de su problema y llegaron a la conclusión de que era quien les había convencido en primer lugar de aceptar las demandas del constructor. Con esa certeza, consideraron que era Loki, responsable de la mayor parte de las cosas malignas que ocurrían, el que convenció a los dioses de que permitieran al constructor emplear a su semental Svadilfaeri. En consecuencia, amenazaron de muerte a Loki si no encontraba la manera de sacarles de ese aprieto. Loki tenía miedo, pues podía constatar que los dioses estaban dispuestos a atacarle y matarle, por lo que juró que los liberaría de su obligación de pagar al constructor, sin importar el coste personal que eso tuviera para él.

Por la tarde, se desveló el plan de Loki para interrumpir la edificación cuando una yegua llegó galopando desde los bosques para distraer al semental Svadilfaeri. Funcionó, ya que el semental se liberó de su arnés, abandonó el acarreo de piedras y, citado por la yegua, galopó hacia las profundidades del bosque. El constructor corrió tras ellos, pero no pudo atrapar o controlar a su caballo. Así, durante toda la noche, el semental persiguió a la yegua y el constructor los persiguió a ambos, y no se hizo labor alguna en la fortificación. Al día siguiente, el trabajo iba retrasado por la falta de piedra que había que haber acarreado hasta la obra. El constructor se dio cuenta de que, con el tiempo agotándose, no iba a ser capaz de completar el encargo y se puso furioso, lleno de rabia terrible.

Al ver la forma en la que se encolerizó, los Æsir tuvieron la certeza de que el constructor no podía ser sino un gigante de la montaña. Dado que los Æsir eran enemigos seculares de los gigantes de la montaña, llegaron a la conclusión de que su acuerdo con el constructor era nulo y vacío de contenido. Se consideraron a ellos mismos desvinculados de los juramentos que habían hecho con el constructor, gigante de la montaña, a la manera tradicional. A su tiempo, Thor regresó. Llevaba consigo su martillo gigante, Miollnir, el quebrantacráneos. Con ese poderoso martillo pegó al constructor a conciencia, con un golpe tan tremendo, que le hizo pedazos el cráneo. Así que, en lugar del pago que le habían prometido, con Freyia como esposa y la propiedad tanto del sol como de la luna, el gigante recibió el precio de la muerte. No regresó a Giantland, sino que fue enviado a Niflhel, que significa Hel Brumoso (el nivel más bajo de Hel, lugar de los muertos). De esa forma, los dioses cumplieron sus juramentos y Freyia, esposa de Od, no fue entregada como esposa a un gigante.

Pese a que los Æsir se libraron de tener que pagarle al constructor, Loki sí que tuvo que pagar su precio por la táctica que usó para distraer al semental. Ya que fue Loki el que apareció con forma de yegua. Mientras estaba en esa forma de yegua, distrajo al semental al punto de que este le montó. Como resultado, dio a luz a un potro. Y no era un potro ordinario, sino que fue el mejor caballo de todos cuantos tenían dioses u hombres. Era de color gris y con ocho patas, y se convirtió en Sleipnir, el caballo empleado por Odín, Padre Supremo.

Thor se va de expedición con Loki

Los dioses tienen acceso a tanta fuerza y magia que resultan difíciles de superar por sus enemigos. Tomemos como ejemplo la construcción del gran barco llamado *Skidblandnir*. Lo hicieron enanos y es propiedad de Freyr. Resulta lo bastante espacioso como para albergar a todos los Æsir con sus armas, y siempre tiene vientos favorables, ¡pero se puede plegar y llevar en un bolsillo! Ese buque es buen recordatorio de la magia a disposición de los dioses. Incluso así, Thor se metió una vez en una situación tan problemática que casi superó toda su fuerza mágica. No se cuenta a menudo esta historia, ya que todos aseveran que Thor es el más poderoso; sin embargo, las cosas ocurrieron así, mal que a él mismo le pese.

La historia comenzó cuando Thor y Loki se fueron de viaje juntos. Partieron en el carro de Thor, tirado por dos cabras (llamadas Tanngniost y Tanngrisnir). Tras la primera jornada, se detuvieron en casa de un campesino, a pasar la noche. Thor mató a sus dos cabras, las desolló y preparó la cena. Thor y Loki estuvieron acompañados por el campesino, su esposa y sus hijos. El hijo del granjero se llamaba Thialfi y la hija Roskva, y ambos jugarán un papel importante en este relato.

Cuando se hubieron comido el estofado de cabra, Thor tomó las dos pieles y las puso en el suelo, junto al fuego. Les dijo al campesino y su familia que echasen los huesos —que habían descarnado durante la comida— en las pieles de cabra. Pero, sin que Thor lo supiera, Thialfi, el hijo del campesino, hendió el hueso del pernil para llegar a la jugosa médula del interior. Solo después lo echó en la piel de cabra.

Por la noche todos durmieron, y Thor fue el primero en despertar. Antes del alba, se vistió y alzó su martillo Miollnir sobre las pieles de cabra. De inmediato, las cabras volvieron a la vida y se levantaron, pero una estaba coja de su pata trasera. Thor sabía de sobra lo que había ocurrido: que uno de la familia del campesino había roto el hueso. Se enfureció de forma terrible; su ceño ensombrecía los ojos y sus manos estaban blancas de la furia con la que empuñaba el martillo. Todos los miembros de la familia estaban más que aterrorizados y cayeron de rodillas para suplicarle que tuviera misericordia de ellos. Al ver lo profundo de su terror, la ira del dios menguó. En pago por el daño causado a la pata de la cabra, aceptó como regalo a los dos jóvenes, Thialfi y Roskva, para que fuesen sus criados, y como criados suyos siguen hasta el día de hoy.

Thor y Loki, acompañados por Thialfi y Roskva, dejaron la granja y viajaron al este hasta Giantland e incluso más allá, tan lejos como el gran mar. Dejaron atrás a las cabras y siguieron a pie por el camino que les condujo hasta allí. Cuando por fin llegaron al mar viajaron a una tierra lejana y, a la postre, tocaron costa. Tierra adentro había un bosque espeso y viajaron por él hasta la tarde. Necesitaban algún sitio para descansar, pero no se veía ninguno.

Tras viajar en la oscuridad a través de árboles, encontraron un refugio. En la penumbra, solo podían apreciar que se trataba de un gran edificio y que lo que tomaron por la puerta se hallaba en un extremo. Entraron y se echaron a dormir.

En mitad de la noche les despertó un enorme temblor de tierra. Pensando que tal vez se acercaban grandes enemigos, Thor conminó a sus compañeros a adentrase en el edificio hasta que encontrasen alguna estancia. Así lo hicieron, y

Thor se quedó vigilando la entrada, armado con su martillo Miollnir. Pero no apareció ningún enemigo y pasó la noche, con Thor montando guardia. A su alrededor reverberaban grandes ruidos en la oscuridad; retumbos que hacían temblar la tierra.

Al alba, Thor salió y vio a un gigante dormido en el suelo. Era enorme y su ronquido era lo que sonaba como el retumbar de un terremoto en la noche. Incluso Thor sintió miedo y se aferró a su cinturón de poder mágico, llamado Megingjorth, para así incrementar su poderosa fortaleza, que es llamada Fuerza de As. Sin embargo, por una vez, ¡temió emplear su martillo quebrantacráneos!

El gigante le miró y Thor le preguntó su nombre. Respondió que se llamaba Skrymir. Reconoció a Thor de los Æsir y le preguntó qué estaba haciendo con su guante. En ese momento, Thor se dio cuenta de que el edificio en el que habían pasado la noche no era más que el guante de ese gigante ¡y que la estancia a la que se habían retirado no era más que el pulgar de ese gran guante!

El gigante Skrymir preguntó a Thor y sus acompañantes si querían viajar con él y se ofreció a transportar sus provisiones junto a las propias, en la bolsa que llevaba a la espalda. Thor estuvo de acuerdo y partieron.

Tras un día de caminar, descansaron, al caer la noche, bajo un gran roble. Skrymir se durmió, pero dejó su bolsa repleta de provisiones para que Thor y sus compañeros se sirvieran de lo que había dentro y cenasen. Pero Thor no pudo deshacer ni uno solo de los nudos que cerraban la bolsa, no importa lo mucho que tiró o desenredó los cordones. Ni siquiera el poderoso Thor pudo abrir ese saco. No tardó en montar en cólera. En su furia, echó mano del martillo, se fue al roncante Skrymir y le golpeó en la cabeza con Miollnir, el quebrantacráneos. Pero no solo no se la rompió, sino que ni siquiera le dañó lo más mínimo. El otro tan solo salió del sueño ¡y preguntó si una hoja de árbol le había caído en la cabeza! Luego quiso saber si Thor y sus compañeros habían cenado y si estaban listos para dormir. Ellos contestaron que lo estaban y se acomodaron bajo otro roble. Todos tenían miedo del gigante.

En mitad de la noche, Thor determinó acabar con Skrymir, que roncaba tan fuerte que el bosque temblaba. Le pegó con fuerza en mitad de la cabeza y su martillo se hundió profundo en el cráneo del gigante. Pero Skrymir tan solo se despertó y preguntó si le había caído encima una bellota. Thor respondió que era medianoche y que aún había tiempo de seguir durmiendo.

Por tercera vez se decidió a matar a Skrymir. Esta vez esperó a justo antes del alba y entonces se arrojó contra el gigante que roncaba atronador y le hundió su martillo en mitad de la frente. El martillo entró hasta el mango. En esas, Skrymir se despertó ¡y preguntó si un pájaro perchado había quebrado alguna ramita, haciéndola caer sobre su cabeza! Luego afirmó que era hora de levantarse y continuar el viaje.

Skrymir les informó de que la fortaleza llamada Utgard se hallaba delante y que en ella vivían criaturas más grandes que él, ya que había oído cómo Thor y sus compañeros susurraban acerca de su gran tamaño. Les avisó de que fueran cuidadosos a la hora de actuar, pues esos gigantes no tolerarían la insolencia o el orgullo por parte de gente tan pequeña. Si no eran capaces de comportarse, lo mejor sería que se dieran la vuelta. Sin embargo, si decidían ir a Utgard, debían encaminarse al este, en tanto que él se dirigía al norte, a las montañas.

Por el camino indicado llegaron a mediodía a una gran fortaleza tan alta que tuvieron que esforzarse para ver su parte superior. Ni siquiera Thor podía abrir sus puertas a la fuerza, pero lograron colarse por entre los barrotes y dirigirse hacia un gran salón. Había gente inmensa sentada en bancos y un rey llamado Utgarda-Loki (no confundir con Loki) les recibió con burla e hizo alusión al diminuto tamaño de Thor y a la incapacidad de su grupo para impresionar a los reunidos en el salón.

Ante este desafío, Loki habló y dijo que ¡dudaba de que allí nadie pudiera comer más rápido que él! El rey Utgarda-Loki aceptó el reto y llamó a uno de sus deudos, de nombre Logi. Este trajo un espetón con mucha carne y Loki y Logi se sentaron el uno a cada extremo del mismo y comenzaron a comer uno en dirección al otro. Se encontraron en el medio, pero, mientras que Loki había consumido toda la carne de los huesos, su rival Logi ¡había devorado carne, huesos y espetón!

Aquello no había comenzado bien y Utgarda-Loki preguntó si había alguna otra cosa en la que el grupo de Thor pudiera sobresalir. Thialfi respondió que era un corredor muy rápido, por lo que fue emplazado a una carrera con otro de los deudos del monarca, llamado Hugi. Pero Hugi ganó la carrera de manera tan contundente que se encontró con Thialfi ¡cuando volvía corriendo! Por segunda vez Thialfi fue batido, aunque era ligero de pies. Y a la tercera fue también derrotado de forma inapelable por Hugi. Así que la segunda competición se perdió, igual que la primera.

Entonces el rey le preguntó a Thor en qué hazaña destacaba. Thor le replicó que podía competir en beber con quien quisiera. Trajeron un cuerno de bebida y Utgarda-Loki dijo que se podía beber de uno o dos golpes, pero que nunca se necesitaron más de tres tragos. El cuerno era largo, pero tampoco tan grande, por lo que Thor se sintió confiado. Pero en cuanto dio el primer trago largo (aguantó hasta que tuvo que dejarlo para respirar) pareció que solo hubiese bebido un poco del cuerno. El segundo trago fue algo mejor. Y el tercer gran trago mermó sobremanera el contenido del cuerno... pero no lo vació.

El rey Utgarda-Loki preguntó entonces si Thor sería capaz de sobresalir en alguna otra cosa, ya que hasta entonces las bravatas de los Æsir le habían decepcionado. Thor estaba dispuesto a continuar, pero entonces el rey le retó a levantar a su gato, una cosa que podía hacer con facilidad el más joven de los deudos del salón. Apareció en ese momento un gato gris, pero, por más que lo intentó, Thor no pudo alzarlo, ya que el gato arqueaba el lomo y no despegaba ni una zarpa del suelo. Cuando por fin logró elevarlo algo, ¡solo consiguió levantar una zarpa!

Thor montó en cólera y exigió que alguien luchase contra él. El rey dijo que, dado que Thor era tan pequeño, nadie en el salón se rebajaría a tal cosa, por lo que debería pelear con una vieja llamada Elli, a la que convocaron al salón. Era una anciana contra Thor de los Æsir, ¡pero lo venció! Por mucho que se esforzó, no pudo hacerla perder pie. Por otra parte, ella era hábil en la lucha cuerpo a cuerpo y pronto Thor tuvo que doblar la rodilla. Así que perdieron otro desafío.

Como era tarde, todos se retiraron a la cama y, al llegar el día, Thor y sus acompañantes se vistieron e hicieron intención de irse, pero el rey Utgarda-Loki, jovial, puso ante ellos comida y bebida y les acompañó un corto trecho al marcharse. Mientras caminaban, le preguntó a Thor qué pensaba de su estancia en la fortaleza de Utgard, y Thor replicó que se había visto humillado y deshonrado por las pruebas.

Entonces el rey Utgarda-Loki reveló que Thor y sus compañeros habían sido engañados en tales encuentros. De otra forma, Thor habría resultado demasiado fuerte y sus compañeros habrían tenido éxito. Ya que el rey Utgarda-Loki era aquel al que Thor había conocido en el bosque como el gigante Skrymir. El saco lo llevaba cerrado con alambre mágico y, cada vez que Thor empuñó su martillo, Skrymir interpuso en secreto una montaña para que recibiese los golpes. Y, desde luego, había realizado otros trucos en la sala de Utgard.

Logi, el que se impuso a Loki, se llamaba en realidad Llama y se mostró con forma de hombre. Por eso podía consumir espetón, huesos y carne. Hugi, que superó a Thialfi, se llamaba realmente Pensamiento y apareció en forma de hombre. Por eso podía correr más rápido que ningún otro. El cuerno era un recipiente conectado al mar, ¡y Thor había hecho bajar su nivel durante la prueba! El gato era en realidad la serpiente Midgard camuflada, la que es tan grande que rodea la tierra; incluso levantar a ese gato por una zarpa era una hazaña impresionante. Y la anciana era la vejez, a la que nadie podía vencer. Por esa razón había hecho que incluso Thor doblase una rodilla.

Cuando descubrió que había sido engañado, Thor alzó su martillo para vengarse, pero el rey Utgarda-Loki se había marchado y la fortaleza de Utgard se había desvanecido. Así que Thor emprendió el camino de vuelta a su propio salón en Thrundvangar, pero resolvió que regresaría a encontrarse de nuevo con la serpiente Midgard y volvería a medir sus fuerzas con ella.

Thor y el gigante Hymir pescan a la serpiente Midgard

No pasó mucho tiempo sin que Thor preparase su venganza contra la serpiente Midgard, a la que no había podido levantar en el salón del rey Utgarda-Loki. Estaba tan ansioso de llevarla a cabo que partió sin un compañero y sin su carro tirado por las dos cabras Tannginiost y Tanngrisnir. Durante el viaje cambió su apariencia por la de un niño y disfrazado de esa guisa atravesó el Midgard. Viajó hasta que, una tarde, llegó a la casa de un gigante llamado Hymir, donde pasó la noche. Al día siguiente, preguntó si podía acompañar a Hymir de pesca. A Hymir no le impresionaba la ayuda que podía reportarle alguien tan joven y pequeño, pero, sin embargo, convino en ello. Tampoco pensaba que el joven apreciase demasiado la incomodidad de estar pescando cuanto tiempo quisiera Hymir.

Thor se enfureció y tentado estuvo de usar su famoso martillo contra el gigante, pero se contuvo, ya que necesitaba reservar su fuerza para capturar lo que se había propuesto en ese viaje. Hymir le conminó a buscarse él mismo el cebo, así que Thor arrancó la cabeza a un buey llamado Himinhriot, que pertenecía al propio Hymir.

Thor e Hymir remaron juntos, internándose en el mar, y el segundo quedó impresionado por la fuerza con la que remaba el primero. De hecho, cuando Hymir pretendió descansar, fue Thor el que insistió en alejarse todavía más de la orilla. Eso alarmó a Hymir, que dijo que temía que en lugar de lograr su captura habitual de platijas, se topasen con la serpiente Midgard, en aguas profundas. Pero Thor remó aún más lejos, para disgusto de Hymir, que se incomodó ante lo mucho que se internaban en el mar.

Por último, llegaron a un punto en el que Thor echó por la borda su cebo, la cabeza de buey, y esta se hundió en las profundidades marinas. Fue allí donde la serpiente Midgard picó el cebo y donde el enorme anzuelo que había dentro del mismo se clavó en su boca. La serpiente retrocedió alarmada, forzando a que Thor bajara las manos hasta que chocaron con el costado del buque, con gran estruendo.

Ante eso, la cólera de Thor aumentó, por lo que convocó a la Fuerza de As que llevaba dentro y se afirmó con tanta energía que sus pies rasgaron el fondo del bote y se plantaron en el lecho marino. Así, bien afianzado, izó a la serpiente al bote. Thor la miró airado y esta le devolvió la mirada, ¡y escupió veneno!

El gigante Hymir entró en pánico al ver a la serpiente izada al bote y el agua que entraba a chorro en este. Muerto de miedo, sacó su cuchillo y, en lugar de cortar el cebo, cortó el sedal de Thor. Lo hizo justo cuando Thor levantaba su martillo para golpear a Midgard y tuvo que arrojar su martillo contra la serpiente. Algunos dicen que la alcanzó, dándole muerte, en tanto que otros piensan que Midgard escapó y aún se halla en el mar que rodea al mundo. Lo cierto es que Thor golpeó después a Hymir y, del golpe, lo lanzó al mar. Luego él regresó a la orilla.

8

El asesinato de Baldr y el castigo de Loki

En la sección *El engaño de Gylfi*, de la *Edda Prosaica*, se encuentran las historias de cómo murió el dios Baldr, así como del castigo que sufrió Loki y del fin del mundo. Existen también otras referencias a la muerte de Baldr en el *Sueño de Baldr*, dentro de la *Edda Poética*.

El papel que juega Loki en la muerte de Baldr es muy diferente en ambas *Eddas*. En la *Edda Prosaica*, Loki es con claridad el responsable del asesinato, mientras que la *Edda Poética* no relaciona a Loki con esa muerte. Uno de los *kennings* poéticos en nórdico antiguo aplicados a Loki en *El lenguaje de la poesía* es *Ráðbani Baldrs* (causa de la muerte de Baldr). A su vez, en la descripción de la muerte de Baldr en *El engaño de Gylfi* se nos presenta a un Loki insatisfecho al ver que Baldr salía ileso de cuanto arrojaban contra él y que, por tal razón, fue el instigador de que Hod tomase el muérdago y lo disparase contra él.

La *Edda Prosaica* también dice, más explícitamente, que «fue sin duda la actuación de Loki lo que provocó la muerte de Baldr, sino también que no se librase del infierno». Tanto *El lenguaje de la poesía* como *El engaño de Gylfi* dan a entender que Loki, y solo él, fue el responsable de la muerte de Baldr. De manera deliberada, buscó el arma que le pudiese matar y, en su papel típico de liante, engañó a Hod para que fuese la persona que en último término diese el golpe. Luego, su negativa a llorar implicó que Baldr no pudiera liberarse del Infierno, cosa que solo aumentó su culpa. La versión que nos da Snorri sobre el asesinato de Baldr no deja lugar a duda de quién es responsable de ese suceso y a Hod nos lo retrata como un inocente engañado, parte del plan de Loki. Esto parece ser congruente con el personaje de Loki, tal como Snorri lo retrata en todo momento: como un trapacero que parece estar buscando la destrucción de los dioses.

Sin embargo, por otro lado, la *Edda Poética* no menciona a Loki como actor en la muerte de Baldr. En *El sueño de Baldr*, es Hod el único responsable y esta versión de la historia apunta a que Loki no estuvo involucrado de ninguna de las maneras. El poeta no se detiene en por qué razón Hod mató a Baldr, aunque la ausencia total de Loki en la historia apunta a que, para el autor del *Sueño de Baldr*, o bien Loki no jugó un papel importante o, dado que fue Hod el que cometió el crimen, es sobre este último sobre quien recae la culpa. Contrasta con la forma en que Snorri parece echar alegremente sobre las espaldas de Loki todos los desastres y, en especial, los relacionados con el fin del mundo y la destrucción de los dioses.

* * *

El asesinato de Baldr

El dios conocido como Baldr el Bueno (un hijo de Odín) tuvo sueños extraños que parecían apuntar a que su vida estaba en peligro. Ante esto, los Æsir se reunieron y discutieron qué debían hacer para protegerlo. A tal fin, pensaron en todo tipo de cosas que podían amenazar a Baldr y, en consecuencia, se esforzaron para garantizarle protección contra tales amenazas. La diosa Frigg (esposa de Odín, Padre Supremo) arrancó a todo aquello que pudiera suponer una amenaza para Baldr la promesa solemne de que no le dañarían. De esa forma, le aseguró la protección contra el fuego, el agua, el hierro y todo tipo de metales, piedras, tierra y árboles; contra cualquier enfermedad, animales, todas las clases de pájaros y serpientes y todos los venenos. Cuando hubo acabado, Baldr quedó a salvo de todos los peligros. El resultado de eso fue que se convirtió en un deporte entre los Æsir el que Baldr se plantase y los demás le tirasen piedras, le disparasen flechas y le atacasen con armas. Nada lo lastimaba. Estaba a salvo de todos aquellos peligros. Los Æsir pensaron que era algo portentoso. Sin embargo, a uno de los Æsir no le divertían nada esos juegos y estaba disgustado ante el hecho de que nada dañase a Baldr. Era Loki, hijo de Laufey, y estaba decidido a alterar ese estado de cosas.

Cambió su apariencia por la de una mujer y, de esa guisa, fue a visitar a Frigg en un lugar llamado Fensalir. Allí, la mujer (que no era otra que Loki) discutió con Frigg sobre qué ocurriría cuando los Æsir volvieran a reunirse. Y resultó que en la siguiente asamblea —pues los Æsir se congregaban a menudo— probarían la invulnerabilidad de Baldr. En esa ocasión, con flechas.

Al enterarse, Loki le preguntó a Frigg si todos los seres y todas las cosas habían prestado juramento de proteger a Baldr. Frigg respondió que no, que no todos habían jurado. Había una cosa, solo una, que no había hecho el juramento. Era algo llamado muérdago y crecía al oeste del Valhalla. Era muy pequeño, solo un retoño, demasiado tierno para que valiese la pena hacerle jurar.

Loki se marchó. Fue a buscar ese brote de muérdago y, cuando lo encontró, lo recogió y lo puso en una flecha. Con ella en la mano, fue a la asamblea de los Æsir de la que Frigg le había hablado con anterioridad.

Cuando Loki llegó al lugar de la asamblea, se percató de que el dios ciego Hod estaba al margen de la multitud que disparaba flechas contra Baldr. Llegó hasta él y le preguntó por qué no participaba de la diversión de disparar al invencible Baldr. Hod le respondió que por dos razones. La primera, porque no podía ver a Baldr; y la segunda, porque no tenía arma.

Loki no tardó en resolver los problemas de Hod. Primero le entregó la flecha del muérdago y luego le dijo con exactitud cómo disparar, de modo que la flecha fuese directa a Baldr. Se aseguró de ello al decirle que, si no le tiraba la flecha, no estaría honrando a Baldr como los demás. Dijo eso porque los Æsir creían que, al celebrar la inmunidad de Baldr, le hacían a este un gran honor.

A consecuencia de la intervención de Loki, Hod disparó directa la flecha de muérdago a Baldr. Loki se aseguró de su objetivo y la flecha que disparó Hod voló infalible hacia Baldr. Le alcanzó y le traspasó el cuerpo. Baldr cayó muerto por culpa del peor de los actos que pueda cometer un dios o un hombre. Cuando Baldr cayó, los Æsir se quedaron paralizados por la impresión y llenos de horror. Estaban petrificados, pero se miraban unos a otros, furiosos por lo que había ocurrido y determinados a vengarse de quien hubiese asesinado a Baldr.

El intento de rescatar a Baldr de Hel

Aunque los Æsir estaban decididos a vengar a Baldr, nada pudieron hacer, porque su asamblea era sagrada y el lugar, un santuario en el que no se podía perpetrar ningún acto de venganza. En vez de ello, lloraron desconsoladamente, abatidos por una pena terrible. El dios más afligido de todos era

Odín. Eso se debía a que se percataba con más claridad del terrible daño que la muerte de Baldr causaría en los Æsir y de lo trágica que era la pérdida.

Frigg tomó la palabra y preguntó si había alguien entre los Æsir dispuesto a recorrer el camino que llevaba a Hel y allí ofrecer el rescate que fuese preciso para que Hel liberase a Baldr y le dejase volver a Asgard, hogar de los Æsir. Quién lo hiciera, ganaría el amor y el favor de Frigg, pues deseaba ardientemente el regreso de Baldr.

Solo hubo uno que recogió el reto lanzado por Frigg, Hermond el Valeroso, que también era hijo de Odín. Llamaron al caballo de ocho patas de Odín, Sleipnir, Hermond montó aquel corcel veloz y lo apuró hacia Hel, en su misión de salvar a Baldr, su hermano, de la muerte.

Entretanto, los Æsir alzaron el cadáver de Baldr y lo condujeron hasta el mar, donde estaba amarrado su buque. Se llamaba *Hringhorni* y era el barco más grande del mundo. Los Æsir tenían la intención de llevar a cabo el funeral de Baldr a bordo de ese poderoso navío. Pero no consiguieron mover el barco.

Ante tal contrariedad, los Æsir pidieron ayuda a Giantland para echar a navegar el barco. Fue la giganta Hyrrokkin la que respondió a su llamada y cabalgó hasta ellos sobre un lobo, con víboras a manera de riendas. Cuando la giganta desmontó, Odín ordenó a cuatro guerreros que asegurasen la montura. Eran *berserkers*, que luchaban sin miedo ni autocontrol en la batalla. Pero incluso entre los cuatro no fueron lo bastante fuertes como para sujetar a la montura lobo de Hyrrokkin. De hecho, se vieron forzados a golpearlo y a reducirlo en el suelo.

Cuando Hyrrokkin llegó al barco, probó ser tan fuerte que lo echo a navegar con un solo empujón. Las chispas volaron desde los rodillos bajo el buque y la tierra tembló como en un terremoto. Ante eso, se desató la ira de Thor

Hel, que aquí aparece flanqueada por el lobo Garmr, es la reina de los nueve mundos infernales de los pueblos nórdicos. Se encuentran en un territorio llamado Niflheim. Grabado de Johannes Gehrts realizado en 1889.

contra la giganta e hizo intención de aplastarle la cabeza con su martillo Miollnir, el quebrantacráneos. Pero los otros dioses le refrenaron con sus súplicas a favor de la giganta.

Cuando colocaron el cuerpo de Baldr en su barco, la esposa de este, Nann, hija de Neps, no soportó el dolor y murió. Colocaron su cuerpo también en el barco y lo quemaron junto con el de su esposo. Cuando la pira estuvo encendida, Thor la bendijo con su martillo. Mientras hacía eso, un enano pasó corriendo por delante de él y Thor le lanzó de una patada al fuego para que se quemase también, junto con los cuerpos de Baldr y Nann.

Seres de todas las tierras y mundos acudieron para asistir al funeral de Baldr. Estuvo Odín con Frigg, las valquirias y los dos cuervos de Odín, Hugin y Munin. Freyr asistió también con su carro tirado por un jabalí; Heimdall estuvo con su caballo y Freyia acudió acompañada de sus gatos. Hubo gigantes del hielo y de la montaña. Odín puso en esa pira un gran brazalete de oro y al caballo de Baldr, que llevaba su más fino arnés.

Mientras ocurría todo esto, Hermod el Valeroso cabalgaba para tratar de cumplir su misión de devolver la vida a Baldr. Galopó durante nueve jornadas a través de valles oscuros, negros como la noche de lo profundos que eran. Por último, se acercó al Puente Gillol, cubierto de oro bruñido. Allí se vio cara a cara con la doncella guerrera Modgud. Cuando se acercó, ella le preguntó su nombre y parentesco. Estaba intrigada, porque el puente resonaba bajo sus pies como lo habría hecho al paso de cinco regimientos de guerreros muertos. No obstante, era obvio que Hermod no estaba muerto, por lo que Modgud le preguntó qué asunto le había llevado al camino que se dirigía a Hel, ya que era una ruta reservada a los muertos. A la pregunta de qué le había llevado hasta allí, él contestó que buscaba a Baldr, y preguntó a Modgud si le había visto pasar. Ella respondió que, en efecto, había visto a Baldr en el camino de los muertos que iban hacia abajo y al norte, que era la ruta que llevaba a Hel.

Ante esa noticia, Hermod espoleó a su caballo por el puente para cabalgar hasta llegar a las puertas de Hel. Ajustó la silla del caballo, galopó hasta las puertas cerradas y saltó por encima. Ya sobrepasadas, cabalgó hasta el salón situado tras las fortificaciones, desmontó y entró. Y vio a Baldr, su hermano, sentado en un lugar de honor.

Por la mañana, Hermod le suplicó a Hel que le permitiera llevar a su hermano de vuelta a Asgard y le explicó cómo todo y todos lloraban su muerte. Hel le replicó que podría llevarse a Baldr si lograba demostrar que todos y todo penaban por él. Pero si una sola cosa se negaba a hacerlo, Baldr no podría marcharse.

Hermod regresó junto a los Æsir de Asgard con el acuerdo hecho con Hel... y con las condiciones. Al conocerlas, los Æsir enviaron mensajeros por todo el mundo para rogar a todos los seres que llorasen por Baldr y así liberarle de Hel. Y todas las cosas lo hicieron, todas lloraron por Baldr. Lloraron como la escarcha llora cuando el sol brilla sobre ella. Todos los seres lloraron... con una excepción. En las profundidades de una cueva, los Æsir encontraron a una giganta que se negó a llorar. Nunca había ganado nada con Baldr, vivo o muerto, y por ella Held podía quedárselo. La giganta era, por supuesto, Loki disfrazado.

El castigo de Loki

Los dioses estaban furiosos porque Loki no solo había causado la muerte de Baldr, sino que también había conseguido que no pudiera ser rescatado de Hel. Al comprender que tenían la intención de castigarle con dureza, Loki escapó para esconderse dentro de una montaña, en un edificio que él mismo había construido y que disponía de cuatro puertas. Era para poder mirar en todas direcciones y ver si los dioses iban en pos de él. Pero ni aun así se sentía a salvo de la ira de los Æsir. Por eso, durante el día, se transformaba en salmón y se escondía bajo la cascada de Franangr. Pese a ello, seguía sin sentirse seguro y se preguntaba qué podían hacer los Æsir para capturarle en su escondite acuático. Estando en su casa de cuatro puertas, recogió hilos de lino y, pensando en cómo podían atraparle, los tejió en forma de red. Fue la primera vez que alguien hizo algo así. Lo realizó mientras se sentaba ante el fuego.

Pero entonces vio que los Æsir se aproximaban, porque Odín había visto su escondrijo. Ante eso, Loki arrojó la red al fuego y corrió al río. Transformándose una vez más en salmón, saltó a sus aguas.

Entretanto, los Æsir habían llegado a la casa de cuatro puertas de Loki. El primero en entrar fue Kvasir, el más sabio de todos ellos. Observó el fuego, vio en él las cenizas de la red y comprendió que era un artificio para pescar peces. Una vez asimilado eso, los Æsir se afanaron todos a una en crear una red que pudieran utilizar. Cuando estuvo hecha, la llevaron al río, ya que suponían que Loki se ocultaba allí. Lanzaron la red y Thor tomó un extremo, en tanto que el resto de los Æsir se hacían con el otro.

Juntos, arrastraron la red por el agua para atrapar a Loki. Pero este se dio cuenta de lo que hacían, nadó alrededor de la red y se escondió entre las piedras del fondo. Los Æsir tiraron la red por segunda vez, porque presentían que Loki estaba en el agua. Esta vez la red pasó por el lecho del río y Loki se vio obligado a saltar por encima y escapar por la cascada. De no haberlo hecho, le habrían empujado al mar y allí lo hubieran capturado con facilidad. Los Æsir le persiguieron por tercera vez por el río. Pero en esta ocasión Thor se metió en mitad de las aguas mientras los otros Æsir arrastraban la red hacia el mar.

Loki se veía ahora en un peligro desesperado. Tanto si nadaba hacia el mar como si saltaba la red para volver a la cascada, estaba condenado, ya que los Æsir lo capturarían en las aguas abiertas del mar y Thor lo haría si intentaba remontar a nado el río.

Trató de ir hacia la cascada y saltó la red una vez más, en un intento de conseguirlo. Al hacerlo, Thor le atrapó, solo que se le escurrió. Pero, aunque Loki se deslizó entre sus dedos, estos se cerraron alrededor de su cola. Ese es el motivo por el que el cuerpo de un salmón se hace fino hacia la cola, porque por ahí agarró Thor a Loki.

Así fue como lo atraparon. Los Æsir lo llevaron a una cueva, tomaron tres lajas de piedra e hicieron un agujero en cada una de ellas. Luego condujeron a los hijos de Loki, Vali y Narfi, a la cueva. A Vali lo convirtieron en lobo y a Narfi lo descuartizaron. Con las tripas de Narfi ataron a Loki a las tres piedras: una bajo los hombros, otra bajo los lomos y la tercera tras las rodillas. Al hacerlo, las ataduras de tripas se convirtieron en hierro y lo aprisionaron. Luego colgaron una serpiente venenosa encima de él para que su veneno le gotease en la cara.

La esposa de Loki, Sigyn, intentó ayudarle recogiendo el veneno en un recipiente y todavía sigue haciéndolo. Pero si el cuenco se llena ha de ir a vaciarlo y el veneno vuelve a gotear en el rostro de Loki. Cuando esto ocurre, Loki se retuerce de agonía y esas convulsiones son llamadas terremotos. Allí yacerá —encadenado bajo el goteo de veneno— hasta el fin del mundo, hasta el día llamado Ragnarok.

Un mito-poema: cómo Odín cabalgó hasta Hel para descubrir la identidad del asesino de Baldr

Además de la historia que se cuenta en *El engaño de Gylfi*, en la *Edda Prosaica*, existe también el poema llamado *El sueño de Baldr* en la *Edda Poética*. Ahí está la explicación de cómo los Æsir respondieron al sueño terrible que tuvo Baldr y que hemos relatado aquí en forma abreviada para dar una idea de su contenido.

> Los Æsir se reunieron para descubrir la causa de los terribles sueños de Baldr.
>
> Acudieron a aquel que se había sacrificado por los hombres, Odín, que ensilló a Sleipnir y cabalgó hasta Hel, donde fue recibido por un perro ladrador cubierto de sangre.
>
> Pero Odín, sin inmutarse por ello, cabalgó hasta llegar a las puertas del salón de Hel.
>
> En el lado oriental, la vidente yacía en su tumba, y allí Odín declamó un ensalmo para despertar a los muertos y ella se levantó a su pesar.
>
> Dijo: «¿quién me ha despertado? ¿Quién me ha hecho volver? A mi, aquella sobre cuya tumba ha sentido nieve, lluvia y rocío y largo tiempo he yacido muerta»
>
> Odín ocultó su nombre y dijo llamarse Vagabundo, y preguntó a que guerrero esperaban. ¿Quién viajaría pronto al salón de Hel y sería acogido allí?
>
> En respuesta, la vidente habló: «el hidromiel aguarda aquí dispuesto para Baldr, y su venida será penosa para los Æsir»
>
> Luego Vagabundo preguntó sobre quién mataría a Baldr y privaría a Odín de su hijo.
>
> Supo así que Hod haría tal cosa y, en su enojo, Vagabundo preguntó quién se vengaría de Hod por una muerte como la de Baldr.
>
> Vagabundo supo entonces que Odín tendría otro hijo con Rind y que menos de un día después de su nacimiento ya pelearía. Y que no se lavaría ni las manos ni los cabellos hasta que tomase venganza y el asesino de Baldr fuese arrojado a la pira funeraria.

Entonces Vagabundo puso a prueba el conocimiento secreto de la vidente y ella adivinó su nombre y declaró que solo Odín-sacrificio-antiguo podría visitarla.

Y que nadie más podría recorrer ese camino ni encontrarla, hasta el día en que Loki fuese liberado y la destrucción cayera sobre todos los dioses.

9

El rapto de Idunn y los orígenes de la poesía

También en la recopilación conocida como la *Edda Prosaica*, solo que esta vez en la sección llamada *El lenguaje de la poesía*, se encuentra el relato de viajes de los dioses Æsir Odín, Loki y Haenir; del secuestro de Idunn por culpa de una fechoría de Loki; de los orígenes de la poesía y de cómo Odín llegó a conseguirla.

El lenguaje de la poesía demuestra que Snorri intentó sistematizar las tradiciones para crear un relato único sobre la compleja mitología de los antiguos nórdicos. Snorri discute las partes paganas en relación con los *kennings* que se empleaban en la poesía escáldica (compuesta en las cortes de los gobernantes nórdicos) a fin de proporcionar a los lectores de su tratado la comprensión de los orígenes de esos *kennings*. Hay algunas otras informaciones sobre los orígenes de la poesía: *Los dichos del Altísimo* en la *Edda Poética* y la talla en la piedra Stora Hammars III (Parroquia de Larbro, Gotland, Suecia, c. 700). Sin embargo, ninguna es tan completa como la versión que nos da Snorri de la historia.

El relato sobre los orígenes de la poesía empieza casi al comienzo de esta sección de la *Edda Prosaica*. Es así porque es necesario explicar el original para poder dar un trasfondo al amplio abanico de *kennings* que Snorri nos ofrece más tarde. Los *kennings* eran una parte clave del repertorio de un poeta escáldico, y le permitían demostrar su habilidad y su comprensión del panteón de la mitología nórdica. El origen de la poesía comienza con una disputa interna entre los Æsir y los Vanir y se desplaza luego hacia un enfrentamiento entre enanos y gigantes. La habilidad para componer poesía se nos presenta como una cualidad de lo más prodigiosa y solo los personajes más poderosos del mito (los Æsir) son capaces de utilizar el hidromiel, mientras que tanto gigantes como enanos carecen de la habilidad para beneficiarse culturalmente de ello. Eso otorga un estatus particular a los poetas humanos, a pesar de que ellos se benefician tan solo de las sobras de Odín. Pero son capaces de emplearlo, lo que es más de lo que las otras razas pueden hacer.

La poesía está asociada con fuerza a Odín y a su perpetua búsqueda de sabiduría. No obstante, no basta para resolver los problemas de Odín con los gigantes y, cosa curiosa, no se dice en ningún momento que el propio Odín emplease *kennings*.

***

La pérdida de la diosa Idunn y su recuperación

Un día, tres de los Æsir emprendieron un viaje. Eran Odín, Loki y Haenir. Cruzaron las montañas y lugares salvajes, y pronto anduvieron cortos de comida. Al final, bajaron a un valle donde encontraron una manada de bueyes pastando. Mataron a uno y lo guisaron. Para ello, construyeron un horno de barro y colocaron dentro el buey. Pero, cuando abrieron la portezuela, descubrieron que no se había cocinado. Lo intentaron por segunda vez y de nuevo quedó sin cocinar. Mientras deliberaban, oyeron una voz que procedía del roble bajo el que estaban sentados. Al alzar la mirada, vieron una gran águila en las ramas del árbol. El águila les dijo que ella era el motivo por el que el buey no se guisaba y que se lo permitiría si le garantizaban que podría atiborrarse de hidromiel. Los tres dioses aceptaron, el águila bajó volando y comenzó a arrancar grandes tajadas del buey.

Eso enojó sobremanera a Loki, que cogió un trozo de madera y golpeó al águila. Esta alzó el vuelo con uno de los extremos del trozo bien agarrado, y en el otro quedó atrapado Loki. El águila volaba cada vez más alto y Loki pensó que le iba a arrancar los brazos. Gritó al águila, rogándole que le soltase, pero el águila no estaba de humor para hacerlo y le replicó que solo lo liberaría si encontraba una manera de tentar a la diosa Idunn para que saliera de Asgard, llevando con ella sus manzanas mágicas. Eran esas manzanas las que mantenían jóvenes a los dioses. Loki aceptó y el águila le liberó.

No sucedió mucho más durante ese viaje, pero, cuando los tres dioses regresaron por fin a Asgard, Loki se puso manos a la obra. Persuadió a Idunn para que saliese de Asgard con él y fuera al bosque. Para lograrlo, Loki le dijo que había descubierto que allí crecían manzanas de calidad, y le sugirió que llevase consigo sus propias manzanas para compararlas con las que él había encontrado.

Cuando Loki e Idunn llegaron al bosque, el águila se abatió sobre ella. Ahora bien, ese águila era en realidad un gigante llamado Thiazi, que había tomado la forma del ave. Atrapó a Idunn con sus garras y huyó con ella. Se la llevó a su hogar en Thrymheim.

La pérdida de Idunn afectó de forma muy negativa a los Æsir. Sin sus manzanas, comenzaron a envejecer. Así que se reunieron para tratar de averiguar qué había sido de ella. Estuvieron de acuerdo en que la última vez que la vieron fue cuando salió de Asgard en compañía de Loki, por lo que le obligaron a comparecer ante ellos y le amenazaron con la tortura y la muerte si no resolvía esa situación. Ante tales amenazas, Loki quedó aterrorizado y se ofreció a ir a Giantland para buscar a Idunn. Pidió a Freyia que le trasmutase en halcón (pues ese era uno de sus atributos) y, con tal apariencia, voló hasta Giantland, a la casa de Thiazi.

El gigante había salido al mar, a pescar, e Idunn estaba sola en su salón. Al percatarse de la oportunidad, Loki la transformó en nuez, la cogió entre sus garras y huyó volando con ella. Cuando Thiazi volvió, descubrió que Idunn se había marchado. A su vez, adoptó su forma de águila y voló en pos de Loki. Los aleteos del águila eran tan fuertes que causaban una tormenta a su alrededor.

Desde Asgard, los Æsir vieron al halcón (que era Loki) acercándose, perseguido por el águila. Para salvar al halcón, cogieron montones inmensos de virutas de madera y las arrojaron a la base de los muros de Asgard. Cuando el halcón llegó, pico hacia esa base de los muros, ya con el águila muy cerca. Al abatirse el halcón, el águila lo perdió de vista y se lanzó tras él. Entonces, los Æsir prendieron fuego a las virutas de madera y se alzó una gran cortina de llamas. El águila se sumió en el fuego, sus plumas se incendiaron y se estrelló contra el suelo. Los Æsir aprovecharon la oportunidad: se abalanzaron sobre el águila y la mataron. Así fue como dieron fin a Thiazi, una proeza tremenda de la que todavía se habla.

Ese podría haber sido el final del asunto, pero Thiazi tenía una hija llamada Skadi, que resolvió vengar la muerte de su padre. Se atavió para la guerra y marchó contra Asgard. Cuando se acercó a los muros de la fortaleza, los Æsir le ofrecieron una compensación para que se retirase. Lo primero que le ofrecieron fue poder elegir el esposo que quisiera entre los Æsir. Pero tendría que escogerlo viendo solo los pies. Ella estuvo de acuerdo, y cuando vio los de un Æsir especialmente hermosos, se convenció de que debían ser los de Baldr y fueron esos los que pidió. Pero los pies pertenecían a Niord de Noatun, el dios Vanir del mar. Con el tiempo, sin embargo, se separaron porque ella no quería vivir junto al mar, con sus laboriosos marinos, y él no deseaba morar en la frías y hostiles montañas.

Los términos de la compensación acordada con la giganta Skadi incluían la cláusula de que los Æsir debían hacerla reír. Estaba convencida de que serían incapaces de conseguirlo. Pero eso fue antes de que Loki se pusiera manos a la obra. Tomó un pedazo de cordel, ató un extremo a la barba de una cabra nodriza y el otro alrededor de sus propios testículos. Una vez hecho eso, la cabra nodriza y Loki comenzaron a tirar del cordel, adelante y atrás, ambos chillando. Al ver eso —y porque además Loki aterrizó de repente en su regazo—, Skadi estalló en carcajadas. Así se logró su reconciliación con los Æsir. Además, Odín tomó los ojos de Thiazi y los arrojó al cielo, donde se convirtieron en dos nuevas estrellas del firmamento nocturno.

El padre del gigante Thiazi y los orígenes de la poesía

Ahora bien, Thiazi —aquel al que mataron los Æsir— era hijo de Olvaldi. Este era rico y poseía una gran cantidad de oro. Cuando Olvaldi murió, sus tres hijos dividieron su herencia entre ellos y lo hicieron de la siguiente manera: Cada uno, por turnos, tomó un bocado de oro, y continuaron así hasta que todo quedó dividido. Por eso, entre los muchos nombres que se emplean para describir el oro, el utilizado por los poetas humanos es el de *Lenguaje de gigantes*. Así es como se usa el lenguaje secreto para hablar de tal cosa. Otro poeta lo describiría como tan solo palabras y otro aún lo llamará «lenguaje de gigantes» y estará ocultando la referencia a ellos dentro de estas frases. Este lenguaje secreto es el que es llamado poesía. Y la poesía nació de esta manera...

Una vez, hace mucho tiempo, los dioses de los Æsir y los Vanir se enzarzaron en un amargo conflicto. Al final, acordaron una tregua y hablaron de paz. Sellaron el tratado de paz escupiendo en un caldero y removiendo con un espetón. Luego cada uno se fue por su camino, pero este símbolo de paz entre los dioses pervivió. De esa saliva mezclada nació un hombre llamado Kvasir. Era sabio y viajó mucho, impartiendo conocimiento, pero, cuando se encontró con dos enanos llamados Fialar y Galar, estos le asesinaron. Vertieron su sangre en vasos y la mezclaron con miel. La mezcla se convirtió en un líquido tan poderoso que todo aquel que lo bebía se convertía en versado en poesía o cualquier otra forma de conocimiento. Los enanos le dijeron a los Æsir que Kvasir había sucumbido bajo el peso de su propia sabiduría y de esa forma se quedaron con el poderoso hidromiel de la poesía.

Ocurrió que, al cabo del tiempo, esos dos enanos invitaron a un gigante y a su esposa a residir con ellos. El gigante se llamaba Gilling. Un día salieron a navegar con Gilling, pero el bote chocó con un arrecife, volcó y el gigante se ahogó. Los enanos, sin embargo, lograron adrizar el bote y volver a la orilla. Cuando le contaron a la esposa del gigante lo que había ocurrido, se sumió en la pena y no se pudo consolar. Tanto lloró que los enanos acabaron por cansarse de sus lamentos y Fialar le sugirió que saliese a visitar el lugar en el que se había hundido Gilling, para encontrar algo de consuelo. Cuando lo hizo, Galar (que se había encaramado sobre el portal) dejó caer una piedra de molino sobre su cabeza y acalló su llanto. Así fue como murió.

El hijo de Gilling era un gigante llamado Suttung. Supo la forma en que su padre y su madre habían muerto y fue hasta el hogar de los enanos, donde los hizo prisioneros. Se los llevó al mar, hasta un arrecife rocoso que se sumergía con la marea alta y, en castigo, los dejó en la roca para que muriesen ahogados. Ante tal destino, los dos enanos le suplicaron clemencia y le ofrecieron pagar una compensación por la muerte de su padre. El precio que ofrecieron era el hidromiel que habían fabricado mezclando con miel la sangre de Kvasir. Suttung aceptó la compensación y se lo llevó consigo a su casa, en un lugar conocido como Hnitbiorg. Lo puso bajo la custodia de su hija Gunnlod. Por eso a veces la poesía se conoce como Sangre de Kvasir, Bebida de enanos, Tránsito de enanos (ya que se salvaron de ahogarse mercadeando con ella), Hidromiel de Suttung o Bebida de Hnitbiorg.

Sin embargo, esta bebida de poesía pasó a ser propiedad de los dioses Æsir de la siguiente manera. Odín, Padre Supremo, salió de viaje. Llegó a un henar donde trabajaban nueve esclavos. Se ofreció a afilar sus hoces y a ellos les agradó la oferta. Cuando acabó la tarea, los esclavos quedaron tan satisfechos que le propusieron comprarle su piedra de afilar. Odín estuvo de acuerdo en hacerlo a cambio de un precio razonable, aunque lo cierto es que no dijo cuál sería tal. El precio pronto quedó de manifiesto. Odín arrojó al aire la piedra de afilar y los nueve esclavos saltaron para apoderarse de ella. Pero todavía empuñaban sus hoces y, al intentar atrapar la piedra de afilar, se cortaron las gargantas los unos a los otros. Esos esclavos habían pertenecido a un gigante llamado Baugi.

Esa noche Odín se alojó con Baugi. Ahora bien, Baugi era hermano de aquel Suttung que consiguió el hidromiel de la poesía de los dos enanos. Baugi estaba abatido ante el hecho de que sus nueve esclavos se hubiesen matado entre ellos, ya que no tenía más trabajadores. Entonces, Odín se ofreció a hacer el trabajo de los nueve esclavos muertos y pidió como pago un trago del hidromiel de la poesía. Baugi dijo que tal decisión solo la podía tomar Suttung, pero que haría lo posible por persuadirlo. Pero, cuando discutió el asunto con Suttung, este se negó, pues quería reservarse todo el hidromiel para él. Cuando Odín lo supo, sugirió que usasen la magia para conseguir llegar hasta el hidromiel, y Baugi estuvo de acuerdo. Odín tomó una barrena, de la clase que se usa para abrir agujeros en la madera, y le dijo a Baugi que taladrase a través de la montaña. Baugi lo hizo, pero la primera vez se detuvo antes de perforar por completo. Odín le dijo que repitiese y en esa ocasión sí que pasó a través de la montaña. Al verlo, Odín se transformó en serpiente y se coló por el agujero perforado por Baugi. Mientras lo hacía, Baugi intentó apuñalarlo con la barrena, pero falló.

Tras pasar la montaña, Odín recuperó su forma habitual y fue hasta donde Gunnlod custodiaba el hidromiel de la poesía. Allí durmió con ella tres noches y solo después le permitió dar tres sorbos de hidromiel. Sin embargo, el beber de Odín era tan tremendo que de tres sorbos lo consumió todo. Se transformó en águila y echó a volar veloz, perseguido por Suttung, que también había tomado la misma forma. Al aproximarse Odín a Asgard, los Æsir lo vieron y sacaron recipientes en los que Odín escupió el hidromiel robado. De esa manera se convirtió en propiedad de los Æsir. Por eso la poesía a veces se llama Descubrimiento de Odín, Bebida de Odín o Regalo de Odín.

Pero no todo el hidromiel cayó en los recipientes sacados por los Æsir. Dado que Suttung volaba tan cerca de Odín, este, en su prisa por huir, dejó caer un poco que no pasó a propiedad de los Æsir. Esta porción está disponible para cualquiera y es por lo que, incluso aquellos que no son poetas hábiles, pueden componer un acertijo o una rima. Se benefician del hidromiel que Odín derramó mientras huía del águila.

10

Aventuras en Giantland

Como otros muchos mitos nórdicos, este relato de aventuras en Giantland se encuentra en la *Edda Prosaica*. Está en la sección de *El lenguaje de la poesía*, que contiene relatos sobre las aventuras de Odín en Giantland y de las batallas entre Thor y los gigantes. En la mitología nórdica, los gigantes son los enemigos tradicionales de los dioses de las familias de los Æsir y los Vanir. En nórdico antiguo, se les denomina los *jötnar* (singular *jötunn*) que viven en uno de los nueve mundos del Cosmos nórdico. A resultas de un antiguo conflicto, fueron desterrados allí por los dioses y diosas de los Æsir. Según la visión nórdica de los orígenes de la vida y del universo, todos provenían del primer gran gigante: Ymir. Los de la primera raza de gigantes murieron cuando este fue asesinado por Odín y la sangre que escapaba de su cuerpo los ahogó. Todos menos dos, gracias a los que revivió la raza de los gigantes. Esta nueva raza englobó a gigantes del hielo, gigantes de fuego, gigantes del viento, gigantes de la montaña y gigantes del mar.

En los mitos nórdicos, a los gigantes se los muestra a menudo como enormemente destructivos y voraces. De hecho, la palabra *jötunn* parece tener relación con el vocablo comer y probablemente trasladaba la idea de apetitos insaciables y devoradores de humanos. Los trolls —también enemigos de los dioses— se consideraban relacionados con ellos.

A los gigantes se les describe como de gran tamaño y a menudo odiosamente feos, lo que no es de sorprender. Algunos parecen humanoides, en tanto que otros se describen como bestias aterradoras de muchas cabezas o voraces lobos (como por ejemplo Fenrir). A menudo se asocia a los gigantes con rocas y montañas, lo que probablemente se debió a su vinculación con la formación original del mundo en su estado más crudo y pétreo. Sin embargo, la mitología es compleja, por lo que algunos gigantes se describen como atractivos sexualmente y casados o teniendo relaciones esporádicas con los dioses (de familias divinas de los Æsir y los Vanir por igual); algunos de los Æsir afirman descender de uniones de este tipo.

En algunas historias, los gigantes no parecen tener gran estatura. Lo que resulta claro, empero, es que el tema principal de la relación entre gigantes y dioses/diosas es el de la competencia, sea por la posesión de mujeres hermosas o un buen caballo (como en la primera historia) o en pruebas de fuerza (como en la segunda historia). Antagonismo compartido y amenaza de destrucción mutua impregnan la mayor parte de su relación y, en eso, Thor destaca como el más prolífico de los matadores de gigantes.

* * *

La visita del gigante Hrungnir al Valhalla

Mientras Thor estaba fuera, atacando a los trolls en el este, Odín cabalgó en su caballo de ocho patas, Sleipnir, hasta Giantland. Allí llegó al salón de un gigante llamado Hrungnir. Cuando el gigante vio aproximarse a Odín, quedó impresionado. Preguntó quién era el que cabalgaba de esa forma, con yelmo de oro y un caballo tan destacado. Odín respondió que apostaría su propia cabeza a que no había ningún caballo en Giantland tan bueno como Sleipnir. Ocurre que Hrungnir tenía un buen corcel llamado Gullfaxi, que significa «crines doradas», y que era buen corredor. A sus lomos saltó y galopó en pos de Odín, pues estaba furioso por la jactancia y la ofensa de este contra los caballos de Giantland. La persecución duró millas, con Odín manteniendo siempre la ventaja y Hrungnir cerca, pero sin lograr nunca acortar distancias. De hecho, tanto corrieron que llegaron de vuelta a Asgard y Hrungnir no se dio ni cuenta de que había dejado atrás Giantland. Los dos caballos pasaron al galope por las puertas abiertas y Hrungnir se encontró en la fortaleza de los dioses conocidos como Æsir, en el salón llamado el Valhalla.

Ante él estaban las grandes puertas que llevaban al salón y, cuando desmontó, los Æsir se le acercaron y le ofrecieron bebida. Hrungnir no estaba de humor para cumplidos y la exigió en grandes cantidades. Cada gran copa que le llevaron, él la despachó con soltura. No es de extrañar que pronto estuviese borracho. Y fue su turno de alardear.

Ante los dioses Æsir reunidos, presumió de que podía cargar con el Valhalla y llevárselo a Giantland; y que, en lo que tocaba a Asgard mismo, podría destruir a los dioses. Mirando a su alrededor, en su estado de embriaguez, proclamó que, tras matar a los dioses, tomaría a Freyia (diosa de la belleza y el amor, y esposa de Od) y a Sif (la diosa de pelo dorado, tutelar de la fertilidad y esposa de Thor) y se las llevaría con él a Giantland. De todos los Æsir, solo Freyia se atrevió a servirle bebida. Al final, los Æsir se cansaron de sus jactancias y amenazas. Así que invocaron el nombre de Thor, matador de gigantes.

De inmediato, Thor apareció. Irrumpió en el salón y se enfureció al ver allí a un gigante, bebiendo y atendido por Freyia como si fuese un Æsir. Alzó su gran martillo e hizo intención de aplastarle el cráneo. Pero Hrungnir no se intimidó y replico que estaba en el Valhalla bajo la protección de Odín, y que además no llevaba armas. Afeó a Thor lo deshonroso que sería matar a un oponente desarmado. Como alternativa, desafió a Thor a encontrarse con él en la frontera entre el territorio de los gigantes y el de los Æsir, en Griotunagardar.

El combate singular entre Thor y Hrungnir y la piedra de afilar alojada en la cabeza de Thor

Nadie había retado nunca antes a Thor a un combate singular, y este aceptó el desafío lanzado por el gigante. Entonces, Hrungnir volvió al galope a Giantland. Cuando los demás gigantes supieron del duelo que se avecinaba se preocuparon en grado sumo. Hrungnir era el más fuerte de todos los gigantes y temían lo que pudiera ser de ellos si Thor era capaz de matarle. Así que fabricaron un gigante de arcilla llamado Mokkurkalfi, capaz de luchar junto a Hrungnir cuando llegase Thor. Aun así, el primero estaba aterrorizado ante la llegada de Thor. Pero junto a él se hallaba Hrungnir, que gozaba de gran fortaleza gracias a que su corazón, cabeza y escudo eran de piedra. De hecho, por eso es por lo que el símbolo usado para la talla de la piedra se llama todavía Corazón de Hrungnir. Incluso su arma era una piedra de afilar, de roca y no de hierro. Unidos, Mokkurkalfi y Hrungnir se dispusieron a afrontar la cólera de Thor.

Thor, al aproximarse, envió por delante a su criado Thialfi. Era aquel que, junto con su hermana, se convirtió en su sirviente por haber roto el hueso de la pata de la cabra que tiraba del carro del dios, para extraer el tuétano. Al ver Thialfi a Hrungnir, le engañó diciéndole que Thor estaba abriendo un túnel bajo tierra para llegar hasta ellos. Al conocer esa noticia, Hrungnir arrojó su escudo de piedra para proteger sus pies y confió en su piedra de afilar para enfrentarse al dios.

Thor lanzó su martillo Miollnir contra Hrungnir y este respondió tirándole a su vez su piedra de afilar. Cuando ambas armas se encontraron en pleno aire, la piedra de afilar se partió en dos. Un pedazo cayó al suelo. De esquirlas de esa roca rota provienen todas las piedras de afilar que ahora emplean los hombres. La segunda parte se clavó en la cabeza de Thor, haciéndole caer al suelo. Sin embargo, Hrungnir resultó fatalmente herido, ya que el martillo le alcanzó en la cabeza y le hizo pedazos el cráneo. Así murió. Al derrumbarse, cayó sobre Thor y le dejó inmovilizado en el suelo.

Mientras todo eso ocurría, Thialfi acabó con facilidad con el gigante de arcilla Mokkurkalfi. Luego, fue hasta Thor y trató de liberarlo, pero fue incapaz de mover a Hrungnir. Los Æsir intentaron también desplazar al gigante, pero incluso entre todos y con su fuerza combinada no pudieron levantar su pierna del cuello de Thor. Solo cuando llegó el hijo de tres años de Thor, Magni, pudieron liberarlo. El infante alzó con facilidad la pierna del gigante y liberó a su padre.

Thor estaba tan orgulloso de lo que Magni había hecho que le prometió que tendría a Gullfaxi, el caballo del gigante. Parecía un buen regalo para un chico tan fuerte que había liberado a su propio padre.

Pero intervino Odín. Le dijo a Thor que estaba mal dar un caballo tan bueno al hijo de una giganta. Porque, aunque Magni era hijo de Thor, había nacido de la giganta Iarnsaxa. Odín proclamó que sería mejor que Thor entregase tal caballo a su propio padre (o sea, Odín). Sin embargo, el caballo acabó en poder de Magni.

Tras eso, Thor regresó a su casa en Thrudvangar, pero la piedra de afilar seguía alojada en su cabeza. Así continuó hasta que recibió a un visitante. Era una hechicera de nombre

Groa, esposa de Aurvandil el Audaz. Al ver el estado en que se hallaba la cabeza de Thor, cantó hechizos y la piedra de afilar comenzó a soltarse. Thor sintió alivio y agradeció que el problema estuviese en trance de solucionarse. En prueba de gratitud a Groa, resolvió contarle una historia que tenía que ver con su marido, creyendo que eso la haría feliz.

Tiempo atrás, como le contó Thor a la mujer, había rescatado a su esposo Aurvandil de Giantland, en una canasta que llevaba a la espalda. Para conseguirlo, tuvo que vadear los ríos de olas heladas conocidos como Elivagar, que surgían desde el gran vacío de la nada (llamado Ginnungagap, el Gran Abismo) que estaba en el extremo norte, al comienzo del mundo. Los ríos eran tan fríos que eso acarreó consecuencias. Mientras Thor llevaba a Aurvandil hacia el sur, el dedo del pie de este se congeló, porque colgaba por fuera de la canasta. Al verlo, Thor lo rompió y lo arrojó al cielo para que se convirtiera en una estrella. Esa es la que todavía se llama Dedo de Aurvandil.

Thor siguió diciendo que Aurvandil pronto estaría en casa con Groa, su esposa. Al oírlo, Groa se puso tan contenta que olvidó las palabras de sus hechizos. El resultado fue que la piedra de afilar siguió en la cabeza de Thor y no salió del todo. Por eso está todavía prohibido tirar una piedra de afilar en una habitación, porque, si se hace eso, la piedra de afilar alojada en la cabeza de Thor se mueve, causándole incomodidad.

La captura de Loki y la victoria de Thor sobre el gigante Geirrod, sin usar el martillo, ni el cinturón de fuerza o los guanteletes de hierro

Volviendo a la victoria de Thor sobre Hrungnir... aquel no fue el único triunfo de Thor sobre sus enemigos. Otro se produjo cuando Thor visitó el salón de Geirrod el gigante.

Esa vez iba sin su martillo, su poderoso cinturón ni sus guanteletes de hierro. La falta de su equipo habitual se debía a Loki. Todo sucedió así:

Loki había tomado la forma de un halcón, lo que era un atributo de la diosa Frigg. Con esa apariencia, Loki-Halcón había escapado a Giantland, hasta aterrizar en el alféizar de la ventana del salón de Geirrod. Pero Geirrod lo vio y ordenó a uno de sus criados que capturase al pájaro. No fue una tarea fácil, ya que la ventana estaba alta en el muro y este era difícil de escalar. Aquello divirtió a Loki, que decidió dejar que el criado subiese hasta arriba, antes de echar a volar en el último instante para evitar que le alcanzase. Pero, llegado el momento, Loki descubrió que tenía atrapados los pies y no podía huir. Así que el resultado fue que le capturaron y le llevaron a presencia de Geirrod. Este examinó con detenimiento al halcón y vio algo en sus ojos que le hacía diferente a cualquier otro pájaro. De hecho, se convenció de que el pájaro era en realidad una persona disfrazada.

Exigió al halcón que le dijese quién era, pero Loki guardó silencio. Frustrado por el mutismo del ave, Geirrod lo encerró en un cofre y ahí se quedó el pájaro preso durante tres meses, pasando hambre. Al cabo de los tres meses, Geirrod abrió el cofre y mandó que le llevasen el pájaro. De nuevo, exigió conocer su identidad real. Esta vez, Loki le respondió, temeroso de morir de hambre en el cofre si no lo hacía. Para ganar su libertad, prometió al gigante atraer a Thor al palacio... pero sin su poderoso equipo. Sin martillo. Sin cinturón. Sin guanteletes de hierro. El resultado fue que liberaron a Loki para que fuese a buscar a Thor y lo atrajese a Giantland.

Thor respondió al requerimiento de Loki y acudió a Giantland. Pasaron la noche en el salón de una giganta lla-

El gigante, Geirrod, padre de Gialp y Greip, captura a Loki mientras vuela bajo la forma de halcón. Grabado de Patten Wilson realizado en 1897.

mada Grid. Era la madre de Vidar el Silencioso. Grid advirtió a Thor acerca de la calaña de gigante que era Geirrod, astuto y difícil de manejar. Al advertir que Thor carecía de sus armas habituales, ella le prestó otro cinturón de fuerza, unos guantes de hierro y un báculo. Al partir, Thor y Loki tuvieron que cruzar el ancho río Vimur. Thor se ciñó el cinturón de fuerza y se apoyó en el báculo para vadear la fuerte corriente. Loki se agarró a su cinturón. Según cruzaban el río, el caudal comenzó a subir, y Thor vio enfrente a Gialp, la hija giganta de Geirrod. Bloqueaba el curso del gran río y por eso su nivel subía. Tras coger una gran roca del lecho fluvial, Thor se la lanzó a Gialp y la golpeó. Al mismo tiempo, se agarró a un serbal de la ribera y salió de la corriente turbulenta. Por eso se dice que el serbal salvó a Thor.

Tras cruzar el río, Thor y Loki no tardaron en llegar al salón de Geirrod. Allí les dieron alojamiento en un redil para cabras, con un solo asiento en su interior. Cuando Thor se sentó, se encontró de pronto con que el asiento se elevaba y amenazaba con estrellarle contra el techo. Apoyando el báculo de Grid contra las vigas del techo, forzó al asiento a bajar. Se escuchó un grito y Thor descubrió que bajo el asiento estaban las dos hijas de Geirrod, Gialp y Greip. Ahora tenían ambas la espalda rota, por haber estado forzando al asiento a subir, antes de que Thor lograse detenerlo.

Después, Geirrod convocó a Thor a su salón. Le esperaban juegos pensados para ponerlo a prueba. Geirrod cogió una pella de hierro fundido y se la arrojó a Thor. Gracias a que Thor llevaba los guantes que le había dado la giganta Grid fue capaz de atrapar el brillante trozo de metal y lanzárselo de vuelta a Geirrod. Pero Geirrod se arrojó tras una columna para protegerse. Sin embargo, eso no le salvó, ya que Thor tiró con tanta fuerza que atravesó la columna (aunque también estaba hecha de hierro), traspasó el cuerpo de Geirrod, luego el muro de madera del salón y acabó enterrándose en el suelo exterior.

Y así —aunque por culpa de la captura de Loki y de cómo fue liberado, Thor se había visto obligado a visitar a Geirrod sin su martillo, sin su cinturón de fuerza ni sus guanteletes de hierro—, gracias a la ayuda de la giganta llamada Grid logró derrotarle. Una vez más, triunfó sobre los gigantes. Trolls o gigantes, Thor era su enemigo jurado y muchos tenían motivos para lamentar enfrentarse a él.

11

HISTORIAS DE ORO Y DE DIOSES

EN LA *EDDA PROSAICA*, en *El lenguaje de la poesía*, encontramos historias de aventuras y venganzas sobre el origen del oro y su asociación con los dioses y los gigantes. Estas historias a veces usan cuentos que se encuentran en otras partes de las colecciones de mitos para remarcarlos. Por ejemplo, la historia sobre la piel de nutria, Fafnir y Sigurd también aparece en el capítulo 19 de este libro, así como en el capítulo 23, sobre Hrolf Kraki.

La gran presencia del oro en la mitología nos recuerda lo importante que era tanto en los regalos reales como a la hora de vincular a los guerreros con sus señores durante la Era Vikinga. Acorde con esto, un número importante de mitos y sus poemas asociados estaban conectados con este metal precioso.

Gigantes y gigantas (*jötnar* en nórdico antiguo) son personajes comunes en la mitología nórdica. Los dioses están a menudo en oposición a los gigantes, a los que han desterrado a Giantland y a los que impiden la entrada a Asgard, el hogar de los dioses. La relación entre los dioses y los gigantes es compleja, ya que varios de los dioses, incluidos Odín y Loki, descendieron en parte de gigantes. Hay peleas intermitentes con los gigantes, en las que vemos a estos tratando de apoderarse de diversos tesoros, y a las diosas y dioses asaltando Giantland (Jötunheimr en el nórdico antiguo) para recuperarlos.

En cambio, a los enanos (nórdico antiguo: *dvergr*) solo se los retrata en masculino. Trabajan de herreros y producen diversos tesoros para los dioses, incluidos algunos hechos de oro. Sus hogares, en la tierra y en las rocas, también los asocian con la minería de metales preciosos. La *Edda Poética* describe a los enanos como el producto de la sangre primordial de Brimir (Ymir) y de los huesos de Blainn (véase el capítulo 17). No obstante, la *Edda Prosaica* cuenta una historia diferente y, en vez de eso, alude a los enanos como semejantes a gusanos que crecieron en la carne de Ymir antes de que los dioses les dieran raciocinio. Algunas de las nornas (seres femeninos que gobiernan el destino de dioses y hombres) descienden también de enanos (ver capítulo 4). A propósito de eso, el plural tradicional para *dwarf* (enano) era *dwarfs* y no *dwarves*. El último término se popularizó gracias a J.R.R. Tolkien, que lo usó para designar a seres de la Tierra Media, y ha conseguido crédito desde entonces.

* * *

Al oro se le llama en la poesía con multitud de nombres tales como Fuego de Aegir, Hojas de Glasir, Pelo de Sif, Pago de nutria, Hogar de Fafnir, Tesoro de los Nibelungos, Flor de Frodi y Semilla de Kraki. Esos nombres provienen de las historias asociadas con este metal precioso, y estas son algunos de los relatos que hay detrás de tales nombres...

El oro descrito como Fuego de Aegir

Un día Aegir (el gigante marino) acudió como invitado a los salones de Asgard. Cuando llegó el momento de marcharse, pagó la cortesía invitando a Odín y a los Æsir a visitarle al cabo de tres meses. Cuando hubo transcurrido el plazo los

Æsir partieron hacia su morada. Fueron Odín, junto con Asyniur, Bragi, Freyia, Freyr, Frigg, Gefien, Idunn, Loki, Niord, Sif, Skadi, Tyr y Vidar. Thor no estaba entre ellos, ya que se hallaba en las regiones orientales matando trolls.

Los Æsir llegaron al salón de Aegir, ocuparon sus lugares para la fiesta y Aegir colocó luces para que pudieran ver mientras comían y bebían. Ahora bien, si en el Valhalla, donde vivían los Æsir, la luz en el salón, durante las fiestas, brotaba de las espadas, en el salón de Aegir surgía desde bulbos brillantes de oro. Brillaban con tal fulgor que iluminaban todo el salón. Era como si resplandeciera de fuego. Cuando comenzó la fiesta, Loki se peleó con los otros dioses y además mató a uno de los esclavos de Aegir de nombre Fimafeng. Eso no fue lo único destacable durante la reunión; algo muy de reseñar fue que el convite se servía a sí mismo. La comida llegaba sola, igual que la bebida, los cuchillos y todo lo necesario. Simplemente, aparecía en las bancadas de hidromiel. Por eso al oro a veces se le llama Fuego de Aegir. Tal es la forma en la que los poetas han acuñado otros nombres ligados a esto. También se le conoce como Fuego del mar (ya que Aegir era un gigante marino) y Fuego de los ríos y lagos (ya que, como gigante del agua, Aegir también ha dado nombre a esos cursos de agua en la poesía). A veces lo llaman Fuego de Ran, dado que esta es la esposa de Aegir y tiene una red que puede atrapar a cualquiera que navegue en el mar. De esa forma, su nombre se emplea como sustituto del de Aegir mismo.

El oro descrito como Hojas de Glasir

El oro también se llama Hojas de Glasir porque un árbol con ese nombre se alza frente a las puertas del salón en Valhalla y sus hojas son de oro rojo. Así, el árbol que crece a las puertas del salón de Odín les ha dado a los poetas una forma de denominar al oro.

El oro descrito como Cabello de Sif

Otro nombre para el oro es Cabello de Sif. La historia que hay detrás de ese nombre afecta a la diosa Sif y tiene que ver con cómo fue maltratada por Loki. Este, debido a su inclinación a causar problemas, había cortado el cabello dorado de Sif. Cuando Thor se enteró, montó en cólera, aprisionó a Loki y amenazó con romperle todos los huesos del cuerpo. Pero Loki, temeroso de la ira de Thor, pronuncio el juramento de que emplearía a elfos negros para hacer a Sif una cabellera nueva que crecería como ninguna otra. Loki acabó por acudir a los hijos del enano Ivaldi y llegó con ellos a un acuerdo para que hicieran el cabello dorado para Sil. Fueron también estos hábiles metalúrgicos los que crearon la lanza de Odín, llamada Gungnir, y el barco *Skidbladnir*, que es el mejor buque del mundo y pertenece al dios Freyr (aunque hay quien dice que fue Odín el que lo hizo).

Entonces, Loki hizo una apuesta con otro enano llamado Brokk: apostó su propia cabeza a que el hermano de ese enano (Eitri) fuese capaz de hacer tres cosas tan maravillosas como el cabello de oro de Sif, la lanza de Odín y el barco de Freyr. Eitri midió sus propias habilidades con la tarea asignada. Primero, echó una piel de cerdo en su ardiente fragua e instó a su hermano Brokk a seguir avivando las llamas hasta que el calor hubiese acabado su labor con el pellejo de cerdo. Entonces, Eitri se fue a su taller de metalurgia y Brokk siguió trabajando con el fuelle. Mientras Brokk hacía tal cosa, una mosca se posó en su brazo y le picó, pero Brokk siguió con su tarea, ignorando a la mosca. Cuando Eitri volvió y sacó el pellejo de cerdo del fuego, se había trasformado en un jabalí de doradas cerdas.

Después, Eitri puso una pieza de oro en la fragua y de nuevo le pidió a Brokk que no dejase de agitar el fuelle. Eitri se fue y otra vez volvió la mosca, solo que esta vez se posó en el cuello de Brokk y le picó el doble de fuerte. De nuervo Brokk ignoró a la mosca y siguió con su trabajo. Cuando Eitri regresó, sacó un anillo de oro de las llamas. Ese anillo de oro se llama Draupnir, y tiene la propiedad de multiplicarse en otros anillos. Cada nueve noches, ocho nuevos anillos caen de Draupnir y aumentan la riqueza de Odín, que es su dueño.

Por último, Eitri colocó un trozo de hierro en la fragua y volvió a pedir a Brokk que siguiera trabajando los fuelles, porque la obra podía fallar por culpa de una simple pausa. Una vez más, Eitri se marchó del taller y una vez más la mosca regresó. Solo que esta vez se posó en la cara de Brokk y le picó en los párpados. La sangre corrió por sus ojos al punto de que no podía ver. Brokk se distrajo e intentó golpear a la mosca, incluso mientras seguía accionando los fuelles. La mosca salió volando. En ese momento, Eitri volvió, porque sabía que todo había estado a punto de irse al traste debido a que Brokk había sido distraído por la mosca. Pese a eso, se había forjado un martillo y Eitri lo cogió para mostrárselo a Brokk, junto con el jabalí de cerdas doradas y el anillo mágico.

Brokk llevó esos tres increíbles objetos a Asgard para que los Æsir pudiesen juzgar su valor. Y Loki llevó a su vez la cabellera dorada, la lanza y el barco para enfrentarlos a las obras de Eitri. Serían jueces Odín, Thor y Freyr, y su decisión sería definitiva, sin posible apelación. Así comenzó la prueba de los objetos prodigiosos.

Loki entregó la lanza a Odín, el cabello dorado a Thor y el barco a Freyr para que juzgasen su excelencia, ya que la lanza era imparable, el cabello dorado enraizaría en la cabeza de Sif y el barco, además de gozar siempre de viento favorable, podía doblarse y llevarse en un bolsillo. Para desafiar todo eso, Brokk dio el anillo multiplicador a Odín, el jabalí a Freyr y el martillo a Thor. Lo mismo que Loki, exaltó sus virtudes: el anillo se multiplicaba cada nueve noches; el jabalí podía correr por el cielo y el mar más rápido que el mejor caballo, irradiando luz de sus cerdas doradas; y el martillo podía golpear con tanta fuerza como Thor desease, nunca fallaría a su objetivo y volvería siempre a su mano, aparte de que era lo bastante pequeño como para llevarlo bajo la camisa.

Odín, Thor y Freyr deliberaron y estuvieron de acuerdo en que el martillo era el mejor de todos aquellos trabajos notables y que, con él, podrían mantener a los gigantes del hielo a raya. Por tanto, anunciaron que el enano había ganado el concurso y derrotado a Loki. Al verse vencido, Loki ofreció pagar alguna compensación por su cabeza. Pero Brokk no estuvo interesado: quería la cabeza de Loki.

Loki no se iba a quedar para que Brokk se la cortara y salió huyendo. En su fuga, se sirvió de sus zapatos, que podían llevarle a gran velocidad a través del cielo y el mar. Pero Brokk apeló a la justicia de Thor y este capturó a Loki. Cuando el enano intentó cortarle la cabeza, Loki protestó, aduciendo que la cabeza le pertenecía, pero no el cuello. Entonces Brokk cosió los labios de Loki —aunque no sin dificultad, al punto de que tuvo que requerir un punzón para abrir agujeros en ellos—, porque era esa boca la que había desafiado a Brokk y a su hermano. Por eso el oro se denomina a veces Cabello de Sif.

El oro descrito como Pago de nutria

Cierta vez, Odín, Loki y Haenir estaban explorando y llegaron a un río. Remontaron su curso hasta una cascada y se toparon con una nutria. Esta había atrapado un salmón y se lo estaba comiendo. Tan relajada se encontraba la nutria que no sintió llegar a los Æsir, por lo que, cuando Loki le tiró una piedra, la alcanzó en la cabeza totalmente por sorpresa. Eso agradó a Loki, ya que de un solo golpe había conseguido una nutria y un salmón. Recogieron ambos y Odín, Loki y Haenir siguieron su camino hasta llegar a una granja, a la que entraron. Era el hogar del mago Hreidmar. Los tres Æsir preguntaron si podían pasar la noche. Además, añadieron que llevaban sus propias provisiones, y mostraron el salmón y la nutria. Al verlo, Hreidmar llamó a sus dos hijos. Tenían por nombre Fafnir y Regin. Cuando llegaron, Hreidmar les mostró el cuerpo de la nutria, les dijo que era su hermano y que los Æsir lo habían matado. Indignados por la muerte de Nutria, sus dos hermanos capturaron a los tres Æsir y les ataron con firmeza. Al ver el peligro en el que se hallaban, los Æsir negociaron sus vidas, invitando a Hreidmar a poner como precio un tesoro que deberían pagar como compensación por la vida de su hijo. Sellaron el acuerdo con juramentos.

Hreidmar despellejó a la nutria y afirmó que el precio que exigía por la vida de su hijo era que la piel se llenase de oro rojo y, es más, que este la cubriese por completo. Solo así se vería satisfecho. Era una gran exigencia, y por eso Odín envió a Loki al reino de los elfos negros, a buscar suficiente oro. Al llegar a un lago, Loki vio un pez que era en realidad el enano Andvari. Lo hizo prisionero y le dijo que no le liberaría hasta que le entregase todo el oro que tenía en su hogar subterráneo de las rocas. Eso suponía una gran cantidad. El enano no tuvo más remedio que hacer lo que Loki le exigía. Pero, mientras entregaba el oro, trató de conservar un único anillo. Sin embargo, Loki se dio cuenta y exigió a Andvari que lo entregase junto con el resto del oro de su tesoro. El enano imploró que le permitiera conservar el anillo, ya que era mágico y con el tiempo produciría más oro. No obstante, Loki no se atuvo a razones y exigió la entrega de hasta la última pieza de oro. Enfrentado a perderlo todo, el enano anunció que quien poseyera el anillo no obtendría otra cosa que destrucción. Loki ni se inmutó ante tal amenaza y dijo que bien podría ser así y que él, Loki, advertiría a quien quisiera el anillo acerca de su poder terrible.

Loki llevó el oro a Odín, que se lo entrego todo a Hreidmar, a excepción del anillo. Odín pensó que era un objeto de gran belleza y lo retuvo para sí. Tras recibir el oro, Hreidmar llenó la piel de nutria con él. Cuando estaba ya tan llena que no se podía meter más, Odín empezó a cubrir de oro el exterior. Pronto toda la piel estuvo cubierta de oro. Toda menos un bigote. Al ver tal cosa, Hreidmar exigió que se cubriese también, so pena de que su acuerdo con los Æsir fuese nulo y sin valor. En respuesta, Odín sacó el anillo y cubrió el bigote que quedaba de la nutria. Al hacerlo, se cumplió el acuerdo con Hreidmar, ya que se había llevado a cabo el pago de la nutria.

Hecho esto, a los Æsir les fueron devueltas sus posesiones. Odín recuperó su poderosa lanza y Loki los zapatos con los que podía correr por el mar y el cielo. Llegados a ese punto, los Æsir ya no tenían motivos para temer a Hreidmar y Loki le reveló la maldición del anillo. Se cumplió. El oro fue la causa de la muerte de Hreidmar. Y por eso algunos poetas denominan al oro «Pago de nutria». Otros, sabedores de la forma en la que se pagó el oro y del destino de Hreidmar, lo nombran como «Metal de conflicto». Algunos incluso lo llaman «Pago forzoso de los Æsir», en recuerdo de cómo tuvieron que conseguir el oro para salvar sus vidas.

El oro descrito como Hogar de Fafnir

Así fue cómo el oro tomado a Andvari se convirtió en la perdición de Hreidmar. Este, una vez que se apoderó del oro, se negó a compartirlo con sus hijos. Pero ellos habían exigido una parte como compensación por la muerte de Nutria, su hermano. Cuando Hreidmar se negó, mataron a su propio padre.

Una vez que Hreidmar hubo muerto, los dos hermanos se pelearon entre ellos. Regin exigió a Fafnir que compartiese el oro con él. Pero Fafnir contestó que, dado que ya había matado a su propio padre por el oro, no estaba dispuesto a compartirlo con su hermano y que Regin haría bien en irse para no ser asesinado. Consecuente con tal amenaza, Fafnir se caló un casco aterrador que había pertenecido a su padre y tomó también la espada de este. Regin huyó lejos. Recogiendo el oro, Fafnir lo trasladó a un brezal llamado Gnitaheath o Brezal resplandeciente. Allí excavó un escondrijo para el oro y para él. Con el oro bajo tierra, Fafnir se convirtió en una serpiente y se tumbó sobre el oro (a la manera de los dragones, que lo guardan en túmulos funerarios).

Aunque Regin no había conseguido su parte del oro, no por eso renunció a ella. Se fue a vivir a la corte del rey Hialprek de Dinamarca. Allí se convirtió en un artesano que forjaba buenas espadas. Durante su estancia en aquel lugar, se convirtió en padre adoptivo de Sigurd, higo de Sigmund, de la familia de los Volsungs. Sigurd gozaba de renombre gracias a su fuerza y coraje como guerrero real descendiente de valerosos ancestros. Regin le habló a Sigurd del gran tesoro oculto en Gnitaheath y de cómo estaba guardado por Fafnir la serpiente, y le instó a ir y ganárselo. Para ello, Regin le forjó una espada llamada Gram (que significa Ira), tan afilada que con ella cortó Sigurd en dos el yunque de hierro de Regin. Así dispuestos para la batalla, ambos partieron para Gnitaheath, en busca del gran montón de oro de Fafnir.

Prepararon una emboscada para Fafnir. Sigurd cavó una trinchera en el lugar donde acudiría a beber, se escondió ahí y, cuando la serpiente le pasó por encima, le atravesó el cuerpo con la espada. Así murió Fafnir. Una vez muerta la serpiente, Regin le dijo a Sigurd que había matado a su hermano, pero que aceptaría como compensación que Sigurd asase el corazón de Fafnir por él. Mientras Sigurd lo hacía, Regin se bebió la sangre de la serpiente y luego se echó a dormir.

Entretanto, Sigurd seguía asando el corazón de Fafnir. Al probar a ver si ya estaba hecho, se quemó los dedos con los jugos que rezumaban y se llevó los dedos a la boca para enfriarlos. Cuando la sangre de Fafnir tocó su lengua, de repente, fue capaz de entender el lenguaje de las aves de un árbol cercano. Un pájaro le dijo que sería prudente que se comiese el corazón de Fafnir él mismo. Otro le avisó de que Regin planeaba vengarse del guerrero que había matado a su hermano.

Así, alertado por los pájaros, Sigurd se levantó, desenvainó su espada y mató a Regin. Con el caballo de Regin, Grani, Sigurd se dirigió a Gnitaheath, a la madriguera en la que Fafnir había escondido el oro. Se apoderó del tesoro, lo puso a la grupa de Grani y se marchó con él. Por eso, algunos poetas aluden al oro como Casa de Fafnir, al tiempo que otros lo llaman Cargamento de Grani y aún otros Metal de Gnitaheath.

El oro descrito como Tesoro de los Nibelungos

Tras conseguir el oro, Sigurd cabalgó hasta llegar a un salón en plena montaña y, en su interior, se encontró con una mujer dormida. Vestía casco y cota de malla. Sigurd le quitó la cota y despertó, le dijo que su nombre era Hild y que era una valquiria.

Desde allí, Sigurd cabalgó hasta la corte del rey Giuki. Se quedó en ese lugar algún tiempo y se casó con la hija del rey, Gudrun. Sus hermanos —Gunnar y Hogni— juraron entonces hermandad con Sigurd. La familia de Giuki era conocida como los Nibelungos. Debido al juramento de hermandad, Sigurd los acompañó cuando viajaron en busca de una novia para Gunnar. Era Brynhild, la hermana de Atli Budlason, al que algunos llamaban Atila el Huno.

Ocurrió que la casa de Brynhild, en Hindafell, estaba rodeada de fuego y ella había jurado que solo se casaría con el hombre que fuese lo suficientemente valiente como para cruzar ese anillo de llamas. Gunnar estaba dispuesto a cruzarlo, pero su caballo rehusó hacerlo. Solo el caballo de Sigurd, Grani, estaba preparado para tal hazaña, pero Grani no dejaba que nadie que no fuese Sigurd le montase, y adivinaba siempre quién era Sigurd, no importaba lo bien que se disfrazase. Así que Sigurd y Gunnar cambiaron sus apariencias. De esa forma, el caballo podría cruzar las llamas, pues sabía que su jinete era realmente Sigurd (aunque parecía ser Gunnar) y así Brynhild creería que había sido Gunnar quien lo hizo y, por tanto, accedería a casarse con él. Así ocurrió, y esa noche Sigurd colocó su espada entre ambos para no tener relaciones sexuales. Por la mañana, Brynhild y él intercambiaron regalos. Él le entregó el anillo que una vez perteneciera a Andvari y ella le dio un anillo de su propio tesoro.

De esa manera, Gunnar consiguió a Brynhild y se casó con ella. Pero las cosas no fueron bien en esa familia debido a una disputa entre Brynhild (la esposa de Gunnar) y Gudrun (la esposa de Sigurd). Y se debió a la prepotencia de Brynhild, porque, un día, Gudrun y ella fueron al río a lavarse los cabellos. Mientras lo hacían, Brynhild afirmó que debería ponerse río arriba de Gudrun, para que fuese esta la que usase el agua sucia, dado que su marido, Gunnar, era más valiente que Sigurd. Al oír tal cosa, Gudrun replicó que lo cierto era que Sigurd era el más valiente, ya que había matado a Fafnir y a Regin, y se había apoderado del tesoro en oro. Brynhild, sin impresionarse, replicó que Sigurd no se había atrevido a cruzar la barrera de fuego de Hindafell y solo Gunnar había osado hacerlo. Gudrun respondió entonces que el anillo de oro que atesoraba Brynhild era igual que uno que ella misma le había entregado a Sigurd, lo que era prueba de que fue él quien había cruzado las llamas, había yacido con Brynhild y le había entregado el anillo. Esos anillos provenían del montón de oro de Fafnir en Gnitaheath y el dueño de aquel tesoro era ahora Sigurd. Ante eso, Brynhild guardó silencio, porque nada podía replicar.

Brynhild quedó llena de amargura por lo que Gudrun le había contado y, por esa razón, trató de incitar a su esposo Gunnar a matar a Sigurd, y a contar con Hogni como cómplice en el asesinato. Pero ambos hombres se negaron, ya que eran hermanos juramentados de Sigurd. Así que recurrieron a su otro hermano, Gothorm, para perpetrar el asesinato. Él apuñaló a Sigurd, pero este le lanzó un tajo y le partió por la mitad. Al morir Sigurd, su hijo de tres años, Sigmund, fue también asesinado. Brynhild se apuñaló entonces a sí misma y acabó quemada en la misma pira funeraria que Sigurd. Gunnar y Hogni tomaron el tesoro de Fafnir y gobernaron juntos. El hermano de Brynhild, el rey Atli Budlason, se casó con Gudrun, la viuda de Sigurd. Invitó a Gunnar y a Hogni a visitarlo, pero ellos temían por su oro y lo enterraron en el fondo del río Rin. Allí sigue, a día de hoy, y nadie lo ha encontrado nunca.

El rey Atli Budlason luchó contra Gunnar y Hogni, y los capturó. A Hogni le arrancó el corazón del pecho, estando vivo, y arrojó a Gunnar a un pozo de serpientes. Este tenía las manos atadas, pero tocó el arpa con los dedos de los pies para hacerlas dormir. Sin embargo, una no lo hizo y le picó, matándole. Es por eso que el oro es llamado a veces Tesoro de los Nibelungos, ya que Gunnar y Hogni eran de la familia de los Nibelungos y se habían convertido en los dueños del montón de oro de Fafnir.

La muerte de Gunnar y Hogni dejó a la hermana de estos, Gudrun, llena de rencor hacia el rey Atli Budlason, su marido. En venganza, mató a los dos hijos que había tenido con el rey e hizo copas con sus cráneos. Adornó el borde de cada cráneo con plata y oro. Vertió hidromiel en esas copas y lo mezcló con la sangre de los chicos. Luego se lo sirvió a su marido junto con los corazones de los niños, que había asado. Cuando el rey hubo bebido la sangre de sus propios hijos y comido sus corazones, Gudrun le reveló lo que había hecho con muy amargas palabras. Sin embargo, el hidromiel era tan fuerte que todos en el salón se quedaron dormidos sobre las mesas y, esa noche, Gudrun mató al rey Budlason y prendió fuego a su salón. Así murieron Atli (Atila) y sus nobles hunos.

Luego, Gudrun intentó ahogarse en el mar, pero fue arrastrada hasta la costa de Dinamarca, donde la encontró el rey Ionakr, que se casó con ella. Concibieron tres hijos y, como todos los Nibelungos, tuvieron el pelo negro como el azabache. En Dinamarca, Gudrun tenía a su lado a la bella Svanhild, la hija de Sigurd. Fue elegida para novia del rey Iormunrekk el Grande, que algunos llaman Eormenric de los ostrogodos. Pero, cuando este envió a su hijo a buscarla, él decidió casarse con ella en lugar de entregarla al viejo rey Iormunrekk. Cuando el monarca se enteró, hizo ejecutar a su hijo y que Svanhild fuese pisoteada hasta la muerte por los cascos de los caballos de sus nobles.

Al saber Gudrun que su hija había sido asesinada, envió a sus tres hijos varones a matar al rey Iormunrekk, pero disputaron entre ellos y dos asesinaron al tercero porque era el favorito de su madre. Cuando llegaron hasta el rey Iormunrekk, le cortaron los brazos y las piernas, pero, faltando su hermano para ayudarles, no le cortaron la cabeza y esta alertó a sus hombres, que lapidaron a los dos hermanos hasta la muerte. Así murieron los hijos de Gudrun.

El oro descrito como Harina de Frodi

Había una vez un hijo de Odín llamado Skiold. Vivía en un lugar que entonces se llamaba Gotland y ahora Dinamarca. A su nieto le pusieron por nombre Frodi. Cuando Frodi se convirtió en rey, Augusto era el emperador de Roma. Fue en esa época cuando nació Cristo. Frodi fue un rey poderoso que llevó la paz a las tierras del norte, un tiempo que las gentes denominaron La paz de Frodi. Nadie mataba a nadie, incluso aunque tuviese derecho legítimo a la venganza. Un anillo de oro podía quedarse en el suelo sin que nadie se apoderase de él.

Un día, Frodi fue a Suecia a visitar al rey de ese país y, durante su estancia, compró dos esclavas fuertes. Las puso a trabajar en un enorme juego de piedras de molino que habían encontrado en Dinamarca y que molería lo que se le ordenase. Frodi mandó que hiciesen oro y paz, pero las esclavas, con exceso de trabajo, convocaron a un ejército y Frodi murió cuando un rey del mar (un vikingo) le atacó. Ese rey del mar se apoderó de las piedras de molino y de las esclavas, y ordenó que moliesen sal, pero se produjo tanta que sus barcos se hundieron. Esa es la razón por la que el mar se volvió salado. Fue tras esa molienda de la piedra cuando el oro comenzó a ser llamado en ocasiones «Harina de Frodi», porque, de haber tenido éxito, las esclavas habrían producido para este sacos de oro de la mismo forma que se produce la harina de manera normal.

El oro descrito como Semilla de Kraki

Había una vez un rey en Dinamarca conocido como Hrolf Kraki (que significa Hrolf Caralarga). Mientras él era rey, el gobernante de Uppsala, en Suecia, era el rey Adils, que se había casado con la madre de Hrolf Kraki. Estaba en guerra con el rey de Noruega. Habían acordado encontrarse para combatir sobre el hielo del lago Vaeni y, por ello, el rey Adils llamó a Hrolf Kraki para que le apoyase. Pero el propio Hrolf Kraki estaba enzarzado en una guerra con los sajones del sur y no pudo acudir en persona. Así que, a cambio, le envió a doce de sus *berserkers*. El rey noruego murió en la batalla y los *berserkers* pidieron el pago prometido por el rey Adils, así como un tesoro para su rey, Hrolf Kraki. Pero Adils se negó a entregar nada y aquellos guerreros partieron furiosos.

Cuando Hrolf Kraki supo lo ocurrido, reunió a su ejército y navegó hasta Suecia. Junto con sus *berserkers*, viajó hasta Uppsala, donde fueron recibidos por la madre de Hrolf Kraki. Les llevó a un salón donde les dieron de beber y encendieron grandes fuegos para ellos, pero los hombres del rey Adils arrojaron tanta leña a los fuegos, que estos amenazaron con quemar a Hrolf Kraki y a sus hombres.

Sin embargo, Hrolf Kraki no tuvo miedo. De hecho, avivó el fuego arrojando su escudo a las llamas y sus guerreros hicieron lo mismo. Luego capturaron a los criados suecos y los echaron también al fuego.

Tras eso, la madre de Hrolf Kraki le entregó mucho oro y le dijo que debía marcharse. Así lo hizo, pero les persiguió el rey Adils con su ejército. Para entretenerlos, Hrolf

Kraki arrojó oro al suelo de la misma forma que un granjero dispersa semillas y los soldados suecos desmontaron para recogerlo. Pero el rey Adils siguió persiguiendo al rey danés y sus guerreros hasta que Hrolf Kraki tiró un anillo de oro y Adils se inclinó para pescarlo con la punta de su lanza. Al verlo, Hrolf Kraki se burló de él y dijo que, aunque fuese el más grande entre los suecos, se había arrastrado como un puerco para conseguir el anillo de oro. Por eso al oro se le conoce a veces como «Semilla de Kraki».

Otros nombres para el oro

El oro también es conocido en poesía como «Fuego de brazo», ya que brilla en los brazaletes de los guerreros, y «Fuego de hielo», ya que puede ser blanco. También como Metal rojo del Rin, al recordar cómo lo ocultaron en el gran río. De igual manera, el oro se asocia con gente noble de diversas formas, tales como llamar a un hombre Quebrantador de oro, porque rompe los ornamentos de oro de sus enemigos, y Premio en oro, porque los reyes recompensan a sus guerreros con ese metal. Una mujer puede ser llamada Dispensadora de oro, porque premia a guerreros con el mismo, y Columna de oro, porque el oro brilla como el sol y la mujer se alza esbelta y fina como la columna en un salón, ya que las monedas deben estar hechas de oro precioso (entregadas como recompensa por una dama de alta cuna) y, lo mismo que un roble, una dama noble se mantiene hermosa y erguida.

12

LOS DICHOS DE ODÍN

Estos dichos exploran lo que en la sociedad nórdica precristiana se entendía por sabiduría. Y eso tiene que ver con el conocimiento humano, el empleo de las runas, misterios y hechizos. Muchos de estos dichos versan sobre consejos y protocolos acerca del comportamiento en el salón del señor o entre vecinos. Sin embargo, otros se refieren a cuestiones de religión, creencias y mitología. Esos son los que adjuntamos aquí. Se encuentran en la colección de tradiciones conocida como *Edda Poética*.

La poesía de la sabiduría se encuentra, a lo largo de la *Edda Poética*, en una forma que en nórdico antiguo se llama *ljodahattr* (literalmente, métrica de la canción) y que consiste en estrofas de dos secciones, cada una compuesta por una larga línea con cuatro sílabas acentuadas y hasta tres aliterativas, y una más corta con dos sílabas acentuadas y dos aliterativas. Es una fórmula reservada para la poesía de la sabiduría y el diálogo. Los poemas dentro de la *Edda Poética* no tienen por fuerza que ajustarse a una sola de las formas y estilos de verso. Eso significa que, si bien hay poemas enteros dentro de la *Edda* que están compuestos tan solo en *ljodahattr*, existen otros que contienen solo secciones de observaciones gnómicas (que consisten en máximas o aforismos de corta longitud).

Odín, como dios nórdico de sabiduría, es un nexo que une todos los poemas de ese tipo de la *Edda Poética*. Es Odín el que instruye a Sigurd en los augurios de batalla, en el poema llamado *Los dichos de Regin*. También muestra su vasto conocimiento en *Los dichos de Grimnir*, cuando se disfraza para poner a prueba al gigante Geirrod y luego enseñarle el verdadero significado de la sabiduría. Solo después de haberle dispensado este conocimiento, se descubre ante Geirrod. Dentro de la recopilación conocida como *Los dichos del Altísimo* (se dan ejemplos más abajo), es la figura de Odín la que unifica el poema y une los distintos retazos de sabiduría. Es la aparición de Odín en mitad del poema lo que suministra la identificación de una voz narrativa y añade validez a la sabiduría mostrada previamente. La sabiduría se presenta en el poema como un regalo de Odín a la humanidad y, como tal, su presencia como originador y poseedor original de la sabiduría se siente a lo largo de toda la poesía sobre ese tema presente en la *Edda Poética*.

La poesía de la sabiduría no tiene fórmula prescrita, ni narrativa o principio cronológico, y las colecciones de dichos (*gnomos*) se vinculan por temas. A menudo, esos poemas no son progresivos, sino que se detienen en un tema, lo exploran y luego siguen adelante. Los temas sobre los que se discuten abarcan un amplio abanico que incluye la ebriedad, la locura, la moderación al comer y al beber, el comportamiento de los hombres necios, la burla, la amistad, las limitaciones de la sabiduría, la salud y las mujeres.

* * *

Odín cuenta cómo consiguió el hidromiel de la poesía

Una vez visité al viejo gigante y conseguí volver.
Permanecer callado no me hizo ningún bien, así que hablé.
En el salón de Suttung obtuve objetos provechosos.
Gunnlod me dio un trago de un hidromiel escaso y precioso.
Ella me lo suministró desde su trono dorado.

Fue generosa conmigo, pero obtuvo poco a cambio.

Hice un viaje tedioso hasta la montaña para encontrar el lugar en el que Gunnlod vivía.

Arriesgué la cabeza cuando me escabullí por ese pasadizo, con gigantes muy cerca.

Encontré una barrica de hidromiel; esa barrica se llamaba Odrerir.

Nunca hubiera vuelto de Giantland si no hubiese recibido la ayuda

De la buena mujer llamada Gunnlod. La mujer que yo abracé.

Al día siguiente, los gigantes del hielo llegaron al salón del Altísimo para pedir consejo.

Buscaban a Odín por el nombre que él mismo se había puesto cuando andaba disfrazado

Como un esclavo: ese nombre era Bolverk.

Querían saber si Bolverk estaba entre los dioses o si

Había sido asesinado por Suttung el gigante.

Odín había pronunciado un juramento sagrado sobre un anillo, pero, pese a ello, traicionó a Suttung en su fiesta y dejó llorando a Gunnlod.

Ahora Odín imparte sabiduría desde su alto asiento, junto al muro

Desde el que emana el destino de todos.

Y en ese lugar en el salón del Altísimo, hay conversaciones de hombre, y runas, y buenos consejos.

Odín habla de nuevo, esta vez de cómo consiguió sabiduría y el conocimiento de las runas

Me colgué de un árbol con el viento soplando.

Estuve allí durante nueve largas noches.

Fui herido con una lanza.

Así me sacrificaron a Odín; yo a yo mismo.

Y fue en ese árbol, aquel cuyas profundas raíces son desconocidas para cualquier hombre.

Mientras colgaba allí, no me dieron comida; no me dieron bebida.

Miré hacia abajo desde donde colgaba.
Entonces cogí las runas; gritando de dolor las agarré.
En esa ocasión caí, pero las había conseguido.
Nueve poderosos hechizos aprendí del famoso hijo de Bolthor (el hermano de la madre de Odín).
Además de eso, pude beber ese preciado hidromiel que escanciaban de la barrica llamada Odrerir.
Tras beber, reviví y me hice sabio.
Crecí y prosperé.
Una palabra creció en otra y un escrito creció en otro.

Hay que buscar las runas y encontrar la más importante:
Una carta que es grande y poderosa.
Tal carta fue hecha por los poderosos dioses y tallada por aquel
Que es maestro de runas de los dioses.
Odín talló la runa de los Æsir.
Dain talló la runa de los elfos.
Dvalin talló la runa para los enanos.
Asvid talló la runa de los gigantes.
Cada uno tenía una runa que representaba a su gente.

¿Y cómo se obtiene tal sabiduría?
Se consigue al saber cómo tallar, cómo interpretar el sentido, cómo probar el significado, cómo preguntar, cómo sacrificar y como matar.
Mejor no rezar en absoluto que sacrificar más de lo que es necesario.
Es mejor no matar en absoluto, que participar en una gran matanza.
De esta manera Odín, con el nombre de Thund, talló las runas antes de que la historia de las naciones fuese escrita.

Odín habla de nuevo, esta vez de hechizos mágicos

Conozco los hechizos mejor que la esposa de un rey; mejor que el hijo de cualquier hombre.
Conozco un hechizo que ayuda contra cualquier acusación, cualquier dolor.
Ayudará a vencer el miedo.

Conozco otro que ayudará a quienes curan a los enfermos.

Conozco otro que trabará la fuerza de cualquier enemigo.
Romperá el filo de sus espadas.
Ninguna de sus armas acertará y cortará.

Conozco otro, ese me liberará de las cadenas que los hombres podrían ponerme.
Cuando lo canto, puedo alejarme.
Las cadenas caen, y los pies y las manos se liberan.

Conozco otro, ese detendrá una flecha en vuelo.
Cuando los guerreros se unen en la batalla y las flechas vuelan, entonces pueden ser detenidas, sin importar lo rápido que vuelen.
Si la veo, puedo detenerla.

Conozco otro, que puedo usar si soy herido en un combate.
Aunque un arma de madera se alce contra mí, fallará.
Y si un hombre trata de atraparme con magia, hará que rebote contra él.

Conozco otro para usar si el fuego amenaza con quemar el salón.
No importa cuán grande y furioso arda, este hechizo lo detendrá.

Conozco otro que puedo usar si la desarmonía amenaza con dividir a los guerreros.
Es uno que traerá un acuerdo de paz donde hubo una vez contienda.

Conozco otro que protegerá un barco en el mar.
Silenciará, aquietará las olas y calmará el mar.

Conozco otro para derrotar a las brujas que cambian de forma.
Les impedirá regresar a su forma humana.

Conozco otro para proteger a los amigos en la batalla.
Es uno que protegerá su viaje al combate,
su estancia en la batalla.
y su viaje de vuelta del campo de guerra.

Conozco otro para cuando veo a un muerto colgando de un árbol.

Al tallar estas runas y colorearlas correctamente, ese hombre caminará y hablará de nuevo.

Conozco otro para recitar cuando se derrama agua sobre un guerrero.
Ese guerrero será entonces invencible en la batalla.
Ninguna espada lo tocará.

Conozco otro que me ayudará a nombrar a todos los dioses.
Con él puedo distinguir a los Æsir de los elfos.
Solo aquellos que son sabios pueden hacer esto.

Conozco otro, ese me asegurará el afecto de una mujer y su amor.
Con él puedo ordenar sus pensamientos y hacer que su mente cumpla mi voluntad.

Conozco otro, ese atraerá a todas las chicas jóvenes hacia mí.
Son hechizos útiles para todos los que los conocen.

Conozco otro que no se lo enseñaré a ninguna mujer.
No se lo enseñaré a ninguna chica.
No lo enseñaré a la esposa de ningún hombre.
Aunque sí a la mujer que abrazo por amor.
O a mi hermana.

Estas son las canciones que cantó el Altísimo en el salón del Altísimo.
Son útiles para los hijos de los hombres.
No lo son para los hijos de gigantes.
Benefician a aquellos que los recitan y los conocen.
Benefician al que ha aprendido esta recitación; a aquel que ha escuchado.

13

LA RIVALIDAD ENTRE ODÍN Y FRIGG
A CUENTA DE LOS HIJOS DEL REY HRAUDUNG

EN LA *EDDA POÉTICA*, EN LA SECCIÓN CONOCIDA como *Los dichos de Grimnir*, se encuentra la historia que narra cómo Odín y Frigg compitieron entre ellos por el tutelaje de dos niños de sangre real. La historia también explora las creencias sobre la sabiduría de Odín.

Los dichos de Grimnir tratan acerca de una rivalidad entre Odín y su esposa Frigg. Frigg engaña al rey Geirrod para que torture a su esposo cuando este llega disfrazado al salón de Grimnir (que significa «El enmascarado» en nórdico antiguo). Esta es tan solo una de las muchas veces que Odín viaja disfrazado tras un nombre falso en la mitología nórdica, y es una característica importante de las tradiciones asociadas con él. La importancia de la hospitalidad para la sociedad germánica queda de manifiesto en el poema cuando Frigg acusa a Geirrod, favorito de Odín, de cicatería —un insulto grave— y cuando Agnar (Agnar el Joven, no confundir con el hermano de Geirrod que usa el mismo nombre) se gana el favor de Odín cargando con la responsabilidad del anfitrión, al ofrecerle bebida al dios.

El poema comienza con una larga introducción que marca el trasfondo narrativo. A eso le sigue un monólogo de cincuenta y cuatro estrofas que recita Odín disfrazado de Grimnir. El monólogo poético versa sobre hechos mitológicos y, en particular, sobre la topografía del mundo de los dioses. El poema acaba con otra sección en prosa que hace las veces de epílogo en el que se muestran las consecuencias fatales de las acciones de Geirrod. Los elementos en prosa es probable que sean posteriores al poema original, añadidos para proporcionar contexto.

Este es uno de los diversos poemas de la *Edda Poética* —entre los que están también la *Profecía de la vidente*, *Los dichos de Vafthrudnir* y *Los dichos del Altísimo*— que muestran la importancia de la sabiduría de Odín. En este poema, sin embargo, Odín dispensa sabiduría en vez de estar buscándola con la desesperada (y estéril) esperanza de impedir el Ragnarok. Aposentado entre dos fuegos, Odín comienza por revelar su conocimiento y sabiduría a beneficio de Agnar, hijo de Geirrod, para que pueda convertirse en rey en lugar de su padre. Conseguir esta sabiduría resulta crucial para el niño si quiere ser un gobernante válido. Se hace eco de episodios de la juventud de Sigurd, el matador de dragones, en pos de adquisición de sabiduría. Es un paso importante para pasar de simple guerrero a caudillo de hombres, y recalca un rasgo clave que se espera tenga un gobernante.

***

Los hijos del rey Hraudung son rescatados por una pareja de ancianos

Había una vez un rey de nombre Hraudung. Era rey de los godos. Era un rey del mar famoso por sus incursiones vikingas, aunque algunos afirman que era un gigante. Este rey tuvo dos hijos. Esos hijos se llamaban Agnar y Geirrod. Agnar era el mayor y, cuando esta historia comienza, tenía diez años de edad. Geirrod tenía ocho. Un día, los dos chicos fueron a pescar. No tenían otra intención que apartarse un poco de la orilla para pescar algunos peces pequeños. Pero el viento se apoderó del bote y los llevo mar adentro, a aguas profundas. Oscureció y ellos no tuvieron idea de por dónde iban, hasta que las olas les llevaron a una orilla extraña. Entonces, el bote naufragó y los chicos tuvieron que huir para salvar la vida. Al explorar, llegaron a una pequeña granja y el granjero les cobijó del invierno. Allí vivía una pareja formada por un anciano y su esposa. Ellos hicieron las veces de padres adoptivos para los dos chichos. La anciana se convirtió en la madre adoptiva de Agnar y el anciano en el padre adoptivo de Geirrod.

Cuando el invierno dio paso a la primavera, el viejo hizo indagaciones y buscó un barco que pudiera servir para llevarlos casa. El viejo y su esposa condujeron a los dos muchachos al puerto y los embarcaron. Antes de que zarparan, el viejo habló en privado con Geirrod, su hijo adoptivo. Por último, el barco partió y acabó por llevar a los niños de regreso a la tierra gobernada por su padre. Pero, una vez que el barco varó en la orilla, Geirrod saltó a tierra. Antes de que su hermano pudiese bajar, Geirrod se volvió y propinó un gran empujón al buque. Gritó «¡Ve a donde quieran llevarte los trolls!». Y así la nave se apartó de la orilla, llevando consigo a Agnar. Luego, Geirrod fue al salón real, donde fue recibido con gran alborozo, pues el rey, su padre, había muerto durante el invierno y la tierra no tenía gobernante. Geirrod fue proclamado rey, sucesor de Hraudung, y gobernó como poderoso monarca de gran renombre.

La pareja de ancianos que había adoptado a los dos niños no eran otros que Odín y Frigg. Fue Frigg la que hizo las veces de madre adoptiva de Agnar y Odín el que hizo las veces de padre adoptivo de Geirrod. Un día, Odín y Frigg estaban en el alto trono de Odín, el lugar desde donde era posible contemplar todos los mundos. Desde allí, podían ver las vidas de Agnar y Geirrod.

Odín se jactó ante Frigg de que Agnar no había llegado a nada mejor que a engendrar hijos con una giganta, en una mísera cueva. Y, mientras eso ocurría, Geirrod gobernaba como rey en un salón real. De esa manera, Odín se burló de los logros humildes del hijo adoptivo de Frigg en comparación con el éxito logrado por su propio hijo adoptivo. Así se desveló que el consejo secreto que el anciano había susurrado a Geirrod era que abandonase a su propio hermano, se apoderase del reino de su padre y gobernase en solitario.

Frigg estaba indignada por la forma en la que Odín había descrito a Agnar, y buscó una manera de devolver el golpe. Al reflexionar sobre los deberes de hospitalidad con los que carga un rey, maquinó qué insulto enrevesado podría hacer contra Geirrod. Afirmó que era un mal rey. No era generoso y los invitados que acudían a su salón no recibían la hospitalidad que es de esperar en un soberano. Odín rechazó tal cosa y dijo que tal acusación era mentira. Entonces, esos dos hicieron una apuesta sobre la veracidad de lo que proclamaba Frigg.

La visita de Grimnir, el Enmascarado, al salón real de Geirrod

Para poner a prueba la hospitalidad de Geirrod, Odín lo visitó, aunque lo hizo disfrazado. Adoptó el nombre de Grimnir, que significa el Enmascarado, para ocultar su identidad. Pero antes de que llegase al salón, Frigg ya había actuado. Envió a su criada Fulla a advertir a Geirrod de que un mago de capa azul estaba de camino para embrujarle. Fulla le dijo a Geirrod que ese mago era tan fiero que ningún perro podría atacarle. No importa cuán fiero fuese el perro, tendría miedo del mago.

Cuando Odín —disfrazado de Grimnir— llegó al salón de Geirrod, fue capturado y hecho prisionero. Después le interrogó Geirrod a fin de averiguar quién era y cuáles eran sus intenciones. Pero el mago no dio contestación alguna. En réplica a tal silencio, Geirrod obligó al mago a someterse a pruebas. Primero, le privó de alimento. Segundo, le torturó con fuego. Durante ocho días completos obligaron al mago a sentarse entre dos fuegos rugientes hasta que su capa azul se incendió debido al gran calor. Pero ni aun así habló.

Al final, el hijo de Geirrod se apiadó del mago. Este chico se llamaba Agnar en honor al hermano perdido de Geirrod y tenía diez años. Justo la misma edad que el Agnar mayor cuando el viento los empujó a su hermano y a él mar adentro. Agnar el Joven fue hasta Grimnir, entre los dos fuegos, y le ofreció un cuerno de bebida para que saciase su sed. Mientras le daba el cuerno, Agnar el Joven dijo que era un error maltratar así al mago, dado que no había hecho nada malo.

Y, ante eso, Odín comenzó por fin a hablar…

> Caluroso y fiero es el fuego, y he estado aquí sentado durante ocho noches, sin alimento. Nadie me ofreció comida excepto Agnar (el Joven). Así que llegará el día en el que él gobierne sobre los godos, en lugar de su padre Geirrod. Será bendecido por Odín, gracias a esta bebida que me trajo.
>
> Observo los diferentes mundos. Veo la tierra sagrada de los Æsir y de los elfos. Veo a Thor gobernando con fuerza hasta ese día en el que todo sea destrozado. Veo Yewdale, donde Ull, dios de la arquería, vive en su salón. Veo el salón de Alfheim, que se le entregó a Freyr el día en que perdió su primer diente de leche. Veo el salón de Odín en

Valaskiaf, con su techo cubierto de tejas de plata. Veo el lugar donde Odín y Frigg beben cada día en copas de oro. Y veo el Valhalla, donde Odín recibe a los muertos según llegan de la batalla. En ese lugar, las vigas están hechas con lanzas, el techado con escudos y los bancos están cubiertos de cotas de malla. Un lobo guarda la puerta y un águila lo sobrevuela. Veo el salón de Thiazi el gigante y el salón construido para Baldr. Veo donde Heimdall —el guardián de los dioses— se sienta y bebe su hidromiel. Veo el lugar que gobierna Freyia y el lugar donde van la mitad de los muertos en batalla, ya que los otros van junto a Odín. Veo las columnas doradas de Glitnir y el gran salón de madera de Niord.

Sobre esos anchos mundos vuelan mis dos cuervos: Hugin (Pensamiento) y Munin (Memoria). Temo que un día Hugin (Pensamiento) no regrese, pero lo que más temo es la pérdida de Munin (Memoria).

Veo el Valhalla con sus quinientas cuarenta puertas. Son tan amplias que pueden pasar ochocientos guerreros por cada una de esas puertas. Y las pasarán el día en que salgan a luchar contra el lobo en el Ragnarok. En su techo ramonea la cabra llamada Heidrun. Producirá suficiente hidromiel como para colmar ese gran caldero imposible de vaciar. En ese mismo tejado se encuentra el ciervo llamado Eikthrynir. Ese ciervo pasta en las ramas que hay ahí y de su cornamenta gotean las aguas que forman todos los ríos del mundo. Uno de esos ríos es el que Thor vadeará el día en que el puente al reino de los Æsir arda. Ese día, él tomará asiento como juez en el árbol llamado Yggdrasil.

Bajo una de las raíces de ese árbol vive Hel. Y Ratatosk, la ardilla, corretea arriba y abajo por el árbol, llevando mensajes entre el águila que ocupa la rama más alta y el dragón Nidhogg que está abajo. Cuatro ciervos se comen las ramas de ese árbol y bajo él vive un número inimaginable de serpientes. Ese árbol está sufriendo lo increíble porque los ciervos se comen su parte superior, su tronco se pudre y, debajo, las lágrimas del dragón Nidhogg dañan sus raíces.

Desde aquí también veo la forma que toma el cielo sobre la tierra y cómo los corceles Arvak y Alsvid tiran del carro del sol. Bajo sus arneses hay cojines de hierro, colocados ahí por los Æsir. Y un escudo llamado Svalin colocado frente al sol, ya que, si no estuviera ahí para contener el calor del sol, todo lo que hay más abajo, desde las montañas al mar, se vería consumido por el fuego. Y, sin embargo, al Sol le persigue Skoll el lobo. Da caza al sol por el cielo hasta los bosques lejanos en los que se sume para esconderse. Y hay otro lobo también: Hati, el lobo que persigue a la Luna. Este lobo es hijo de Hrodvitnir (o Fenrir).

Además, sé cómo la tierra se hizo a partir de la carne de Ymir, el mar de su sangre, las montañas de sus huesos, los árboles de su pelo y el cielo de su cráneo. La Tierra Media, donde los hombres viven, se formó a partir de sus pestañas y las nubes de su cerebro.

Y, de todo lo que existe, estos son los mejores: *Skidbladnir* es la mejor de las naves y propiedad de Freyr; Yggdrasil es el mejor de los árboles; Odín es el mejor de los Æsir; Sleipnir es el mejor de los caballos; Bifrost es el mejor de los puentes; Bragi es el mejor de los poetas; Habrok es el mejor de los halcones; Garm es el mejor de los perros.

Y me llaman por muchos nombres. Soy conocido como: Máscara, Vagabundo, Guerrero, Portador del casco, Alto, Guerra-Alegre, Enmascarado, Enloquecedor, Sapientísimo, Padre de la guerra, Padre Supremo, Padre de los caídos. Desde que me hallé entre personas, nunca hubo un único nombre por el que me conociesen. Me llamaron Grimnir cuando visité a Geirrod. Fui Thor en la Asamblea. Yo era Vidur en el campo de batalla.

Geirrod, has bebido demasiado. Y perderás cuanto ganaste, pues ya has perdido mi favor. Te he contado mucho, pero has recordado muy poco. Te han engañado y veo una espada ensangrentada.

Sé que tu vida llega a su fin y ahora, por último, ya puedes mirar y ver a Odín. ¡Acércate si te atreves! Odín es mi nombre. Soy el Terrible. Todos los otros nombres por los que se me conoce enraizan en este. Todos esos nombres vienen de Odín el Terrible.

Cuando Odín terminó de hablar, Geirrod se levantó de su asiento con intención de apartar a Odín, su padre adoptivo, de los incendios rugientes. Antes de esa acción, Geirrod había estado sentado con una espada a medio desenvainar en el regazo. Al levantarse, la espada resbaló y cayó de pomo. Al mismo tiempo, Geirrod resbaló, cayó sobre su propia espada y murió. Al morir Geirrod, Odín desapareció de repente. Agnar el Joven se convirtió entonces en soberano, en lugar de su padre, y ocupó el trono como rey niño. Gobernó largo tiempo.

14

El conflicto en el paso del transbordador

TAMBIÉN EN LA COLECCIÓN LLAMADA la *Edda Poética* se encuentra la narración conocida como *Canción de Harbard*. En ella, Odín se disfraza de Harbard (Barbagrís). Con el disfraz, se ve envuelto en una batalla de insultos con Thor, quien, a pesar de su fuerza, es vencido por la astucia de Odín.

En la historia, Thor jamás adivina la verdadera identidad del que se burla de él. Pero el nombre de Barbagrís alerta al oyente/lector sobre lo que de verdad está ocurriendo. De este modo, el redactor original de la historia destaca todavía más la debilidad del en apariencia todopoderoso Thor en esta confrontación. Este es un poema brutalmente psicológico, en el que se ve a Odín diciendo a Thor que su madre está muerta. Es difícil de entender qué motivos tiene Odín para buscar el enfrentamiento y de ello nada se dice en la historia que ha llegado hasta nosotros.

Este es un tipo de poema conocido como *flyting*. El término deriva de la palabra en nórdico antiguo *flyta*, que significa «provocar». Es un tipo de poema común en la literatura germánica y se basa en dos oponentes que intercambian insultos. El ganador es así capaz de demostrar su fuerza y virilidad superiores, al tiempo que pone de manifiesto la inferioridad y afeminamiento del otro. Afeminado era uno de los peores insultos en la sociedad basada en lo heroico de la Era Vikinga y sus postrimerías. El poema está mucho menos estructurado que la mayor parte de las composiciones éddicas, y está escrito con varias métricas distintas —alguna de ellas irreconocible— e incluso contiene secciones de prosa pura.

La estrofa 24 alude a Odín como alguien que tiene seguidores que son guerreros muertos en batalla, en tanto que los de Thor son campesinos. Esto puedo expresar la división de clase en términos de los cultos de los dos dioses. Se ve también reflejado en lo que sabemos de la Inglaterra anglosajona, donde *Woden* (la forma en inglés antiguo equivalente a Odín) aparece en todas las genealogías reales, en tanto que *Thunor* (el equivalente en inglés antiguo de Thor) no aparece en ninguna. La misma noble asociación con el culto de Odín influenció también, claramente, a la sociedad de la Era Vikinga.

Por el contrario, el nombre de Thor deriva de la palabra germánica para «trueno» y, como dios del clima, debió de tener especial atractivo para las comunidades agrarias. Sin embargo, mientras que el Martillo de Thor en forma de colgante se encuentra a menudo en tumbas femeninas en Escandinavia, el descubrimiento de uno de plata en la tumba de un guerrero en Repton, en Derbyshire, Inglaterra, muestra que el culto también debió de practicarse entre la élite masculina, probablemente a través de la asociación de Thor con la guerra y como vencedor de gigantes. La decoración de filigranas de oro en un colgante de Great Witchingham, en Norfolk, Inglaterra, recalca esta asociación de la élite con el culto a Thor.

Aunque muchos de los episodios narrados no aparecen en ninguna otra fuente, hay varias referencias familiares, incluyendo la noche que Thor pasa dentro de un guante durante su viaje a la fortaleza de Utgarda-Loki. Asimismo, respecto a *La pelea de Loki* (ver capítulo 15), el poema hace referencia a la infidelidad de la esposa de Thor, Sif, aunque no hay historias que detallen esa infidelidad en el corpus que nos ha quedado de la mitología nórdica, aparte de una referencia en la que Loki se ve involucrado.

∗ ∗ ∗

Thor venía del este. Con frecuencia, estaba en esas tierras porque allí era donde se encontraban los trolls y él se enzarzaba a menudo en peleas contra ellos. Ese día en concreto, mientras viajaba, llegó a un brazo de mar. Al observar sobre las aguas, pudo ver que al otro lado del entrante estaba el barquero con su nave.

Al verlo, Thor le llamó: «¿Quién es ese flojo que está al otro lado de las aguas?».

Ante una pregunta tan ofensiva, el barquero replicó: «¿Y quién es el labriego que grita al otro lado del agua?».

Y así comenzaron un intercambio de gritos. Algunos eran jactancias y otros insultos. En cualquiera de los casos, sus palabras resonaban a lo largo del brazo de mar. Se replicaban el uno al otro.

Thor ofreció una gran recompensa al barquero si le cruzaba. El pago que le brindó fue abundancia de comida, pues a la espalda llevaba una cesta llena de arenques y avena. Y como eso era lo que había comido para desayunar, ofrecía lo mismo al barquero... solo por llevarle a la otra orilla.

El barquero no quedó impresionado ante la oferta de Thor y, a modo de respuesta, se burló del orgullo con el que presumía de ser capaz de ofrecer cantidades copiosas de comida. Luego, para impresionarle más, afirmó que la madre de Thor había muerto mientras este estaba lejos de casa. Además, el barquero se burló de su riqueza, dudando de que tuviera más de tres granjas. Para rematar, el barquero señaló que, dado que estaba plantado en la orilla con las piernas desnudas, era menos que ¡un mendigo sin pantalones!

Thor ignoró ese insulto elaborado y, en vez de replicar, preguntó: «¿Quién es el dueño de ese transbordador?». Luego dijo que, si el barquero le cruzaba, él le guiaría a un mejor lugar de amarre en el otro lado del brazo de mar.

A la pregunta de Thor sobre la propiedad de la barca, el barquero respondió que el dueño se llamaba Hildolf y que era un respetado guerrero de gran sabiduría, ya que le había dado instrucciones de nunca embarcar ¡a bandidos o a cuatreros! Los únicos hombres que debía transportar era los buenos a los que reconociese el barquero. A tal fin, exhortó a Thor a que se identificase. Solo entonces podría considerar el barquero cruzarle.

Thor reveló su identidad al barquero, proclamando que era hijo de Odín, hermano de Meili y padre de Magni. Además, le aseguró que era el poderoso caudillo de los Æsir. Para resumir, proclamó: «¡Estás hablando con Thor!» A su vez, desafió al barquero a revelarle su propio nombre.

El barquero replicó que se llamaba Harbard (que significa Barbagrís) y explicó que rara vez ocultaba su nombre. Luego anunció de manera desafiante que estaba dispuesto a defenderse de Thor. Estaba claro que no temía en lo más mínimo al poderoso integrante de los Æsir.

El desafío picó a Thor. «No tengo intención de mojarme las pelotas al cruzar para echarte el guante», gritó, «¡pero si cruzo este brazo de agua y te pongo la mano encima, lamentarás haberme desafiado!».

Harbard ni se inmutó y dijo que ahí le estaría esperando. Y le recordó a Thor cuando el dios portador de martillo había luchado contra el gigante Hrungnir. (Ese era el gigante cuyo trozo de piedra de afilar seguía alojado en la cabeza de Thor).

Ante eso, Thor contó cómo había triunfado sobre Hrungnir (dejando de lado el detalle de la piedra de afilar). Porque, aunque ese poderoso gigante tenía la cabeza de piedra, Thor le había doblegado y destruido. Y se burló de Harbard, preguntándole dónde había estado mientras Hrungnir caía ante él.

Harbard respondió a eso que había pasado cinco años en compañía de un gigante llamado Fiolvar. Y, en ese tiempo, había vencido en muchas batallas, vivido muchas aventuras y triunfado con mujeres.

Eso despertó la curiosidad de Thor, que le preguntó cómo se las había arreglado tan bien con las mujeres y las había vuelto tan dispuestas hacia él.

Harbard respondió con una suerte de acertijo: que, de haberle sido leales las mujeres, habría tenido compañeros vivaces, y si hubiesen confiado en él, habría tenido también compañeros sabios. En un estilo igual de oscuro, contó cómo las mujeres habían tendido cuerdas de arena y abierto agujeros en los valles profundos. Y, sin embargo, había logrado superarlo todo con sus estratagemas y había yacido con no menos de siete hermanas. Ganó sus corazones y obtuvo placer de ellas. «¿Y qué hacías tú, Thor, mientras yo llevaba a cabo todo eso?», preguntó.

Thor no quería quedarse atrás y contó cómo había matado al gigante llamado Thiazi, hijo de Olvaldi, y cómo había lanzado sus ojos al cielo para formar una constelación de estrellas. «¿Y qué hacías tú, Harbard, mientras yo llevaba a cabo todo eso?», preguntó a su vez.

A esa pregunta, Harbard respondió que había estado usando hechizos para obtener poderes sobre mujeres duchas en magia y apartarlas del lado de sus maridos. Y esos hechizos amorosos no eran las únicas señales de sus prerrogativas, obtenidas de un gigante llamado Hlebard, contra el que las había empleado.

El enfrentamiento entre Thor, a la izquierda, y Harbard. Grabado de William Gershom Collingwood realizado en 1908.

A Thor no le impresionó este último alarde y afeó a Harbard el haber tomado un regalo y haberlo usado contra el que se lo había entregado de manera generosa.

«¡Corta un roble y surgirá otro!», fue la respuesta de Harbard. Y añadió que, en aquel entonces, solo veló por sus propios intereses.

Thor contó cómo, en cambio, él había estado luchando contra los gigantes del este mientras Harbard pagaba la generosidad de Hlebard con traición. En el mismo lugar en el que hacía incursiones contra gigantes, había también matado a trolls que vagaban por las montañas salvajes. Y, de no haberse empleado tan a fondo, la raza de los gigantes sería enorme en número, y los hombres y las mujeres habrían sido borrados de la faz de la tierra. Thor estaba claramente orgulloso de sus logros a tal respecto y desafiaba a Harbard al expresarlo.

Harbard no iba a dejar que lo achicasen y respondió con historias de batallas en Walland, entre los pueblos celtas. Allí había incitado a los nobles a librar una guerra continua, para que Odín pudiera tener su cosecha de nobles guerreros

Harbard se burla de Thor. Ambos grabados se publicaron en una versión británica del Canto de Hárbard *o* Poema de Barbagrís.

caídos en batalla. Porque, afeó a Thor, «Odín recluta guerreros, mientras que Thor recluta ¡campesinos!».

A eso respondió Thor que, si Harbard gobernase a los Æsir, el botín de guerra se repartiría de manera injusta.

Harbard replicó que era una pena que el coraje de Thor no fuera parejo a su gran fortaleza. Recordó cómo una vez Thor se había acobardado en el guante de un gigante en el que se había refugiado sin saberlo, debido a la oscuridad de la noche. Y afirmó que, en ese escondrijo, «¡Tú, Thor, tenías miedo hasta de estornudar! ¡Tenías miedo hasta de tirarte un pedo!»

Eso hizo que Thor perdiera la compostura e insultó a Harbard y proclamó que si pudiera cruzar las aguas, aplastaría a su atormentador.

«¡Pero no tenemos motivo de disputa!», fue la respuesta de Harbard. Algo que solo consiguió que Thor se enojase aún más.

Con su valor puesto en solfa, Thor se lanzó de nuevo a relatar sus tremendas hazañas de valor. Cómo en el este había defendido el vado contra los hijos de Svarang. Pese a que ellos le arrojaron piedras, se enfrentó a ellos para defender el río, y tan cerrada fue su defensa que les obligó a pedir la paz. «¿Y qué hacías tú, Harbard, mientras vencía en batalla?».

«Mientras tú aguantabas pedradas, seduje a una aristócrata de piel blanca. También estaba en el este». Una vez más, Harbard exhibía su talento para el sexo. «Estaba rutilante, con joyas de oro, la hice feliz y ella me dio placer». Luego, al ver que la historia le interesaba a Thor, siguió diciendo que habría aceptado su ayuda para tratar con la chica.

«Y yo te habría ayudado», replicó Thor.

Pero Harbard contestó enigmáticamente que no fue convocado porque había traicionado su confianza.

Esto disgustó a Thor que dijo que, mientras Harbard se liaba con la mujer de piel blanca, él se las veía con mujeres *berserker*. Y, cuando Harbard se burló de él por luchar contra mujeres, Thor dijo que eran mujeres-lobo que embrujaron a hombres, asaltaron su barco y le amenazaron con mazas de hierro.

Entonces Harbard manifestó que él, en cambio, dirigía ejércitos con lanzas enrojecidas de sangre y banderas flameantes.

En respuesta, Thor le acusó de amenazar con guerra contra los Æsir.

Ignorando esa alusión, Harbard siguió burlándose de él, declarando que le daría algo para resarcirle de la amenaza y que eso tendría que ver con la parte trasera de Thor.

Ofendido e insultado por tal sugerencia, Thor manifestó que jamás había escuchado palabras tan vergonzosas.

A eso, Harbard replicó misteriosamente que había obtenido esas palabras de los antiguos que residen en los túmulos funerarios de los bosques, en el hogar.

Thor alzó su martillo y prometió que Harbard lamentaría tales palabras si lograba vadear las aguas que los separaban. De ser así, los golpes de martillo conseguirían que Harbard aullase como un lobo.

Harbard ni se inmutó y picó aún más a Thor al afirmar que Sif, su esposa, tenía un amante cuando él no estaba. Thor haría mejor en medir sus fuerzas con ese rival que con Harbard.

Eso disgustó de verdad a Thor. «Te resulta fácil hablar tan a la ligera de algo que sabes que me preocupa», dijo. Y acusó de manera directa a Harbard de contar mentiras.

Pero Harbard se limitó a burlarse de él y dijo que lo que estaba oyendo Thor no era más que la simple verdad y que estaría en mejor disposición de comprobarlo si tan solo se las hubiese ingeniado para montar en el transbordador de Harbard y seguir su viaje.

La cólera de Thor estalló. Llamó a Harbard pervertido y le acusó de obstaculizar su viaje. Pero nada podía hacer con esa cólera, por supuesto. Sin poder llegar al transbordador, no podría castigar al barquero ni seguir su viaje. Y Harbard se regodeó al señalarle tal hecho, mientras se mofaba del poderoso Thor, que se veía impotente ante las burlas de un barquero.

Eso ya fue demasiado para Thor, que exigió que el bote cruzase el brazo de mar para que Harbard se viera las caras con él, Thor, el padre de Magni, Thor, de los Æsir.

A eso Harbard tan solo respondió: «¡Contornea la bahía! ¡Yo no voy a llevarte!».

Bloqueado como estaba, Thor no tuvo otro remedio que preguntar por el camino... el camino a casa.

Entonces Harbard le dio instrucciones a voces: «No está lejos... un corto trecho hasta el hito de piedra... toma el camino de la izquierda... sigue hasta llegar a Verland...

tu madre se reunirá ahí contigo... ella te indicará el camino de vuelta a la tierra de Odín. Si te esfuerzas algo, deberías estar allí antes de que salga el sol, porque la tierra se está calentando y la nieve se funde».

Así que Thor se puso en marcha, gritando a Harbard amenazas de que, si alguna vez se lo encontraba, el de barba gris iba a sufrir su cólera.

Harbard le respondió a gritos: «¡Vete al infierno!».

Así terminó el enfrentamiento de Thor con Harbard en el amarradero del transbordador. A pesar de su gran fuerza, Thor de los Æsir no pudo obligar al barquero de barba gris a transportarle, ni pudo castigarle por los insultos y burlas. Había salido escaldado de la confrontación y por tanto tuvo que caminar largo trecho hasta casa. Además, nunca supo que fue Odín quien se burló de él.

15

Thor y Tyr consiguen un caldero gigante en Giantland y Loki insulta a los dioses y diosas en el salón de Aegir

Esta historia se encuentra en la colección conocida como *Edda Poética*, en la sección llamada *Poema de Hymir*. Cuando los dioses deciden celebrar una gran fiesta, obligan al gigante Aegir a preparar la cerveza. Él a su vez, exige un caldero para elaborarla. El caldero pertenecía al gigante Hymir, por lo que los dioses Thor y Tyr parten hacia Giantland para conseguirlo. Es una gran prueba de fuerza y, en momentos cruciales, reciben la ayuda de una giganta. La aventura contiene una versión del viaje para pescar a la serpiente Midgard, que también se encuentra en *El engaño de Gylfi*, conservado en la *Edda Prosaica* (para una versión más corta, ver el capítulo 17). También contiene una versión de *La cabra coja de Thor* (ver también capítulo 7), pero en el *Poema de Hymir*, de manera bastante confusa, se coloca al final de la historia y no se explica del todo. Es posible que originalmente estuviese situado antes (como en la versión de la *Edda Prosaica*). Se ha puesto aquí en versión larga (empleando la información contenida en la *Edda Prosaica*) para dar un mejor sentido a la historia que sobrevive en el manuscrito de la *Edda Poética*.

Al viaje a Giantland le sigue una historia llamada *La pelea de Loki*. En ese poema, el dios tramposo y liante irrumpe en el salón de los dioses y se dedica a insultar a cada dios y cada diosa en particular. Solo deja de insultar cuando Thor regresa de su viaje a Giantland y amenaza al alborotador con su gran martillo. La historia resulta complicada en el original, porque sugiere que Loki no estaba invitado a la fiesta y forzó la entrada, mientras que en una introducción en prosa (también en los manuscritos originales) se explica que Loki fue expulsado por matar a un criado, pero más tarde volvió para perturbar el evento. Es posible que fuesen dos historias tradicionales (combinadas de cualquier manera) o que el redactor de la introducción en prosa no entendiese del todo el énfasis en la (posiblemente anterior) tradición poética. Aquí conciliamos las dos versiones.

La pelea incluye referencias a otras muchas historias que se encuentran en este libro.

* * *

Los Æsir obligan a Aegir a fabricar cerveza

Una vez, los dioses volvieron de caza dispuestos a comerse sus presas. Antes de hacerlo, decidieron beber juntos. Pero ¿quién trabajaría en el gran caldero en el que se haría la cerveza y del que se serviría la bebida? Lanzaron las runas y observaron sus indicaciones. Las leyeron y entendieron que habría de ser el gigante Aegir el que la preparase, ya que disponía de muchos calderos apropiados.

Fueron al salón de Aegir, que asistió imperturbable a su llegada. Thor le miró fijamente, desafiando el sosiego de ese gigante de la montaña, y exigió que preparase la comida de los Æsir.

Su actitud prepotente irritó a Aegir, que se preguntó cómo podría castigar a los dioses. No tardó en dar con un plan. Reclamó a Thor un gran caldero, uno lo bastante grande como para preparar cerveza para una fiesta de esas dimensiones.

Ante su petición, los Æsir deliberaron entre ellos sobre dónde podrían encontrar un caldero así. Fue a Tyr, dios de la guerra, a quien se le ocurrió la respuesta. Explicó el plan a Thor. Viajarían al este, hasta Giantland. Allí, a mucha distancia, vivía el padre de Tyr, un gigante llamado Hymir. Era propietario de un caldero tan grande que decían tenía una legua de profundidad.

Thor consideró el plan expuesto por Tyr y se preguntó si sería posible tener éxito en tal aventura. Tyr respondió que podrían tenerlo si confiaban en su ingenio. Porque, con astucia, se apoderarían del caldero que Aegir reclamaba para preparar tan gran cantidad de cerveza.

Thor y Tyr se disponen a buscar el caldero gigante de Giantland

Así animado, Thor se puso en camino hacia el este, acompañado de Tyr. Se alejaron de Asgard hasta llegar a la casa de Egill. Egill era el padre de Thialfi y Roskva. Fue Thialfi el que un día partió el hueso de una de las cabras mágica de Thor. Eran esas que podían ser cocinadas y comidas y, sin embargo, se encontraban enteras a la mañana siguiente. Cuando se descubrió que la cabra resucitada de Thor estaba coja, castigaron a Thialfi obligándole a convertirse en el criado de Thor, lo mismo que su hermana Roskva. Desde la casa de Egill, Thor y Tyr viajaron hacia el salón de Hymir, en el este.

Al llegar, Tyr quedó atónito ante lo fea que era su abuela, porque había pasado mucho tiempo desde que la viera por última vez. Tenía novecientas cabezas. Pero no era la única mujer que regía aquel salón, pues la madre de

Tyr estaba también allí. Iba cubierta de oro en atención a su rango, y ese metal también brillaba en su frente. Fue ella la que sacó cerveza para dar la bienvenida a Thor y a su hijo.

Temía por la seguridad de sus invitados, pese a que estuvieran emparentados con gigantes, ya que su esposo —el padre de Tyr— era receloso y de mal carácter. Para ponerles a salvo de su maligna naturaleza, aconsejó a Thor y a Tyr que se escondieran bajo uno de sus calderos. Así lo hicieron.

Hubieron de esperar algún tiempo, porque Hymir volvió tarde a casa de la expedición diurna de caza. Había pasado mucho tiempo expuesto al frío del día invernal y la barba se le había congelado; los carámbanos colgaban de su rostro y entrechocaban, cuando entró en el salón.

La madre de Tyr se adelantó a saludar a su esposo: «has vuelto de buen humor», festejó, pero Hymir no era un gigante con el que se pudiera bromear o reír. Y su cuerpo deforme era ajeno al buen humor.

Ella le explicó que su hijo había regresado de su largo viaje y llegado al salón en compañía de Thor. El mismo Thor que había matado al gigante Hrod, conocido suyo. Señaló al final del salón y explicó que los dos visitantes estaban allí, ocultos tras una columna.

Cuando la mirada adusta y nada hospitalaria de Hymir se volvió hacia ellos, la columna se rompió y la viga de encima se partió por la mitad. Así era la mirada del gigante. Y al ceder la viga, cayeron desde lo alto ocho calderos de metal y se quebraron por el impacto. Pero hubo otro que no se rompió al golpear el suelo: un caldero de hierro bien forjado que debía haber sido hecho por un herrero hábil.

Puesto que habían sido descubiertos, Thor y Tyr se adelantaron. Hymir los miró como a enemigos pues, al verlos, recordó los muchos gigantes que Thor había matado y las muchas gigantas que había dejado viudas.

Aun así, Hymir ordenó que preparasen una fiesta. Los criados llevaron tres toros que fueron despachados con rapidez, cortándoles la cabeza. Acercaron los toros al hogar, que era un pozo con el fondo lleno de fuego brillante. Allí prepararon la comida.

Cuando se sirvió, Thor se comió dos de los toros él solo, ya que su apetito era prodigioso. A Hymir le pareció que Thor había comido mucho más de lo que él esperaba, así que el gigante decidió que la tarde siguiente saldría de caza para reponer las existencias de víveres, ya que necesitaría montones de comida si quería tener suficiente como para satisfacer a Thor, Tyr e Hymir. Al conocer las intenciones de Hymir, Thor dijo que le gustaría hacerse a la mar y ver qué podía pescar, si el gigante le suministraba cebo suficiente.

Preparan el cebo y comienza el viaje de pesca

Siguiendo instrucciones de Hymir, Thor fue al establo donde guardaban el ganado. Vio un buey negro de buena estampa. Se hizo con la bestia y le arrancó la cabeza. Hymir no quedó precisamente contento al ver la suerte que había corrido su mejor animal y dijo que mejor habría sido que Thor se hubiese quedado tranquilo en el salón.

Aun así, pese a tal animosidad, se hicieron a la mar. Thor pidió a Hymir, el gigante feo, que remase hasta aguas profundas. A Hymir no hizo gracia la instrucción. Pero hizo lo que Thor le pedía y, de inmediato, picaron en el cebo no menos de dos ballenas. Mientras eso ocurría, Thor preparó su propio aparejo de pesca.

Thor —el que protege a la gente, el que matará a la serpiente Midgard el día del Ragnarok— puso la cabeza del buey negro en su anzuelo. Bajo el bote, la serpiente que rodea al mundo, la enemiga de los dioses, se alzó para atrapar el cebo de cabeza de buey. Al tensarse la cuerda, Thor jaló y subió a la serpiente a bordo. Así la serpiente Midgard, hermana de Fenrir el lobo, quedó a su merced.

Propinó un gran golpe en la cabeza de la serpiente con su poderoso martillo. Esta bramó de dolor y la tierra retembló ante su sonido. Tras ese enorme golpe, la serpiente se hundió bajo las olas. Luego Hymir remó de vuelta a la orilla, pero se sentía muy disgustado ante lo ocurrido.

Cuando por fin alcanzaron la costa, Hymir le dijo a Thor que podían llevar cada uno una ballena o asegurarse uno de ellos de que la barca de pesca quedase bien amarrada en tierra firme. Thor se decidió por esta última tarea. Alzó la pesada barca, achicó toda el agua que había embarcado y él mismo llevó la nave de vuelta por la colina boscosa hasta el salón de Hymir.

La competición al regresar al salón de Hymir

Hymir estaba envidioso de la gran fuerza de Thor y le desafió a demostrar cuán fuerte era de verdad. Le retó a romper la copa de cristal que el gigante poseía. Llevaron la copa a Thor, que trató en vano de romperla. La golpeó contra la columna de madera que sostenía el techo, pero fue la columna la que se rompió y no la copa. Así que volvió intacta a su dueño.

En ese momento, la madre de Tyr le susurró a Thor que la única forma de romper esa copa era estrellándola contra la dura cabezota de Hymir. Ante ese aviso, Thor reaccionó cogiendo de nuevo la copa y estampándosela a Hymir en la cabeza. ¡La copa se hizo añicos!

Al ver los trozos de cristal en su regazo, Hymir gritó de pena, porque ya no podría mandar a la cerveza que se elaborase ella misma. Entonces les dijo a los visitantes que, si eran capaces de desplazar el gran caldero, podrían llevárselo.

Tyr probó a levantar el caldero, pero fue incapaz. Por dos veces lo intentó y las dos fracasó. Pero Thor agarró el caldero, lo hizo rodar por el suelo y lo levantó para voltearlo sobre su propia cabeza. Así, con el recipiente a modo de sombrero, se marcharon del salón.

Mientras Thor y Tyr se alejaban, un ejército de gigantes de la montaña les atacó, con Hymir a la cabeza. Bajando el caldero, Thor echó mano de su martillo Miollnir y mató al ejército de gigantes que les perseguían.

Por último, Thor y Tyr regresaron a Asgard con el gran caldero obtenido en Giantland. Como resultado de esta aventura, los dioses pudieron beber cerveza cada invierno en el salón de Aegir y solazarse allí en las fiestas.

Loki insulta a los dioses y diosas en el salón de Aegir

Ese no fue el final de la fiesta que se celebró en el salón de Aegir. Cuando la cerveza y la comida estuvieron listas, se reunieron allí una gran cantidad de dioses y diosas. Entre ellos estaban Odín y su esposa Frigg; la esposa de Thor, Sif, aunque el propio Thor estaba fuera, en Giantland. Bragi con su mujer Idunn; Tyr, el dios que solo tenía una mano desde el día en que el lobo Fenrir le arrancó la otra; Niord (de los Vanir), con su esposa Skadi; Frey y Freyia (también de los Vanir) asistían igualmente; el hijo de Odín, Vidar; y también estaba Loki, junto con muchos otros Æsir y elfos.

Al comenzar la fiesta, los sirvientes de Aegir —Fimafeng y Eldir— llevaron bebida a los invitados; la atmósfera era pacífica y todos estaban felices. Es decir, todos menos Loki. Porque le causaba aversión la forma en que los invitados loaban a los criados de Aegir y su forma de servirles. De hecho, se sintió tan ofendido que se levantó ¡y mató a Fimafeng!

Entonces todos los Æsir se levantaron enfurecidos de las bancadas de hidromiel. Echaron mano a sus escudos y vociferaron llenos de ira contra Loki. Le expulsaron del salón a la oscuridad de la noche, a los bosques que había más allá del salón. Tras despacharle, volvieron a su bebida.

Loki regresa al salón

Loki volvió al salón y se topó con el sirviente Eldir en el exterior. Le preguntó de qué estaban hablando los dioses mientras bebían.

Eldir respondió que hablaban de sus armas y de sus habilidades marciales. Pero luego añadió que «entre los dioses y elfos de ahí dentro, nadie pronuncia una palabra amistosa sobre ti».

Así que Loki resolvió entrar en el salón y causar conflictos entre los de dentro, para mezclar agrias disputas con su cerveza.

Cuando Eldir se apercibió de lo que Loki pensaba hacer, le advirtió de que si conseguía sembrar cizaña al final sería peor para él.

Pero Loki no tuvo en cuenta la advertencia y entró de todas formas en el salón. Cuando le vieron llegar y le reconocieron, todos callaron. Cesaron las charlas festivas y el beber.

Odín, en su trono del Valhalla, junto a los lobos Geri y Freki. Ambos nombres significan «voraz» o «codicioso». Ilustración de Carl Emil Doepler realizada en 1905.

Los hijos que Loki tuvo con la giganta Angrboda: Fenrir el lobo; Jormungand la serpiente de Midgard y Hel, a las puertas de su reino, Niflheim. Ilustración de Carl Emil Doepler realizada en 1905.

Odín, en su caballo Sleipnir, se dirige hacia la Tierra acompañado del resto de los dioses de Asgard. Obra de Peter Nicolai Arbo, realizada en 1872. Galería Nacional de Noruega, Oslo.

Thor lucha en Giantland contra los gigantes, sus más acérrimos enemigos. Obra de Mårten Eskil Winge realizada en 1872. Museo Nacional de Estocolmo, Suecia.

Fenrir no consigue soltarse de Gleipnir, una cadena más fuerte de lo que parecía. Ilustración de un manuscrito anónimo del siglo XII.

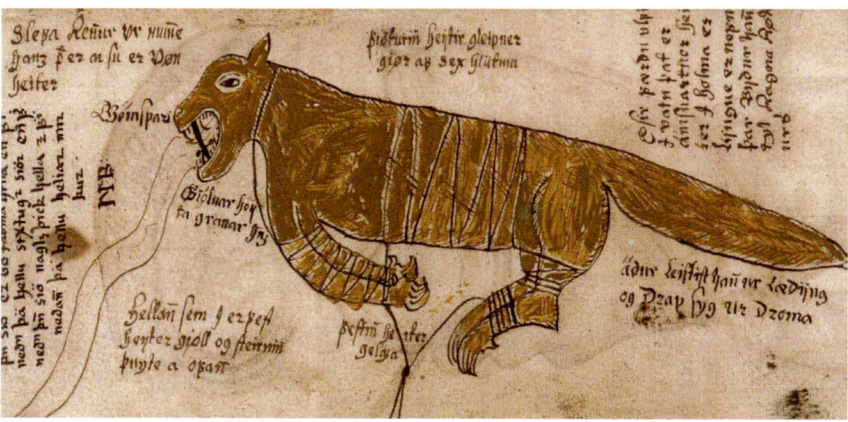

El lobo Fenrir, ya bien sujeto, muerde la mano de Tyr, el único dios que se atrevió a introducirla entre sus enormes fauces. Ilustración del manuscrito realizado por el islandés Jakob Sigurðsson en 1765 o 1766.

Loki, medio hermano de Odín, pues comparten la misma madre, disfruta de la peculiar distinción de pertenecer tanto al mundo de los dioses como al de los gigantes, que son enemigos naturales. Esta indefinición, y el conflicto entre las dos partes de su ascendencia, es lo que contribuye a que desarrolle una compleja naturaleza. Aquí, atado por los Æsir, recibe la ayuda de Sigyn. Obra de Mårten Eskil Winge realizada en 1863. Museo Nacional de Estocolmo, Suecia.

Idunn y Bragi. Idunn es la diosa de la primavera o el rejuvenecimiento; siempre lleva manzanas, que le dan a los dioses la eterna juventud. Su esposo, Bragi, es el dios de la poesía, la elocuencia y el patrón de los skalds. Bragi tiene runas en la lengua y es el dios favorito de los artistas. Obra de Nils Jakob Blommér realizada en 1846. Museo de Arte de Malmo, Suecia.

Freyia, diosa del amor, la belleza y la fertilidad, flanqueda por querubines angelicales, conduce su carro tirado por gatos. Obra de Nils Jakob Blommér realizada en 1852. Museo Nacional de Estocolmo, Suecia.

Retrato de una valquiria. Las valquirias son unas imágenes femeninas particularmente interesantes dentro del mundo mitológico nórdico. Ellas eligen a los muertos que viven en el Valhalla, ya que son enviadas a la Tierra para recoger a los guerreros designados por Odín. Obra de Peter Nicolai Arbo, realizada en 1865. Museo Nacional de Estocolmo, Suecia.

La muerte de Baldr, segundo de los hijos de Odín y Frigg. Como su madre había hecho prometer a toda criatura o arma que no lo dañarían, se creyó invulnerable. Obra de Christoffer Wilhelm Eckersberg realizada en 1817. Colección particular.

Helgi Hundingsbane, un héroe de las sagas nórdicas que aparece en La Saga de los Volsungs *y en dos cantos de la* Edda Poética, *regresa al Valhalla para encontrarse con su amada, la valquiria Sigrun.* Obra de Ernest Wallcousins realizada en 1912. Colección particular.

La muerte de Hervor, medio escudera, medio valquiria, hermana de Hlod y Angantyr. A las valquirias se las presenta a menudo como seres semidivinos, pero también pueden ser princesas que deciden asumir tal papel. Podían enamorarse y proteger o dar buena suerte a su héroe elegido en la batalla. Obra de Peter Nicolai Arbo, realizada en 1880. Colección particular.

Nótt cabalga sobre Hrimfaxi. Hija del gigante Narfi, tuvo tres matrimonios. El primero fue con Naglfari, del que nació un hijo de nombre Auðr. El segundo, con Annar, del que resultó su hija Jörð, la Tierra personificada. Finalmente, Nótt se casó con el dios Dellingr, y la pareja tuvo a Dagr. Nótt representa el lado oscuro, la noche. Obra de Peter Nicolai Arbo realizada en 1887. Colección particular.

Dagr, hijo del dios Dellinger. A lomos de su caballo de crines brillantes, Skinfaxi, lleva el día y su luz a la humanidad. Del mismo modo que el carro solar de Apolo cruzó el cielo en busca de las civilizaciones del Mediterráneo, Dagr ilumina con una antorcha incombustible. Obra de Peter Nicolai Arbo realizada en 1874. Colección particular.

Gylfi engañado por los dioses. La primera parte de la Edda Prosaica, El engaño de Gylfi, *se ocupa de la creación y destrucción del mundo de los dioses nórdicos y de muchos otros aspectos de su mitología. La segunda parte se titula* Skáldskaparmál *y la tercera* Háttatal. *Todas están escritas por Snorri Sturluson.* Ilustración del manuscrito realizado por el islandés Jakob Sigurðsson en 1765 o 1766.

Ragnarok, el día del fin del mundo. Ilustración de Louis Moe realizada en 1898. Museo de la Escuela de Arte Danesa, Copenhague.

Heimdall, guardián del puente Bifrost, devuelve a Freyia el collar Brisingamen que le ha robado Loki. Obra de Nils Jakob Blommér realizada en 1846. Museo de Arte de Malmo, Suecia.

Las nornas principales, conocidas por los nombres de Urðr, «lo que ha ocurrido»; Verdandi, «lo que ocurre ahora», y Skuld, «lo que debería suceder, o es necesario». Obra de Johan Ludvig Lund realizada en 1844. Galería Nacional de Dinamarca, Copenhague.

Fornalder *«Tiempos pasados». Una obra de Peter Nicolai Arbo, realizada en 1883, con la que busca plasmar el ideal presente en todas las aventuras de las sagas nórdicas.* Colección particular.

Sigurd, el matador de dragones, protagonista de La Saga de los Volsungs. *Obra de Ferdinand Leeke realizada en 1901. Colección particular.*

Aslaug, que aparece en La Saga de los Volsungs, *era hija del legendario Sigurd, matador de dragones, y la escudera Brunilda, pero creció junto a su padre adoptivo Heimer, padre de Brunilda. A la muerte de Sigurd y Brunilda, Heimer se vio en la responsabilidad de velar por su seguridad.* Obra de Mårten Eskil Winge. Museo Nacional de Suecia, Estocolmo.

Orvar-Odd comunica a Ingeborg la muerte de Hjalmar. Obra de August Malmström realizada en 1859. Museo Nacional de Suecia, Estocolmo.

El rey Hrolf Kraki combate junto a Bodvar Bjarki, convertido en un enorme oso. Ilustración de Louis Moe realizada en 1898. Museo de la Escuela de Arte Danesa, Copenhague.

Mapa de Groenlandia publicado en la primera edición del siglo XIV de La Saga de Eric el Rojo. *Biblioteca Nacional, Copenhague.*

Leif Ericson llega a las costas de Vinlandia. Obra de Oscar Arnold Wergeland realizada en 1843. Colección particular.

Loki contempló aquellas caras hostiles y exigió bebida y un lugar en la fiesta. «O me hacéis sitio o me echáis», les retó.

Al oír eso, Bragi se puso en pie y dijo que no había sitio para él allí, ya que los Æsir habían ya decidido quién estaba invitado y quién no.

Impertérrito, miró directamente a Odín y le recordó que eran hermanos de sangre, y cómo Odín siempre le había asegurado que habría bebida para él donde quiera que estuviese bebiendo el Padre Supremo.

Ante este recordatorio de promesas previas, Odín le pidió a su hijo Vidar que le cediese su sitio a Loki, padre del lobo Fenrir, para que no le reprochase haber faltado a la hospitalidad. Loki tomó su lugar, y ahí fue cuando comenzaron los problemas.

Bragi le ofreció a Loki un caballo, una espada y un anillo si tan solo evitaba causar disensiones entre los dioses. Pero Loki replicó que Bragi andaba corto de espadas y de brazaletes porque le faltaba el coraje necesario para ser un guerrero. Eso hizo indignarse a Bragi y le amenazó, asegurando que, de no ser por la hospitalidad ofrecida en la fiesta, le cortaría la cabeza. A lo que Loki replicó que Bragi era un valiente en un salón de hidromiel, pero un cobarde en el campo de batalla.

Entonces Idunn alzó su voz y le pidió a Bragi que no intercambiase palabras de furia con Loki. Pero Loki volvió la mirada hacia ella y comentó que era tan promiscua que se había enredado con el hombre que había matado a su propio hermano. Pero Idunn se negó a dejarse provocar y dijo que ella no cambiaría palabras de furia con él en el salón de Aegir.

Gefion, la diosa virgen, intervino y preguntó por qué Bragi y Loki intercambiaban palabras de furia, y añadió para consolar a Bragi: «Loki solo se está burlando porque sabe que eres amado por todos los seres vivos». Entonces Loki miró a Gefion y la acusó de cambiar sexo por la joyería que le ofreció un chico de piel blanca.

Odín estaba enojado por la forma en que Loki había insultado a Gefion y se lo afeó. Le dijo: «Gefion es una diosa sabia que entiende lo que el destino tiene reservado para cada hombre tan bien como yo mismo». Pero Loki estaba desatado y llegó a burlarse de Odín por permitir que aquellos a los que él favorecía murieran en batalla para que pudieran unirse a él en el Valhalla. Ante eso, Odín le recordó que él, Loki, había sido deshonrado al tomar forma de mujer y concebir hijos. A eso, Loki replicó que Odín no era el más indicado para hablar, ya que él mismo se había vestido de mujer para practicar magia travestido, mientras tocaba un tambor mágico. Así que Odín no estaba en posición de burlarse de él.

Ante eso, Frigg regañó a Loki y le recordó: «sobre las cosas que vosotros dos hicisteis en los viejos tiempos debéis guardar silencio, puesto que no es apropiado que otros las oigan». Pero Loki replicó que era Frigg la que debía guardar silencio porque en su pasado no había nada de lo que pudiera enorgullecerse, ya que se había acostado con Ve y con Vili, los hermanos de Odín. Frigg se sintió afrentada en grado sumo y manifestó que, si su hijo Baldr estuviese allí, pronto daría satisfacción a ese insulto de Loki. A eso le recordó Loki que había sido él mismo quien se aseguró de que nunca volvería a ver a Baldr (pues fue él quien tramó la muerte de Baldr).

Entonces, Freyia salió en defensa de Frigg y manifestó que esta última estaba muy al tanto de todo eso, pero que había guardado silencio respecto a su conocimiento de cómo funcionaba el destino. Pero Loki ignoró esa afirmación para, en cambio, burlarse de Freyia al declarar que «no hay ni dios ni elfo que no haya sido tu amante, así de liberal eres con tus favores sexuales». Y, cuando ella le acusó de tener una lengua viperina, la humilló todavía más al gritar: «estabas fornicando con tu propio hermano, Freyr, cuando los dioses os pillaron por sorpresa. Y, mientras te observaban, oyeron cómo se te escapaba un pedo».

El padre de Freyia, Niord, habló en favor de su hija y declaró que era inofensivo que una mujer tuviese un amante, además de esposo. Que lo que era de verdad vergonzoso era que un dios alumbrase hijos, como había hecho Loki en una ocasión. Loki le contestó que, si se ponían a discutir de vergüenzas, tenían que recordar la época en que fue rehén de los Æsir, cuando pasó cierto tiempo en el salón del gigante Hymir. «¿Recuerdas —le preguntó Loki—, cómo las hijas de Hymir te usaron de orinal y mearon en tu boca?». Niord, tratando de recuperar su dignidad, declaró que era cierto que una vez le retuvieron como rehén y que fue entonces cuando engendró a Freyr, un joven noble al que todos amaban. A lo que Loki replicó con malicia: «pudiera ser, pero todos aquí sabemos ya que le engendraste en tu propia hermana».

Entonces Tyr habló en defensa de Freyr y proclamó que era el mejor de los Æsir, que nunca había hecho llorar a una mujer y que liberó a hombres hechos cautivos. Pero Loki se limitó a burlarse del dios de una mano, diciendo: «eres un dios que no puede hacer las cosas más sencillas, ya que incluso tu mano derecha se la comió el lobo Fenrir». A lo que Tyr declaró desafiante que, si él había perdido una mano, Loki había perdido a su hijo Fenrir, el lobo, ya que había sido encadenado hasta que llegase el día del Ragnarok. Pero Loki se limitó a burlarse y a proclamar que tenía otro hijo, engendrado en la misma esposa de Tyr.

Freyr advirtió entonces a Loki: «si sigues por ahí, acabarás también encadenado, lo mismo que el lobo lo está hasta que llegue el día del Ragnarok y la destrucción de los dioses». Las palabras pronunciadas contra Loki habían puesto de manifiesto lo que habría de ocurrir en ese terrible y futuro día y, con eso en mente, Loki recordó a Freyr cómo se había desprendido de su espada para conseguir a la hija de un gigante. Loki se burló de él así: «El día en que los hijos de Muspell cabalguen a través de Mirkwood, ¿qué usarás para luchar?». Y le recordó a Freyr que había de morir el día del Ragnarok.

Al presenciar eso, Byggvir gritó que se sentiría orgulloso de tener la nobleza de Freyr y que Loki debía ser abatido porque no era más que un grajo causante de problemas. Pero Loki se limitó a burlarse de él por estar siempre presto a convivir entre los dioses, al tiempo que se escondía raudo bajo la paja, en el suelo del salón, cuando los dioses partían a pelear.

Heimdall afeó las palabras de Loki como lo haría con un borracho, pero Loki despachó al guardián de los dioses como a uno que tenía que sentarse en el barro esperando el día del Ragnarok.

Entonces Skadi dijo: «Loki, no te regocijabas tanto cuando te atamos a una roca afilada con las tripas de tu propio hijo muerto». Ante tal reproche, Loki respondió que pudiera ser que sí, pero que Skadi debiera recordar que fue el propio Loki el que estaba a la vanguardia cuando los dioses mataron al padre de Skadi, Thiazi (el gigante que secuestró a la diosa Idunn). «Desde luego, jamás oirás una palabra grata o amable de mí», replicó Skadi. A lo que Loki respondió: «Oh, fuiste mucho más complaciente al hablar cuando me invitaste a ir a la cama contigo. Hay que mencionar tal extremo cuando se hace el recuento de hazañas vergonzosas».

Sif sirvió bebida a Loki y anunció que todos los presentes debían oír que al menos ella estaba limpia de vergüenza.

Pero Loki no estaba por la labor y le recordó que «en cierta ocasión, tomó al villano Loki como amante».

En ese momento, las montañas temblaron. Y la diosa Beyla exclamó que eso solo se podía deber a que Thor estaba de camino a casa y por tanto llevaría paz de nuevo al salón. A lo que Loki le replicó que ella no era más que una «moza de las letrinas» y que guardase silencio.

Sin embargo, Beyla tenía razón, porque en ese momento Thor irrumpió en el salón, blandiendo su gran martillo y amenazando con arrancar a Loki la cabeza de los hombros.

Pero ni siquiera así Loki se calló, sino que se burló de Thor: «no mantendrás tan bien el tipo el día que el lobo devore a Odín. Entonces no serás tan valeroso, cuando te tengas que ver las caras con Fenrir».

«¡Silencio!», rugió Thor, «con mi Miollnir, mi martillo, te haré callar y te mandaré a los caminos que llevan al este».

«Que no es una dirección de la que debieras presumir», insinuó Loki, «ya que fue por ahí donde te escondiste en el guante de un gigante, atenazado por el miedo. ¡Te comportaste como un verdadero héroe!».

De nuevo Thor le mandó callar y le amenazó con su gran martillo. Pero Loki no tenía miedo y le recordó que no había sido capaz de abrir la mochila del gigante Skrymir.

Cuando Thor levantó su martillo, Loki retrocedió. «Ya basta —dijo—. No me callaría con los Æsir, pero sí lo haré contigo. ¡Ya que sé que eres capaz de usar ese martillo contra mí!».

Y así Loki reculó. Pero antes de marcharse gritó una última amarga frase. Se la dirigió a Aegir: «Nunca más albergarás aquí una fiesta y el fuego devorará tu salón».

Y Loki se fue. Se escondió bajo una cascada, pero los Æsir le atraparon. Le ataron a una roca usando las tripas de su hijo Narfi. Y a su otro hijo lo transformaron en lobo. Skadi suspendió una serpiente sobre Loki para que su veneno goteasen sobre él. Sigyn, la esposa de Loki, sujetó un recipiente para recoger ese veneno, pero cada vez que vaciaba el recipiente, el veneno goteaba sobre Loki. Cuando eso ocurría, se debatía con tal fuerza contra sus ataduras que la tierra temblaba. A eso le llaman ahora terremotos.

16

THOR SE VISTE DE MUJER CON EL FIN DE RECUPERAR SU MARTILLO DE LOS GIGANTES

En la narración recogida en el *Poema de Thrym*, en la *Edda Poética*, Thor y Loki invitan a Freyia, la diosa promiscua, a que se case con un gigante. Como veremos más adelante, la historia da cuenta de su indignación ante la sugerencia. Pero hay más elementos de este estilo, casi bufo, dentro del poema. Ya que Thor se ve obligado a vestirse de mujer para recuperar su martillo de los gigantes. La historia juega con las características de ambos personajes, tal como se les retrata en la mitología nórdica. En Freyia, la caracterización se centra en sus actividades sexuales, en tanto que con Thor se confronta su rústica virilidad con el travestirse. La idea era tan llamativa que la historia apareció después en varias tradiciones populares medievales registradas en Suecia y Dinamarca, donde se narró en forma de balada. Es una historia muy entretenida, en la que se nos invita a burlarnos de los dioses y a reírnos de sus debilidades.

En esta narración, Loki hace las veces de mensajero de Thor, y le ayuda y le acompaña, usando su ingenio y sus mañas, para beneficiarle. La historia nos muestra a Loki y a Thor trabajando codo con codo y complementando sus personalidades. Lo cierto es que es a Loki a quien acude Thor cuando le roban el martillo, lo que sugiere que tienen una relación bastante estrecha y que Thor confía en Loki, cosa que contrasta con otros relatos y poemas, en los que aparece como alguien de quien todos desconfían. Que este Loki haga las veces de mensajero para Thor y le acompañe a recuperar el martillo es también otro indicativo de la proximidad entre ellos.

En otras historias, se desconfía tanto de Loki que ni siquiera le invitan a una fiesta, mientras que aquí se le confía la recuperación del martillo, que es una pieza tremendamente importante para todos los dioses en general y para Thor en particular. Esta historia también resalta cuán inteligente es Loki y el hecho de que Thor le necesita porque, aunque es muy fuerte, le flaquea el intelecto a la hora de manejar por sí mismo la situación. En la mayor parte de las historias en las que la inteligencia de Loki entra en juego, parece estar usándola contra los dioses y no para ayudarles. Pero aquí no es así.

* * *

Un día, Thor se despertó para descubrir que no podía encontrar a Miollnir, su martillo. Tendió la mano y no lo halló donde lo había dejado. Su pecho se llenó de rabia y el pelo se le erizó, lo mismo que la barba, por la furia. Lo buscó, pero no pudo encontrarlo por ningún lado.

Pidió ayuda a Loki, ya que el martillo del poderoso Thor de los Æsir había sido robado. Era un secreto del que solo él, Loki y el ladrón estaban al tanto, y Thor estaba ávido de recuperarlo, antes de que nadie conociese su pérdida. Pero había otra persona más a la que había que incluir en el secreto y esa era Freyia.

Thor y Loki acudieron al salón de Freyia, que era un lugar de suma belleza, renombrado entre todos los que conocían los salones y las cortes de los dioses y diosas de los Æsir.

Encontraron allí a Freyia y Thor le pidió un favor: «préstame tu manto de plumas. Porque he perdido mi martillo y necesitamos volar raudos a descubrir quién lo tiene y dónde».

Freyia respondió con generosidad a la petición y dijo que dispusieran de él y que, aunque hubiese sido de oro o plata, con gusto lo habría compartido con ellos para una tarea tan urgente.

Loki le cogió la capa y se la puso. Así podría volar como un pájaro. Luego se elevó hacia el cielo, alejándose de las cortes de los Æsir, hacia Giantland. Porque, de todos los seres, eran los gigantes los que con mayor probabilidad habrían robado el arma de Thor, su viejo adversario.

Loki vuela al salón del gigante Thrym

Volando con ayuda de la capa de plumas, Loki pronto se encontró sobre Giantland espiando desde arriba los salones de los gigantes, esos enemigos de los dioses.

Abajo, muy abajo, pudo ver a un gigante llamado Thrym. Era un señor entre los gigantes y un viejo conocido de los Æsir. Estaba sentado sobre un túmulo cubierto de hierba, haciendo collares para sus perros con hilo de oro, y trenzando las crines de sus caballos. Mientras lo hacía, hablaba para sí mismo: «Los Æsir están llenos de pánico y también los elfos. Y Loki ha venido solo a Giantland. Porque lo que para ellos son malas noticias, para mí es regocijo. Porque le quité el martillo al poderoso Thor y lo enterré bien profundo. De hecho, tan hondo que no hay dios, hombre o elfo que pueda encontrarlo. Y solo se lo devolveré a Thor si los dioses aceptan darme a Freyia por esposa...».

Muy por encima de él, Loki, que volaba en círculos, captó las palabras y supo que había encontrado al culpable del robo del martillo de Thor. Dio la vuelta y voló directo a Asgard, a las cortes de los Æsir.

Al descender, vio que Thor le estaba esperando, deseoso de tener noticias del martillo perdido.

Cuando Loki hizo intención de aterrizar, Thor le gritó: «Antes de posarte, dime qué viste. ¡Que a menudo, cuando un hombre se relaja, olvida los detalles de su mensaje!».

Trazando círculos sobre él, Loki le gritó lo que había visto. Cómo había encontrado al gigante Thrym sentado sobre un túmulo funerario y cómo había oído a ese gigante jactarse de haberse apoderado del martillo de Thor y de haberlo enterrado a gran profundidad. Y, además, que solo lo devolvería a cambio de Freyia, la más hermosa de todas las diosas de los Æsir.

Thor y Loki exponen la propuesta de Thrym a Freyia

A toda prisa, Thor y Loki fueron a buscar a Freyia, ya que parecía ser la única que podía resolver el problema en el que se veían. Antes de que ella pudiera decir una palabra, la instaron a ponerse sus ropas de novia para llevarla a la tierra de los gigantes.

Freyia no estaba dispuesta a tal cosa. De hecho, su cólera fue tan grande que todos los salones de los dioses y diosas de Asgard temblaron cuando exclamó llena de furia: «¡Si voy con vosotros a Giantland y me caso con ese gigante, me consideraréis la más lúbrica de todas las mujeres!». Y, al crecer su furia, el gran collar —llamado Brisingamen, el collar de los Brisings— cayó de su garganta y se estrelló contra el suelo.

Fue entonces cuando, alertados por la conmoción, todos los Æsir se reunieron para debatir la propuesta que habían llevado hasta Freyia. Al ver lo que Freyia opinaba al respecto, discutieron qué otras estrategias podían emplear Thor y Loki para recuperar la posesión del martillo.

Por último, habló Heimdall. Aunque pertenecía a la raza divina de los Æsir, tenía la capacidad de ver el futuro, a la manera de la raza divina de los Vanir. Miró a Thor... miró el collar de los Brisings, que estaba en el suelo, y unió ambos elementos dentro de su cabeza. Para asombro de todos los presentes, manifestó que Thor debía... ¡vestirse como Freyia!

Mientras el resto escuchaba, explicó cómo podía funcionar la añagaza: «Llevará un velo nupcial; pondremos el collar de los Brisings en su cuello; puede llevar el manojo de llaves colgando del cinturón, a la manera de las mujeres; le cubriremos con un vestido hasta las rodillas, se adornará con joyería; ¡y ocultará el rostro tras un velo de novia!».

Ahora fue el turno de Thor de resoplar de cólera. «¡Seré la risión de los Æsir! —gritó—, ¡porque todos me considerarán un pervertido!».

Pero a Loki no le impresionó el estallido de Thor y le recordó que, si no actuaban con rapidez, los gigantes no tardarían en expulsar a los dioses y diosas de Asgard. Y sin su martillo quebrantacráneos, Thor no sería capaz de detenerlos.

Thor se viste de mujer para su boda con Thrym

Así que Thor aceptó a disgusto. Los otros dioses le ataviaron como a una mujer. Adornaron su cabello con un tocado nupcial. Le colocaron el collar de los Brisings al cuello y colgaron el manojo de llaves de su cinto como si fuese el ama de llaves del salón y sus tesoros. Le echaron por encima un vestido de mujer y colocaron joyas en su pecho. Cuando hubieron acabado, Thor se veía como una mujer.

Para rematar, Loki se disfrazó también de mujer y dijo que de esa guisa —ama y criada— debían viajar en el carro de Thor hasta Giantland.

Uncieron a la carreta las dos cabras, que estaban descansadas de retozar por los pastos de Asgard y listas para salir a buen trote, y partieron.

Mientras viajaban, las montañas temblaban y se sacudían, y el fuego saltaba de la tierra como en un volcán, porque Thor, hijo de Odín, viajaba a las tierras orientales de los gigantes.

Cuando Thrym oyó que llegaban, se puso eufórico e invitó al resto de los gigantes a prepararse para la llegada de la bella Freyia, la famosa hija de Niord. Tomaron paja y la dispersaron bajo las bancadas de aguamiel, y todo quedó dispuesto para su llegada. Reunieron ganado de cornamenta de oro en el patio y también trajeron bueyes negros para preparar el festejo nupcial. Thrym sacó sus mejores joyas, gargantillas y brazaletes de oro. Porque, como declaró, el único tesoro que le faltaba era la propia Freyia.

Thor y Loki llegan al festejo nupcial

A primera hora de la tarde, Thor y Loki, vestidos como mujeres, llegaron al salón de Thrym. Sacaron comida y bebida en su honor. Thor (disfrazado de Freyia) se apoderó de un buey entero y lo devoró. También se comió ocho salmones enteros y se bebió tres grandes barriles de aguamiel meloso.

Los gigantes estaban atónitos y Thrym manifestó que jamás había visto a una mujer comer y beber tanto, jamás. Contempló receloso a su nueva novia, ya que nada de lo que previamente conocía de las mujeres le había preparado para un apetito tan prodigioso.

Loki vio la sorpresa en la cara del gigante y trató de tranquilizarle, explicando que Freyia no había comido durante ocho noches. Y añadió: «¡No podía comer de tan emocionada que estaba al pensar en su viaje a Giantland!».

Entonces Thrym se inclinó a besar a su novia. Levantó su velo y retrocedió atónito ante el aterrador fuego que prendía en sus ojos. Exclamó: «¡Parece que hubiera un incendio ardiendo en esos ojos!».

A lo que Loki replicó que se debía a que no había dormido durante ocho noches. Y añadió: «¡No podía, de emocionada que estaba pensando en su viaje a Giantland!».

Fue entonces cuando la hermana de Thrym entró en el salón. Al ver a la nueva «novia» de su hermano, pidió que la recién llegada le entregase presentes de boda para asegurar el favor fraternal, pues codiciaba los anillos de oro rojo que Thrym había sacado para entregar a Freyia.

La «boda» de Thrym y Thor

Entonces, Thrym reclamó el martillo, Miollnir, para poder exhibirlo. Declaró que había que colocarlo sobre el regazo de su novia y así santificarla y consagrar también el matrimonio. Todo eso lo contemplaría Var, la diosa que velaba por todas las promesas hechas entre hombre y mujer.

Así pues, sacaron el martillo. Cuando Thor lo vio, una carcajada le salió de muy adentro. Empuñó el gran martillo y lo estampó en la cabeza de Thrym. Luego acabó con todos los gigantes allí congregados. También mató a la hermana giganta de Thrym, la que había codiciado los anillos nupciales de oro rojo. En vez de monedas, recibió golpes; en vez de los anillos de oro rojo, recibió el impacto del martillo de Thor.

De esta forma Thor y Loki recuperaron el martillo de Giantland y Freyia evitó que le diesen en matrimonio a Thrym, el gigante.

Así fue como el hijo de Odín recuperó Miollnir.

17

La historia de los dioses y de los humanos: la *Profecía de la vidente*

Esta extraña y misteriosa narración nos relata la historia de los dioses, las personas, los gigantes y los enanos desde el comienzo del mundo hasta su fin, e incluso más allá. Se encuentra en la recopilación conocido como la *Edda Poética*, en una parte llamada la *Profecía de la vidente*. Su estructura asume que está siendo narrada por una profetisa, una vidente. Las tradiciones que tienen que ver con el Ragnarok se encuentran asimismo en el capítulo 18.

La *Profecía de la vidente* es el primero de los poemas contenidos en la *Edda Poética* y probablemente también uno de los más conocidos. Una vidente es la que recita el poema, alguien que puede observar tanto el pasado, los comienzos del mundo, como el futuro, la destrucción final en el Ragnarok. Es una de las fuentes primarias más importantes para el estudio de la mitología nórdica antigua, gracias a su enfoque tan amplio y, con casi absoluta certeza, fue la base de la mayor parte del trabajo de Snorri Sturluson.

El poema nos presenta a Odín interrogando sobre qué sucederá en el Ragnarok, para estar mejor preparado el día que llegue. Esta es una de las formas en las que vemos a Odín, en el corpus mitológico nórdico, tratando de adquirir conocimiento.

El poema está escrito en *fornyrðislag*, que es una métrica tradicionalmente asociada con la poesía éddica y que habitualmente se emplea en poemas narrativos como este. La

Profecía de la vidente se encuentra en el manuscrito *Codex Regius* del siglo XIII y en el *Hauksbok*, del XIV. Muchas de sus estrofas también se citan o se parafrasean en la *Edda Prosaica*. Son en total sesenta y seis, aunque su orden y número varía del *Codex Regius* al *Hauksbok* y cada uno de estos textos contiene estrofas que no están en el otro.

Aunque no se consignó por escrito hasta mucho más tarde, se cree que la *Profecía de la vidente* data de finales del siglo X, cuando el mundo nórdico comenzaba a convertirse al cristianismo. En concreto, la última sección del poema se ha considerado como una prueba de influencia cristiana tardía. La referencia a ese Grande y Poderoso que vendrá a juzgar se ha visto como una referencia a Cristo y puede que al Juicio Final. En el verso último aparece una referencia a un dragón. No está claro si eso alude a ese mal que se considera que aún existe en el nuevo mundo o si hemos regresado al presente, siendo el dragón una alusión a la inminente condenación que supone el Ragnarok.

* * *

Odín, el padre de los guerreros muertos, me requirió para que revelase las historias de los hombres y de los dioses, ya que mi memoria se remonta al mismo principio de todas las cosas. Así que pido que me presten atención: los dioses y todos los seres sagrados; todas las naciones de los hombres a lo largo de todo el mundo. Escuchad, que contaré la historia de todas las cosas.

Nací de la raza de los gigantes y recuerdo el comienzo de los tiempos. Recuerdo lo que viví cuando fui atendida por aquellos que estaban entonces presentes. En aquel tiempo, vi primero los nueve mundos; por entonces había nueve gigantas y el gran árbol que se usa como medida de todas las cosas creció, con sus raíces hundiéndose en la tierra a gran profundidad.

La formación de los mundos

Era un tiempo nuevo, de pocos años, cuando Ymir estableció su hogar (él, de cuyo cuerpo se formaron todos los seres del mundo). Por entonces, allá donde uno mirase, no había mar, ni arena, ni olas; no había tierra abajo ni cielo arriba; no había hierba. Todo era el bostezante vacío del caos... la nada.

Entonces llegaron los primeros, los hijos de Bur (es decir, Odín y sus hermanos Vili y Ve). Su padre, Bur, era él mismo hijo de aquel Buri que salió del hielo gracias a los lametones de la antigua vaca Audhumla. Esos hijos de Bur crearon la tierra. Son los seres esplendorosos que crearon el mundo bajo ellos, y, al hacerlo, el sol del sur brilló refulgente sobre las rocas que apilaban. Y el suelo se formó encima, y las hierbas y las plantas comenzaron a crecer.

En ese tiempo tan lejano, las luces celestiales no estaban en sus lugares correctos ni tenían sus cursos fijados. El sol estaba ahí, con la luna, pero todavía no conocían sus trayectorias o dónde debían descansar cuando hubiesen realizado su tarea. La luna aún no sabía el poder que tenía para dar luz en la noche. Y ninguna de las estrellas conocía sus combinaciones o cómo moverse en la oscuridad a través del firmamento.

Las denominaciones del sol, la luna y las estrellas, y las de las horas del día

Fue entonces cuando todos estos seres antiguos se acercaron al trono desde donde se decide el destino y la fatalidad. Ya que necesitaban saber cómo han de ordenarse las cosas. Y así fue cómo la noche, junto con la luna y las estrellas, recibió sus nombres y lugares. Ahí fue donde se establecieron las fases del día: a la mañana se le dio nombre y se estableció su lugar; también se dio nombre al mediodía y su papel se fijó en el momento en que el sol estuviese en lo más alto del cielo; la tarde y las crecientes sombras del anochecer se fijaron en el momento en el que el sol se retira a su hogar y la luna y las estrellas aparecen. Fue también cuando se asentó que, según se sumasen los ciclos diarios, se formarían y calcularían los años.

La creación del hogar de los dioses

Luego los Æsir se reunieron en la gran llanura llamada Idavoll y construyeron los templos y altares de los dioses. También establecieron lugares de trabajo: fraguas para los herreros, herramientas para fabricar bienes preciados y también objetos de uso cotidiano. Tras eso, se entretuvieron con juegos de mesa y se regocijaron en las grandes sumas de oro que poseían. Hasta que llegaron tres gigantas procedentes de Giantland. Entonces la Edad de Oro llegó a su fin, pero sabremos más al respecto según la historia se desarrolle...

La creación de los enanos

De nuevo los seres antiguos se aproximaron al trono desde el que se decide el destino y la fatalidad, pues necesitaban saber cómo debían ordenarse las cosas. Preguntaron quién debía regir sobre los enanos, ya que tales seres se habían formado a partir de Brimir (es decir, Ymir); nacidos de su sangre y de su cuerpo. Fue entonces cuando se creó al más grande de los enanos, Motsognir, y luego otro llamado Durin. Así se creó la raza de los enanos; seres que se parecen a los humanos. Se hicieron a partir de la tierra y recibieron multitud de nombres antiguos, como Meadwolf, Loamfield, Oakensield y Fialar. Estos fueron los que establecieron el antiguo linaje de Dvalir, el pueblo de Lofar, y erigieron en la tierra sus rocosos hogares.

La llegada de Odín y sus compañeros

Aparecieron tres dioses de gran fortaleza y hermoso continente (Odín, Haenir y Lodur). Encontraron fresnos y olmos en la orilla, árboles que no tenían vida en su interior hasta que se la insuflaron. Odín les dio aliento, Haenir les dio espíritu y Lodur puso una chispa de vida en su interior. El más grande de los fresnos es el conocido como Yggdrasil. Se alza alto sobre la Tierra y la Tierra brilla en su corteza. A partir de ese gran árbol, el rocío cae sobre la tierra y verdea los valles. Junto a ese gran fresno se halla el pozo del destino.

Las tres fatas

Es hora de volver a hablar de esas tres gigantas que llegaron a la tierra de los Æsir. Porque tenían gran sabiduría, y llegaron desde el lago que está junto al gran árbol. Una se llamaba Escrito, otra Porvenir y la tercera tenía por nombre Debe-Ser. Tallaron sus propios nombres en trozos de madera y asentaron las leyes que deben seguirse. También marcaron los destinos que deben alcanzar cada uno de los humanos.

La primera guerra en la historia

Ocurrió que, a la vidente y practicante de magia de nombre Gullveig (cuyo nombre significa Oscuridad Dorada) le atacaron y ensartaron con multitud de lanzas. También la quemaron hasta tres veces en el salón de Odín, sin embargo, las tres veces resucitó y aún vive. La llamaron la Brillante y su nombre cambió de Gullveig a Heid (que eso significa). Era una vidente que veía el futuro, capaz de embrujar con sus ensalmos. Podía hacer magia del tipo llamado *seid* (brujería) y manipular las mentes de los demás (algunos la llaman Freyia de los Vanir). Las mujeres malvadas la adoran.

La guerra entre los Æsir y los Vanir

Una vez más, los antiguos seres se acercaron al trono desde el que se decidían el destino y la fatalidad, pues necesitaban saber cómo debían ordenarse los seres. Preguntaron si los Æsir debían rendir tributo (a los Vanir) o si todos los dioses (Æsir y Vanir) habrían de compartir sacrificios.

Fue entonces cuando estalló la guerra entre los Æsir y los Vanir por esa cuestión. Odín alzó su lanza y la arrojó sobre el ejército, en la primera guerra en la historia del mundo. Luego los muros de la fortaleza de los Æsir fueron quebrantados por los indomables Vanir, cuando estos marcharon sobre la llanura en la que vivían los Æsir.

La guerra entre los Æsir y los gigantes

Una vez más, los antiguos seres se acercaron al trono desde el que el destino y la fatalidad se deciden, pues necesitaban saber cómo debían ordenarse los seres. Preguntaron quién había contaminado el aire con infamias y había entregado a Freyia, esposa de Od, a los gigantes. (Ya que, tras la guerra con los Vanir y la firma de las paces entre estos y los Æsir, los muros rotos de los Æsir los reparó un gigante que exigía como precio el sol, la luna y a Freyia).

Fue entonces cuando Thor, con enorme ira, descargó un golpe sobre el gigante que había exigido tan alto precio. No pudo quedarse pasivo ante tal demanda de los gigantes. Con ese acto de violencia se quebrantaron los juramentos y las palabras y promesas se hicieron añicos. Porque habían hecho promesas solemnes (las de recompensar al gigante con lo que exigía), pero fueron rotas por Thor cuando actuó movido por la furia.

La obtención de la sabiduría

Sé lo mucho que se ha ofrecido para poder ganar en sabiduría. Heimdall (el guardián de los dioses) entregó su oreja para catar un poco de la misma y la dejó como pago en el pozo del destino, junto al fresno llamado Yggdrasil. Está ahí escondida, en las profundidades del árbol.

Veo en el torrente que mana de ese árbol lo que ocurrió por una apuesta hecha por el Padre de los Guerreros Muertos (Odín, que entregó un ojo para conseguir el conocimiento de las runas y lo puso también en ese pozo del destino).

Me senté a solas cuando el viejo (Odín) vino a verme. Es el miembro de los Æsir llamado el Terrible. Me miró directamente, pero le expliqué que yo lo sé todo y que es imposible que me pongan a prueba y me cojan en falta. Porque sé que él renunció a un ojo y lo tiró al pozo del destino.

Lo echó al agua donde Mimir (aquel cuyo nombre significa Recordador), el sabio, bebe cada mañana. Lo hizo para cumplir con su apuesta, con tal de obtener sabiduría.

El Padre de Muchos me ofreció anillos de oro y collares de artesanía fina. A cambio le entregué erudición en forma de hechizos y un equipo mágico para revelar el futuro. Acudió a mí porque puedo ver mucho y muy lejos, en cada uno de los mundos existentes.

La vidente ve el destino de los dioses

Vi valquirias acercándose por todas direcciones desde grandes distancias. Estaban listas para cabalgar hasta la nación de los godos. Allí estaban Skuld con un escudo; Skogul con otro escudo; Gunn, Hild, Gondul y la conocida como Skogul, la Portadora de la Lanza. Se habían reunido y estaban listas para bajar a la Tierra.

Vi a Baldr y vi su sangre. Aunque era hijo de Odín, pude leer su destino oculto. Porque, así como le vi allí parado, también vi el muérdago crecer alto, delgado y hermoso en la llanura en la que viven los Æsir. Pues fue con esa planta —en apariencia tan adorable— con la que se hizo una flecha mortífera. Y fue Hod el que la disparó y quien mató a Baldr. Entonces, un hijo de Odín (Vali) creció con rapidez y estuvo en condiciones de luchar en un solo día. No se peinó ni lavó hasta haber vengado a Baldr y castigado a quien le mató. Ese (Hod) fue conducido a la pira funeraria de Baldr. Todo lo ocurrido hizo llorar a Frigg. Lloró por la tristeza que eso arrastraba al Valhalla.

Fue entonces cuando usaron las tripas del hijo de Loki para atar a este en castigo. Esas ataduras le mortificaron por lo que hizo (pues él fue quien organizó la muerte de Baldr).

Entonces vi a Loki prisionero, atado bajo aguas termales por su amor por la maldad. Ahí se sienta su esposa, penando por su esposo cautivo.

El camino al Ragnarok

De las tierras orientales, surge un torrente de espadas y cuchillos que mana desde valles venenosos. Al norte está el salón de enanos de Sindri, hecho de oro, y el salón del gigante Brimir, donde bebe cerveza.

Veo otro salón. Se alza a la luz del sol y encara al norte. El veneno gotea de su techo y está construido con cuerpos de serpientes.

Veo más. Hombres que matan y rompen juramentos vadeando los ríos. Hombres que seducen a las esposas de otros hombres. Y en ese lugar, el dragón Nidhogg se solaza con los cadáveres de los muertos y un lobo también los desgarra.

En el este, en el Bosque de Hierro, hay una anciana. Ella encumbró a los hijos de Fenrir el lobo. Uno de esos será el lobo que al final devorará a la Luna.

Los muertos caen... los salones de los dioses enrojecen con la sangre... el sol sucumbe ante la oscuridad... el clima se torna duro y cruel. Un gallo crestado de oro despierta a los guerreros de Odín y otro los reúne bajo la Tierra, en el reino de Hel. Garm, el sabueso terrible, se libera y corre libre y voraz (ese es el que peleará con Tyr en el Ragnarok). Pues tengo mucha sabiduría y puedo ver mucho. Puedo ver la destrucción de los dioses.

El hermano matará al hermano; hermano y hermana se violarán mutuamente y romperán los lazos de parentesco; será un tiempo terrible y época de muchos adúlteros. Será una era de hacha y espada, cuando los escudos se hagan astillas. Será una era de vientos, de lobos, cuando el mundo se derrumbe y nadie sobreviva.

Se verá a los hijos de Mim en acción y el propio destino arderá. Heimdall, el vigilante de los dioses, hará sonar su cuerno de aviso. Odín consultará a la cabeza de Mim (fue decapitado por los Vanir, que enviaron su cabeza a los Æsir), que impartirá sabiduría.

El fresno Yggdrasil temblará, el gigante se liberará y el camino a Hel se consumirá en el fuego. Garm, el sabueso terrible, aullará cuando su cuerda se parta y quede libre. Miro más allá y puedo ver la destrucción de los dioses.

El gigante de la helada, Hrym, llegará desde el este con su escudo por delante. La gran serpiente (la serpiente Midgard) se retorcerá llena de ira y levantará oleaje con su furia. Sobrevolándolo todo, el águila chillará mientras espera el momento de solazarse con los muertos; su pico pálido hozará en los cuerpos, en el campo de batalla. *Naglfar* (el barco construido con las uñas intactas de los muertos) romperá sus amarras. Y, desde el este, llegarán las gentes de Muspell (que significa el fin del mundo). Ese barco surcará las olas con Loki al timón. Viaja acompañado de todos esos monstruos para dispensar destrucción.

¿Y qué será de los Æsir? ¿Qué será de los elfos? Todo se sumirá en el caos. La tierra de los gigantes estará del todo conmocionada. Los Æsir se reunirán para decidir sus estrategias; los enanos gritarán de pavor en sus fortalezas de las montañas.

Entonces, Surt el gigante avanzará desde el sur con fuego para sumirlo todo en la destrucción; las llamas se reflejarán en las hojas de las espadas. Las montañas temblarán y se harán pedazos mientras la mujer troll y los monstruos recorren la tierra. El cielo se desgarrará y las gentes tendrán que recorrer el camino que lleva al infierno.

La muerte de los Æsir

Ese día, Frigg no solo llorará por su hijo Baldr, pues el propio Odín caerá. Al medirse contra el lobo Fenrir encontrará su destino. A su lado estará Freyr, el que mató a Beli el gigante. Freyr se enfrentará a Surt, pero Odín será vengado por su hijo Vidar. Saldrá al paso del lobo, esa bestia carnicera, y la apuñalará en el pecho. Así caerá el lobo, hijo de Loki, y el padre de Vidar será vengado.

La serpiente Midgard abrirá sus terribles mandíbulas a medida que se eleve por los aires desde las profundidades. Y el hijo de Odín, hermano de Vidar (Thor), hará frente al hijo ofidio de Loki. Golpeará lleno de rabia a la bestia. En ese momento, todas las granjas y poblaciones quedarán vacías de habitantes. Tras golpear a la serpiente, Thor, hijo de Fiorgyn (por Odín) no dará más de nueve pasos, porque esa serpiente es terrible.

Entonces el sol dejará de lucir, la tierra se verá sumida por el mar, las estrellas caerán del cielo y todas ellas serán destruidas por un fuego que llegará al mismo cielo. Garm, ese sabueso terrible, quedará libre. Esa bestia de destrucción correrá sin trabas, porque veo la destrucción de los dioses.

¿Y después del Ragnarok?

Veo una segunda tierra que emerge del gran mar. Será verde, con cascadas y águilas volando, mientras pescan peces en los ríos de montaña. Y luego los Æsir (los supervivientes) se reunirán en Idavoll y hablarán de lo ocurrido: de la serpiente Midgard y de los grandes sucesos que han visto. Y recordarán las runas que Odín el Poderoso consiguió en tiempos antiguos.

Luego encontrarán las piezas de juego doradas, perdidas entre la hierba por aquellos que jugaron con ellas en tiempos antiguos.

Los cultivos crecerán en campos sin que haya que sembrarlos y lo que estaba roto se recompondrá. Baldr vivirá una vez más, y él y Hod (otrora separados por la enemistad) vivirán juntos en paz. Las piezas de madera que predicen el futuro se arrojarán una vez más y Haeni (que una vez acudió a Mimir en busca de conocimiento) elegirá por sí mismo esas piezas para interpretarlas, mientras el mundo se puebla de nuevo de gentes.

Veo un salón lujoso que es más brillante que el sol y que tiene el techo de oro. Será allí, en Gimle, donde los señores de este nuevo mundo vivirán felices y en paz.

Por último, vendrá el más grande y poderoso: el que gobierna sobre todas las cosas. Vendrá desde lo alto hasta el lugar donde otrora juzgaban los dioses.

Entonces el dragón llegará volando. Saldrá de las colinas que están a oscuras cuando la luna se pone. Nidhogg llevará los cuerpos de los muertos en sus alas al volar sobre la llanura.

Ahora me acostaré y guardaré silencio.

18

El Ragnarok y el fin del mundo

En la sección de *El engaño de Gylfi*, de la *Edda Prosaica*, se recoge esta historia que nos habla del fin del mundo. Otras tradiciones sobre este suceso trascendental se hallan también en el capítulo 17.

Ragnarok significa «la condenación de los dioses», en nórdico antiguo. La palabra nórdica *rok* (condenación) se ha confundido a veces con *rokkr* (crepúsculo), llevando a la traducción alternativa de *Crepúsculo de los dioses* o *Götterdämmerung* (así utilizado por Richard Wagner en la parte final de su *Ciclo del Anillo*).

El Ragnarok está formado por una serie de sucesos entre los que se encuentra una gran batalla en la que casi todos los dioses mayores nórdicos morirán. Eso va acompañado por una serie de desastres naturales que, en última instancia, llevan a la inundación del mundo. Tras eso, el mundo comenzará de nuevo con una generación más joven de dioses y los humanos que habrían conseguido sobrevivir escondiéndose en Yggdrasil (el árbol mítico que conecta los nueve mundos del cosmos nórdico antiguo). No está claro si el nuevo mundo mitológico estará libre de la maldad o si se conservará la misma mezcla de bien y mal.

Lo que ha de suceder en el Ragnarok es inevitable y no hay nada que los dioses puedan hacer para impedir que ocurra. Será así a pesar de la fortaleza de Thor y la continua búsqueda de sabiduría y conocimiento por parte de Odín. Esto nos muestra a los dioses bajo una óptima extrañamente vulnerable, como seres que, a pesar de sus poderes sobrenaturales, están tan atados por el mismo poder del destino (en nórdico antiguo *urðr*) que los humanos. Lo único bueno parece ser que el mundo se renovará, aunque sea con una nueva generación de dioses.

* * *

La liberación de las fuerzas del caos

El fin del mundo vendrá anunciado por tres inviernos durante los cuales el mundo se verá desgarrado por los conflictos. La guerra rugirá sobre la tierra y el hermano matará al hermano. Los lazos de familia se romperán; el hijo matará al padre y el padre matará al hijo. Será una era de hachas y una era de espadas. Una era de vientos, una era de lobos. Llevará a la ruina del mundo.

Llegará un viento extraño y gélido que se llamará Viento Poderoso. La nieve alta cubrirá la Tierra y habrá vientos amargos y grandes heladas. El sol no tendrá la fuerza necesaria para descongelar ese gran frío. Tres de esos inviernos se producirán de manera consecutiva y no habrá verano entre esos periodos de frío extremo.

Tras esas seis temporadas, el lobo llamado Skoll, que persigue al sol, le alcanzará por fin y se lo comerá, lo que sembrará el desastre sobre todas las gentes. Y el lobo llamado Hati Hrodvitnirsson, que persigue a la luna, también la atrapará y se la tragará. Entonces, las estrellas desaparecerán del cielo, se estremecerá la tierra, las montañas se derrumbarán y los árboles se desarraigarán. Las trabas que hasta ese momento contenían a las fuerzas del caos se romperán durante el terremoto y el lobo Fenrir quedará libre. Pero no será todo...

En su furia, la serpiente Midgard se arrojará contra la costa y el mar inundará la tierra. A medida que el mar vaya arrasando la tierra, el buque *Naglfar* romperá sus amarras fabricadas con las uñas de los dedos de las manos y de los pies de los muertos. Esa es la razón por la que se cortan las uñas de los muertos, para que sirvan para ayudar a construir ese barco terrible. Porque ese es un barco que ni dioses ni hombres desean que acabe nunca de construirse, pues su finalización sembrará la destrucción. Cuando *Naglfar* navegue en la gran inundación, será dirigido por un gigante llamado Hrym, que oficiará de capitán del barco.

Cuando todo eso suceda, el lobo Fenrir abrirá sus grandes mandíbulas hasta que la superior toque el cielo y la inferior repose sobre la tierra. De sus ojos y hocico saldrá fuego con llamaradas y estallidos.

Al mismo tiempo, la serpiente Midgard escupirá su veneno a través del mar y el cielo, y Fenrir estará a su lado cuando avancen hacia la batalla.

Mientras Midgard y Fenrir causan estragos, el cielo se abrirá y de él llegarán los hijos de Muspell, procedentes de la sede del fuego. Montados a caballo, avanzarán desde Muspell y romperán el puente Bifrost que conecta cielo y tierra. El primero de los jinetes se llama Surt. Mientras galopa, causa incendios delante y detrás. Una espada en su mano fulgura con un resplandor tan enorme que sobrepasa el brillo del mismísimo sol.

Los hijos de Muspell cabalgarán hacia el campo de batalla llamado Vigrid. Lo harán al frente de todos sus guerreros reunidos. En ese lugar se encontrarán con Fenrir y la serpiente Midgard. Los acompañará Loki (ya desencadenado) y con él estará la gente de Hel. Todos los gigantes de hielo acudirán también, al mando del gigante de nombre Hrym. Ese campo de batalla es muy grande, de cuatrocientos kilómetros en todas direcciones, porque serán muchos los que se congreguen en él.

La destrucción de los dioses

Cuando todos estos enemigos de los Æsir se reúnan, amenazarán su existencia. Heimdall tocará su cuerno para convocar a los dioses, a fin de decidir el orden de batalla para contrarrestar la amenaza, pero antes Odín acudirá al pozo de Mimir para buscar consejo, y el fresno Yggdrasil se sacudirán con tal fuerza que el miedo cundirá entre todos los seres vivientes. Entonces los Æsir se armarán para la batalla y avanzarán para enfrentarse a sus enemigos en el campo de Vigrid.

A la cabeza cabalgará Odín, con su casco dorado, una cota de malla y empuñando su lanza. Atacará a Fenrir con Thor a su lado para asistirle; pero Thor no podrá ayudarle porque estará ocupado en su lucha contra la serpiente Midgard. Freyr luchará contra Surt, el hijo de Muspell, y el combate será feroz hasta que Freyr caiga bajo el arma de Surt. Será derrotado porque no tendrá su espada, la que dio a su criado Skirnir cuando viajó a Giantland para encontrar una esposa para su amo.

Tyr también caerá en batalla, pero su adversario será el perro maligno llamado Garm, que habrá roto también sus cadenas. Sin embargo, al caer, Tyr matará a su vez a Garm. Thor, empero, vencerá a la serpiente Midgard y por fin la destruirá. Pero su victoria será efímera, ya que no dará más de nueve pasos antes de caer muerto por el veneno que la serpiente le escupa. Odín también morirá, devorado por el lobo Fenrir. Pero el lobo no dispondrá de mucho tiempo para regocijarse con su victoria, pues no tardará en acudir el dios Vidar a plantar un pie sobre su mandíbula inferior, la agarrará y desgarrará su boca. Fenrir morirá. El pie que Vidar empleará para pisar la mandíbula inferior del lobo estará calzado con un zapato hecho a lo largo del tiempo con piezas de cuero cortadas de la punta y el talón de los zapatos humanos. Esas piezas de cuero deben, por tanto, tirarse, ya que de esa forma se ayuda a los Æsir en su guerra contra las fuerzas del caos. Loki y Heimdall se matarán el uno al otro en la batalla y Surt arrojará fuego que consumirá el mundo entero.

Al final del combate, los dioses, gigantes y toda la humanidad habrán muerto y todo lo creado será consumido por el fuego...

El mundo después de Ragnarok

A pesar de tanta destrucción, no todo estará perdido. La tierra volverá a surgir una vez más del mar y de nuevo será verde, con cultivos que crecerán sin que nadie los haya sembrado. Los dioses Vidar y Vali sobrevivirán a la matanza y vivirán en Idavoll, donde una vez estuvo Asgard. A tal lugar acudirán los hijos de Thor, Modi y Magni, llevando con ellos a Miollnir, el martillo de su padre. A ese sitio también irán Baldr y Hod, tras escapar del confinamiento de Hel. Ambos hablarán sobre los misterios por ellos conocidos y los viejos tiempos y contarán relatos sobre la serpiente Midgard y el lobo Fenrir. Mientras, encontrarán dispersas por entre la hierba las piezas de juego de oro que una vez pertenecieran a los Æsir.

Además, dos personas se habrán escondido en el bosque de Hoddmimir, huyendo del fuego de Surt que destruyó el resto del mundo. Se llamarán Life y Leifthrasir, y ambos beberán rocío de la mañana y repoblarán la Tierra. Sobre esta nueva Tierra, la hija de Sol, no menos bella que su madre, brillará y surcará los cielos como una vez lo hiciera su madre antes que ella. Y lo que ha de suceder después nadie lo sabe, pues el conocimiento no llega más allá de todo esto.

Los Æsir reflexionaron sobre todos estos cuentos y llegaron a la conclusión de que no debían olvidarse. Para asegurarse de que se recordaban, dieron los nombres de los personajes y lugares de la historia a gentes y lugares de Suecia. Así, los nombres de los antiguos dioses y sus historias se contaron de nuevo en tiempos posteriores. A los portadores de los nombres se les atribuyeron las aventuras y hazañas de los dioses antiguos, para que nunca fuesen olvidadas por la gente.

Segunda parte:
Leyendas nórdicas

SECONDA PARTE.

LUCIANOS NORDICAS

19

La Saga de los Volsungs y la historia de Sigurd, el matador de dragones

Resulta obvio que muchos mitos nórdicos incluyen algunas piezas de información extraída de la historia real de Escandinavia. Entre ellas podrían estar una referencia a una batalla famosa, el nombre de un rey heroico o el linaje de grandes gobernantes. Sin embargo, la fuente principal de las historias (los mitos) que hemos explorado hasta ahora está en los otros mundos y en los dioses. Aquí, en las leyendas, exploraremos otras que aúnan tradiciones humanas, retazos de historia y fragmentos de sucesos reales, sumados a las historias de dioses, elfos, dragones y anillos mágicos. Desde luego que no narran sucesos reales, pero sí tienden a sumar ecos de ellos a la mezcla que existe en las mitologías que han sobrevivido en la *Edda Prosaica* y la *Edda Poética*, y que hemos estado explorando hasta ahora. A menudo se las describe como fornaldar-sagas (sagas de los tiempos antiguos), o sagas legendarias.

En muchos sentidos funcionan como un puente entre los mitos y el mundo (no sobrenatural) de la política, las disputas y ambiciones familiares, los viajes y las venganzas que encontramos en las denominadas sagas familiares, por las que Islandia es famosa. Debemos recordar que tales sagas familiares son también obras literarias y no deben leerse como si fueran crónicas históricas, aunque puedan parecerlo. Al tener esa característica, sus relatos se hacen accesibles y resultan verosímiles al hablar de la vida de hombres y mujeres. Lo cierto es que no son históricas y, desde luego, no narran mitos sobre el mundo de los dioses.

Los escritos que forman la base de esta sección legendaria son de una clase distinta a los de las sagas familiares, por más que algunos de aquellos tengan la palabra saga en su título. Como veremos, en *La Saga de los Volsungs* por ejemplo, el mundo humano y el recuerdo de sucesos reales de los siglos XIV y XV están presentes, pero, y eso es muy de reseñar, se entremezclan con temas mitológicos, lo que le da un carácter que nos recuerda a los mitos que hemos explorado hasta ahora. Beben en la mitología de las leyendas nórdicas. El reforjar de la espada que otrora se quebrase es concomitante con algo similar que aparece en *El señor de los anillos*, de Tolkien. Las historias sobre la piel de nutria cubierta de oro, Fafnir y Sigurd también aparecen en el capítulo 11.

Los viajes a Vinlandia que abordaremos al final de esta sección no son mitológicos, pero se incluyen porque explican el pasado a través de aventuras de personajes más grandes que la vida y, como se verá, contienen algunos elementos sobrenaturales. En resumen, son menos terrenales en su intención que las sagas familiares históricas y tienen algo de ese «explicar cómo sucedieron las cosas» propio de los mitos y otras leyendas.

* * *

De cómo Sigi se convirtió en rey de los hunos

Había una vez un hombre llamado Sigi y se decía que era hijo de Odín. Un día salió a cazar con un esclavo llamado Bredi que era propiedad de la diosa Skadi (que una vez fue esposa del dios Vanir, Niord). Al final del día, Sigi comparó sus piezas de caza con las de Bredi y quedó disgustado y avergonzado al descubrir que las presas de Bredi eran más impresionantes. Lo cierto es que Sigi se enojó tanto que mató a Bredi y enterró su cuerpo en un ventisquero. Cuando Sigi volvió a casa, le dijo a Skadi que Bredi se había ido, abandonándole, y que no tenía idea de a dónde podría haberse marchado.

Pero Skadi no le creyó y envió hombres a buscarlo. Al final, encontraron su cuerpo enterrado en el ventisquero. Desde ese día, la gente ha llamado a los ventisqueros profundos Destino de Bredi en recuerdo de ese terrible suceso. Puesto que estaba claro que Sigi había matado al esclavo, le declararon fuera de la ley, un «lobo enemigo de lo sagrado». En consecuencia, tuvo que abandonar su casa y huir para salvar la vida.

Pero Odín guio a Sigi en su largo viaje; a él y a los guerreros que habían marchado con él. Llegaron a la costa y llevaron una vida de incursores, en la que tuvieron mucho éxito. Con el tiempo, tuvo tanta fama que consiguió un reino (el de los hunos) y una noble esposa. Su hijo se llamó Rerir y creció alto y fuerte.

Con el paso de los años, los hermanos de la esposa de Sigi se volvieron celosos en su contra. Conspiraron contra él y le tendieron una emboscada en la que lograron matarle junto a todos sus guardias personales. Le sucedió su hijo Rerir y, cuando este fue lo bastante fuerte, reunió un ejército y asesinó a aquellos parientes por parte de madre que fueron responsables de la muerte de su padre. Tras ese acto de venganza, Rerir llegó a ser un rey acaudalado y poderoso, pero no tuvo heredero que le sucediese como rey de los hunos. Sobre la localización de ese reino huno, algunos dicen que estaba entre los francos, junto al río Rin, y otros que se hallaba lejos. al este.

Odín concede al rey Rerir un hijo: Volsung

El rey Rerir y su esposa rezaron a los dioses pidiendo un hijo, y sus ruegos fueron escuchados por Frigg. A su vez ella trasmitió la petición a Odín. Al oírla, convocó a una de sus doncellas selectas (una valquiria) y ella dejó caer una manzana en el regazo de Rerir. Aunque Rerir no entendió la naturaleza del regalo, pronto supo que su esposa estaba embarazada.

Sin embargo, las cosas no le fueron bien a la familia real. Para empezar, el rey murió en campaña. En segundo lugar, la reina no dio a luz en el lapso de tiempo normal y su embarazo duró ¡seis años! Al final, comprendió que no viviría lo bastante como para dar a luz y mandó que sacaran al niño de su cuerpo. Así lo hicieron y, de esa forma, nació Volsung, que se convirtió en rey en lugar de Rerir, su padre. Llegó a ser un guerrero famoso por sus victorias en batalla. Construyó un gran salón y, en el centro de ese palacio real, creció un árbol inmenso: llegaba hasta el techo y sus ramas pasaron a través de este. Dieron a ese árbol el nombre de Barnstock, que significa Árbol-Muchacho o, según algunos, Árbol-Corazón.

Con el tiempo, Volsung se casó con la valquiria que había dejado caer la manzana en el regazo de su padre. Se llamaba Hljod y era la hija de un gigante de nombre Hrimnir. Tuvieron no menos de diez hijos y una hija. Su hijo mayor se llamó Sigmund. Era mellizo, y su melliza fue una niña llamada Signy. Con el tiempo, pidieron la mano de Signy para darla en matrimonio al rey Siggeir de Gotland, en el sur de Suecia. Esa era la tierra de los godos o, como también se les conoce, de los Getas. En consecuencia, el rey Siggeir de Gotland acudió al salón del rey Volsung para celebrar el matrimonio real.

Un encapuchado tuerto y una espada mágica

Mientras tenía lugar el banquete, entró en el salón un extraño. Era alto y le cubría una capa con capucha que ensombrecía sus facciones.

Pese a ello, se podía apreciar que solo tenía un ojo y que su pelo estaba gris por la edad. Entró en el salón descalzo. En la mano llevaba una espada que hundió en el gran árbol plantado en el centro del salón. Luego, ante la atónita congregación, manifestó que cualquiera que pudiera sacar la espada del tronco recibiría un regalo y no podría encontrar un arma mejor. Después, con todos los ojos puestos en él, se dio la vuelta y se marchó.

Todos probaron fortuna y fallaron —comenzando por el más noble de los presentes— al tratar de sacar la hoja. Por último, Sigmund, hijo del rey Volsung, dio un paso adelante, agarró la empuñadura y sacó la espada con facilidad, pese a que los otros no habían podido hacerlo.

Al ver eso, el rey Siggeir de Gotland le ofreció tres veces el peso de la espada en oro si se la entregaba. A lo cual Sigmund replicó que si Siggeir hubiese sido del destinatario de la espada ¡habría sido capaz de arrancarla del árbol!

Siggeir se enfadó y se sintió ofendido por la respuesta, pero decidió tomarse su venganza con cautela. Una decisión que dice mucho de la catadura del personaje.

Por la mañana, Siggeir anunció que regresaría a Gotland con su nueva esposa. Todos los que le oyeron quedaron estupefactos, pues era una grosería abandonar tan pronto una boda real. Al saber de su intención, Signy (que ahora era su reina) le suplicó a su padre que disolviese el matrimonio, ya que estaba a disgusto con su nuevo esposo y temía que todo ese asunto solo pudiera acabar en tragedia. Pero Volsung le dijo que no podía hacer tal cosa, pues significaría un gran insulto contra el rey de Gotland y llevaría a un conflicto entre las dos naciones. Así pues, el rey Siggeir de Gotland partió junto con Signy y viajó hacia el norte, de vuelta a su reino.

El rey Volsung es traicionado y solo Sigmund sobrevive a los ataques de una terrible mujer-lobo

Tres meses después, el rey Volsung y sus hijos partieron en tres barcos para visitar al rey Siggeir de Gotland. Llegaron a la costa al atardecer. Por la noche, Signy advirtió al rey de que el desastre esperaba si pisaba la orilla y le suplicó que volviera a casa.

Pero Volsung no le prestó atención, ya que no temía ni al fuego ni al hierro y, al día siguiente, él y sus hijos desembarcaron. El rey Siggeir les atacó y, aunque se defendieron con coraje tremendo, Volsung resultó muerto y sus hijos cayeron prisioneros.

Signy le suplicó a su esposo que no matara a sus hermanos y que se limitase a encarcelarlos en jaulas hechas de palos. Consintió al menos en eso, pero, a media noche, una terrible mujer lobo apareció y devoró a uno de los hermanos. Eso se sucedió cada medianoche hasta que solo Sigmund, el mellizo de Signy, quedó vivo.

Entonces Signy envió a uno de sus criados a untar miel en el rostro de Sigmund, y también a ponerla en su boca. Esa noche, cuando la mujer lobo se le acercó, olió la miel y le lamió la cara. Luego pasó la lengua por su boca para comer la miel de esa parte. Entonces Sigmund mordió con fuerza la lengua de la loba; el animal saltó hacia atrás se arrancó la lengua y murió. Al tiempo, sus zarpas rompieron los barrotes y Sigmund quedó libre. Algunos afirman que la terrible mujer lobo era nada menos que la madre del rey Siggeir y que había adoptado tal forma gracias a la magia.

Signy escondió a su hermano en el bosque, y allí Sigmund vivió oculto algún tiempo, ya que el rey Siggeir pensó que había muerto. Finalmente, Signy envió al mayor de los hijos que había tenido con el rey Siggeir para que hiciera compañía a Sigmund, pero este descubrió que el chico era demasiado tímido y timorato como para sacar nada bueno de él, por lo que le dijo a su hermana que no quería tener a su hijo de compañero en el bosque. A eso, Signy le respondió que matase al chico. Así lo hizo. El invierno siguiente, Signy envió al hijo menor de los que había tenido con el rey Siggeir y ocurrió lo mismo. Sigmund lo mató también por consejo de Signy.

Signy tiene otro hijo que se convierte en el compañero de Sigmund en el bosque

Un día, una hechicera visitó a Signy y esta llegó a un acuerdo: las dos cambiarían de forma y la hechicera dormiría con el rey Siggeir en lugar de Signy. Así lo hicieron. La hechicera se acostó con el rey Siggeir en lugar de Signy y esta fue a visitar a su hermano en el bosque. Le pidió cobijo y se lo dio. Esa noche, él le pidió que compartiesen la cama, pues era una mujer atractiva y, habiendo cambiado de forma, no la reconoció. Así lo hicieron durante tres noches.

Luego, ella regresó al salón de Siggeir y allí dio a luz a un hijo. Tenía las facciones de los Volsungs y le puso de nombre Sinfjotli. Al igual que con sus otros hijos, puso a prueba su hombría cosiéndole prendas a las manos, pero mientras que los otros habían gritado de dolor, Sinfjotli no dejó escapar sonido alguno. Cuando el niño fue hasta Sigmund, en el bosque, este también le mandó a amasar y así lo hizo, pese a que ¡había una serpiente venenosa dentro de la harina! Ni se inmutó.

Sigmund lo tomó por compañero, pero decidió endurecerle antes de buscar venganza contra el rey Siggeir. Así que los veranos siguientes vagabundearon por los bosques y mataron a hombres para despojarles. Sinfjotli le recordaba siempre a Sigmund la deuda de honor que exigía la muerte del rey Siggeir. Pero Sigmund no confiaba del todo en él, pues pensaba que era el hijo de este último.

Durante el tiempo que pasaron en el bosque llegaron hasta dos hombres a los que la magia había convertido en lobos, pero que cada diez noches debían despojarse de sus pieles. Así que Sigmund y Sinfjotli se apoderaron de ellas y se las pusieron, convirtiéndose en lobos y siendo incapaces de resistirse a la magia. De tal guisa recorrieron los bosques y mataron hombres. Con el tiempo, lucharon entre ellos, y Sigmund hirió a Sinfjotli en la garganta, pero le curó porque vio cómo una comadreja hacía lo mismo con una compañera herida, gracias a unas hojas determinadas.

Convencido de que Sinfjotli estaba por fin lo bastante endurecido como para tomar venganza, Sigmund le llevó al salón de Siggeir. Se escondieron en una estancia exterior, pero fueron descubiertos por los dos hijos pequeños de Siggeir. Siguiendo las instrucciones de Signy, Sinfjotli mató a los niños, porque Sigmund se negó a hacerlo. Luego, Sinfjotli arrojó los cuerpos al salón, ante los ojos de Siggeir. Tuvo lugar una gran pelea y Sigmund y Sinfjotli fueron capturados y encadenados.

La venganza de Sigmund y Sinfjotli

El rey Siggeir determinó que les daría muerte de manera lenta y dolorosa, por lo que decidió enterrarlos vivos en un montículo de piedras cubierto de tierra y hierba. Fueron encadenados a ambos lados de una gran piedra, dentro del montículo, para privarles del consuelo de la mutua compañía. Así sujetos, los dejaron para que muriesen de hambre. Sin embargo, Signy mandó a sus esclavos que apilasen paja en el túmulo, dentro de la que había escondido porciones de cerdo y la espada mágica de Sigmund. Con ella, Sigmund cortó sus cadenas y, entre ambos, utilizaron la espada para abrirse paso a través de las piedras del túmulo.

Una vez libres, se dirigieron al salón del rey Siggeir y lo incendiaron. Signy se mostró para revelar a su hermano que ella también se había esforzado en vengar la muerte de Volsung, su padre; cuando los hijos que tuvo con el rey Siggeir se mostraron remisos a vengar la muerte de su abuelo, le dijo a Sigmund que los matase, y luego explicó que Sinfjotli era su hijo y un Volsung por ambos padres.

Más tarde, rechazando la libertad y el honor que le ofrecía Sigmund, se volvió hacia las llamas y allí murió con su esposo, el rey Siggeir.

Tras eso, Sigmund y Sinfjotli regresaron a su país y depusieron al hombre que lo había gobernado desde la muerte del rey Volsung. Sigmund se convirtió en un gobernante famoso y acaudalado. Se casó con una mujer llamada Borghild y tuvieron un hijo llamado Helgi. Las nornas (los seres femeninos que rigen el destino de dioses y hombres) acudieron el día de su nacimiento y manifestaron que sería el más famoso de los reyes. Helgi fue a la guerra cuando tenía solo quince años y se convirtió en un gran guerrero.

El rey Helgi encuentra una esposa guerrera

Un día, mientras regresaba de la batalla, Helgi se encontró con un grupo de hermosas aristócratas. La más bella se llamaba Sigrun. Cuando supo que esa mujer iba de camino a casarse con un rey al que no amaba, decidió derrotarlo para poder casarse con ella. El rey al que había que combatir se llamaba Hodbrodd.

Helgi convocó a sus guerreros y reunió una gran flota. Navegaron hasta Gnipalund (en Dinamarca) junto con el hermanastro de Helgi, Sinfjotli. Allí este se enzarzó en un intercambio de insultos con el hermano de Hodbrodd, de nombre Granmar.

Primero, Granmar acusó a Sinfjotli de haber matado a miembros de su propia familia y de haber chupado la sangre de los cadáveres...

Sinfjotli respondió diciendo que Granmar había actuado como una mujer, convirtiéndose como valquiria en la pareja sexual pasiva de un hombre y de, viviendo como valquiria, haber dado a luz a nueve lobos...

A continuación, Granmar acusó a Sinfjotli de haber sido castrado por la hija del gigante y de haber convivido en el bosque con lobos...

Entonces, Sinfjotli replicó que Granmar era la yegua que el semental Grani montó y que además era un cabrero...

Cuando los insultos concluyeron, se enfrentaron los ejércitos y el rey Helgi mató a Hodbrodd. Nada más hacerlo, Sigrun y sus compañeras acudieron como valquirias al campo de batalla y Helgi se casó con Sigrun.

Sigmund: sus esposas y su muerte a manos de Odín

Ahora bien, Sigmund estaba casado con Borghild, cuyo hermano había sido asesinado por el hijo de Sigmund, Sinfjotli, porque rivalizaban por el amor de la misma mujer. En su fiesta fúnebre, Borghild ofreció por tres veces a Sinfjotli una bebida envenenada (para vengarse de la muerte de su hermano). Las dos primeras Sinfjotli sospechó de ella y bebió, porque ningún veneno podía dañarle. La tercera vez que Borghild llevó una bebida a Sinfjotli, Sigmund estaba ya demasiado borracho para ayudar a su hijo y le aconsejo que ¡filtrase la bebida con el bigote! Eso hizo Sinfjotli, pero el veneno le mató. Por esa acción, Borghild fue expulsada del reino.

Sigmund llevó el cuerpo de Sinfjotli al fiordo, donde un barquero se ofreció a cruzar el cadaver. Pero, una vez lo hubieron colocado en el bote, barquero y nave desaparecieron con el fallecido Sinfjotli.

Después, Sigmund buscó otra esposa. Su nombre era Hjordis. Viajó hasta el reino de los hunos para encontrar a su novia. Y, pese a que tenía un rival más joven, Hjordis eligió a Sigmund por ser el guerrero más famoso de los dos.

En consecuencia, el pretendiente rechazado, que se llamaba rey Lyngvi, acometió contra Sigmund con un gran ejército. En la batalla consiguiente, Sigmund fue escudado por las nornas que deciden el destino de los hombres. Y venció en un primer momento. Sus brazos se cubrieron con la sangre de los hombres que mató.

Entonces apareció un extraño en el campo de batalla. Llevaba un capote y se cubría con un sombrero de ala ancha, aunque aun así se veía que tenía solo un ojo… Y alzó su lanza contra Sigmund. Cuando Sigmund le golpeó con su poderosa espada, la hoja se quebró contra la lanza. En ese momento la batalla se volvió contra Sigmund, que resultó herido de muerte. Como consecuencia, el rey Lyngvi acabó por imponerse.

Esa noche, la esposa de Sigmund, Hjordis, atendió a este en el campo de batalla, ya que era obvio que Odín quiso que muriera allí. Antes de fallecer, le dio los pedazos rotos de su espada a Hjordis y le dijo que se los entregara a su hijo cuando naciese (porque ella llevaba un niño en las entrañas). La espada, cuando se reforjase, se llamaría Gram (que significa «ira»).

A la mañana siguiente llegó una flota vikinga y sus guerreros buscaron en el campo de la matanza, entre los muertos, riquezas y objetos preciosos. Al volver a sus naves, se apoderaron de Hjordis y su doncella, aunque habían cambiado sus identidades. Con el tiempo, se descubrió la verdadera filiación de Hjordis y se casó con un rey vikingo, de nombre Alf. De ese matrimonio nació el aguerrido Sigurd, hijo de Sigmund. Llegó a ser el más famoso de los guerreros y su nombre todavía está en los labios de los poetas del mundo nórdico.

El comienzo de las aventuras de Sigurd

El padre adoptivo de Sigurd era un hombre llamado Regin. (Entre los nobles nórdicos era común que los hombres jóvenes se criasen en el hogar de aliados y se convirtieran en hijos adoptivos de estos, para fortalecer los lazos de lealtad entre las familias guerreras). Regin enseñó a Sigurd el uso de las runas; cómo escribir poesía; a jugar al ajedrez y a hablar en varios idiomas. Pero Regin también procuró que Sigurd no estuviera satisfecho con su suerte. Cuestionó la riqueza asignada al joven por el rey y le invitó a pedir un caballo. Sigurd respondió que lo haría en cuanto estuviera preparado. Cuando por fin lo hizo, el rey le dijo que podía tomar el caballo que eligiese de entre todos los suyos.

Al día siguiente, Sigurd salió a seleccionar un caballo de las yeguadas que pastaban en las lindes del bosque. Cuando se acercaba al lugar donde pacían las manadas, se encontró con un anciano de larga barba. Sigurd no reconoció al hombre, pero le pidió que le ayudase a optar por un caballo de la manada. El viejo convino en ayudarle y le invitó a conducir los caballos hasta el río Busiltjorn. Así lo hicieron y la manada de caballos entró en las profundas aguas. Todos, excepto uno, nadaron hacia la orilla, y Sigurd eligió el que se había quedado en las aguas profundas. Era de un hermoso color gris; un animal joven y de fina estampa. El viejo barbudo le dijo a Sigurd que descendía de Sleipnir, el de las ocho patas, el caballo del dios Odín. Le aconsejó que lo tratase con cuidado porque era el mejor de los corceles. Luego, el viejo desapareció. Era nada menos que el mismísimo Odín. Sigurd llamó Grani al caballo.

Sigurd estaba contento con el animal que el rey le había permitido elegir, pero aun así Regin alentó su insatisfacción. Le dijo que había un tesoro fabuloso esperando a que alguien se apoderase de él y que estaba custodiado por una gran serpiente o dragón llamado Fafnir. El tesoro se hallaba en Gnitaheath, que no estaba a gran distancia.

Al reflexionar sobre lo que Regin le había contado, Sigurd recordó que ya había oído hablar antes acerca de Fafnir, su ferocidad y fortaleza. A eso, Regin repuso que Fafnir no era mayor que cualquier otra serpiente que uno pudiera encontrar en el campo. Y que los antepasados Volsung de Sigurd se habían enfrentado de forma voluntaria a una bestia así y la habían vencido. Entonces, Sigurd preguntó por qué Regin tenía tanto interés en que se viera las caras con el dragón...

Regin le contó la historia de Fafnir. Quedó claro enseguida por qué Regin estaba tan interesado en conseguir que Sigurd se enfrentase al dragón. Ya que Fafnir no era otro que el hermano de Regin. Hubo otro hermano más, de nombre Nutria, que asumía la forma de ese animal durante el día y pescaba peces. Podía tumbarse con los ojos cerrados en la orilla y capturarlos. Con esa apariencia y en esa posición, los dioses Odín, Loki y Haenir se toparon con él y Loki lo mató de una pedrada. Llevaron la nutria muerta al salón de Hreidmar (que era el padre de Fafnir, Nutria y Regin), quien reconoció a su hijo muerto y ordenó a los dos hermanos restantes que apresasen a los tres dioses, amenazándoles con la destrucción si no cubrían la piel de nutria con el mejor oro rojo. Loki se puso manos a la obra y fue a la cascada de Andvari a capturar al famoso lucio que vivía en esas aguas. El lucio no era otro que el enano Andvari, que tomaba forma de pez y era fabulosamente rico.

Loki consiguió echar la red al astuto lucio y obligó al enano a entregar todo su oro, hasta el último anillo. Cuando se lo llevó a Hreidmar, cubrieron con él la piel de nutria y, por último, taparon el bigote que quedaba al aire con el anillo que Loki arrebató a Andvari. Más tarde, Fafnir mató a su padre y, con ese acto, no solo cometió un crimen horrendo, sino que también despojó a su hermano Regin de su parte de la compensación por la muerte de su hermano Nutria.

Cuando escuchó el relato de los crímenes de Fafnir, Sigurd se dispuso a matar al dragón y le pidió a Regin que forjase una espada digna de tal empresa, porque Regin era un hábil herrero. Así que Regin hizo una buena espada, pero se hizo pedazos cuando Sigurd golpeó con ella el yunque. Forjó una segunda espada, que también se hizo añicos contra el yunque. Al cabo, Sigurd acudió a su madre y le pidió la espada que una vez perteneciera al rey Sigmund, su padre. La espada se llamaba Gram y Sigurd llevó sus pedazos a Regin para que aquel habilidoso herrero forjara con ellos una nueva arma. Y creó una espada incomparable. Era tan fuerte que, cuando Sigurd golpeó el yunque, la hoja lo cortó en dos; era tan afilada que la lana arrastrada por la corriente de un río se cortaba contra la hoja. Sigurd se dio por satisfecho.

Equipado con ella, Sigurd partió para matar a Fafnir y así cumplir la promesa de llevar a cabo tan valerosa hazaña que le había hecho a Regin.

Grithir anuncia la fortuna de Sigurd y el rey Sigmund es vengado

La madre de Sigurd tenía un hermano llamado Grithir con la habilidad de ver el futuro. Después de que la espada hubiese sido reforjada, Sigurd fue a su encuentro y le preguntó si podía ver cómo discurriría su vida. Al cabo del tiempo, Grithir le contó a este lo que había visto; y Sigurd supo todo lo que había ocurrido. Regresó junto a Regin y le dijo que, antes de matar a Fafnir, debía ocuparse de los que fueron responsables de la muerte de su padre, el rey Sigmund. Así lo hizo, fue contra el rey Lyngvi, tras jurar tomar venganza.

Partió, y su flota navegó con vientos a favor. Incluso al desatarse una tormenta, Sigurd no permitió que se recogiesen velas, pues le urgía destruir a aquellos que habían sido los culpables de la muerte de su padre. Cuando alcanzaron aquella tierra, sembraron el fuego y la muerte hasta que el rey Lyngvi levantó un ejército y les salió al encuentro. La batalla fue terrible. Muchos hombres murieron, pero Sigurd prevaleció por último sobre su enemigo. Con la espada reforjada, Gram, hendió el casco, la cabeza y el cuerpo del monarca. Y junto con el rey Lyngvi cayeron todos cuantos habían participado en la muerte de Sigmund.

Sigurd mata a Fafnir

Regin y Sigurd cabalgaron hasta donde el dragón Fafnir acostumbraba a beber. Al llegar allí, Sigurd quedó atónito al ver la altura del acantilado, pues Fafnir tenía que ser enorme para poder inclinarse a beber desde allí. Además, las huellas del dragón eran tan grandes y profundas que Sigurd comprendió que la bestia era de mucho mayor tamaño de lo que le había dicho Regin. Este le aconsejó cavar una trinchera y tumbarse ahí, a esperar a Fafnir. Cuando Sigurd preguntó cómo podría evitar la sangre del dragón, Regin le recriminó no poseer el coraje que se decía que tenían sus antepasados. Sigurd fue al brezal y Regin se retiró, pues tenía miedo.

Sigurd comenzó a cavar una trinchera y, mientras estaba así ocupado, apareció un anciano de larga barba gris que le recomendó cavar varias zanjas para canalizar la sangre del dragón. Así lo hizo.

Al cabo, apareció Fafnir. Se deslizó con su gran masa hacia el borde del acantilado, exhalando veneno. Cuando pasó sobre las trincheras, Sigurd le hundió desde abajo su espada, causándole una herida mortal, pues Gram era una poderosa espada. Mientras Fafnir se retorcía de dolor, exigió saber el nombre de su atacante. Sigurd declaró ser el hijo de Sigmund. Manifestó que había ido contra Fafnir con determinación, fuerza y una espada poderosa. Y que todo eso le había llevado hasta su meta, ahí donde otros se habían quedado atrás atemorizados.

Mientras hablaban, Fafnir advirtió a Sigurd de que el oro que le arrebatase sería a su vez la causa de su muerte. Y añadió que tal muerte no sería causada por el mar, por más que Sigurd debía tener en cuenta que no le convenía surcar las aguas sin tomar precauciones. Allí, en el brezal salvaje, preguntó Sigurd a Fafnir sobre las nornas (algunas de las cuales eran Æsir, otras elfos y otras enanas). Entonces, Fafnir le dijo a Sigurd que era su propio hermano, Regin, el que había causado su muerte y que también podría ser el causante de la muerte de Sigurd.

Por último, aconsejó a Sigurd que se marchara, no fuese que al morir cayese sobre él. Pero Sigurd no conocía el miedo y dijo que iría a donde Fafnir tenía el tesoro y se haría con el oro, porque era consciente de que todos los hombres mueren y el temor a la muerte ¡no le haría perder esas riquezas!

Sigurd bebe la sangre de Fafnir y se come su corazón

Muerto Fafnir, Regin regresó y declaró que Sigurd había conseguido una gran victoria que no sería olvidada jamás, pero que él, Regin, lloraba la pérdida de su hermano. Sigurd se burló de él por haber huido y este replicó que, si no hubiese sido por la espada que había forjado, Sigurd nunca habría alcanzado la victoria. A lo que Sigurd replicó que, sin un corazón valiente, la espada no habría conseguido matar al dragón.

Luego Sigurd le sacó el corazón a Fafnir y Regin le pidió que lo asase para él. Así lo hizo, pero, al quemarse un dedo, se lo llevó a la boca y, en cuanto la sangre del dragón tocó su lengua, descubrió que podía entender el idioma de los pajarillos de un árbol próximo. Le advirtieron de que debía matar a Regin o, de lo contrario, este traicionaría a Sigurd, y le dijeron cómo Sigurd podía guardar para sí el tesoro de Fafnir. Así que lo que Sigurd hizo fue abrir la cabeza de Regin con su espada. A continuación, se dirigió hasta la guarida de Fafnir, cogió el oro y se lo llevó. Era un inmenso montón de oro. De ahí en adelante, cada vez que alguien buscaba medir el coraje o un tesoro, lo hacía comparándolo con Sigurd de los Volsungs, la muerte de Fafnir y la obtención del oro del dragón.

Nota: La vida de Sigurd tras obtener el oro de Fafnir

Las historias de este capítulo forman el grueso de *La Saga de los Volsungs*. Parte de todo esto ya apareció parcialmente en el capítulo 11, porque ya se encuentra (en una versión más corta) en la *Edda Prosaica*, en la parte conocida como *El len-*

guaje de la poesía. Sin embargo, *La Saga de los Volsungs* contiene gran cantidad de detalles sobre el trasfondo de los sucesos y de cómo estos forman parte de los orígenes mítico-legendarios de la familia heroica de los Volsungs. Tras la victoria de Sigurd sobre Fafnir, la *Saga de los Volsungs* pasa a dar una versión más detallada de las relaciones de este con las mujeres y de las tensiones, violencia y venganza causadas por esas complicadas relaciones. Volver a contar todo eso sería repetir en exceso el capítulo 11, así que es mejor que los lectores se remitan a él para la versión resumida del resto de la historia (basada en el material de la *Edda Prosaica*).

20

GOBERNANTES LEGENDARIOS DE LOS HOMBRES

EN LA *EDDA PROSAICA*, en *El lenguaje de la poesía*, encontramos historias sobre gobernantes heroicos y de los linajes de reyes heroicos.

La batalla de los Hiadnings es un combate interminable que está documentado en varias fuentes, incluidas la *Edda Prosaica* y la *Gesta Danorum* (*Hazañas de los daneses*, del siglo XII, que es una historia de Dinamarca, obra del autor danés Saxo Grammaticus). Algunas escenas de batalla talladas en una piedra en Stora Hammars (imagen en piedra de Stora Hammars I) en Gotland, Suecia, se han interpretado como una representación de la misma, y hay también alusiones a ella en los poemas en inglés antiguo *Deor* y *Widsith*.

Hild es una valquiria que tiene el poder de resucitar a los muertos, y lo emplea para evitar que mueran sus seres queridos. Es una figura que aparece en otras partes de la literatura nórdica, incluida la lista de las valquirias que se da en la *Profecía de la vidente*, y en otros poemas en nórdico antiguo. No siempre es fácil de identificar, empero, ya que la palabra *hildr* significa «batalla» en nórdico antiguo, por lo que a veces no está claro si los poetas se refieren a ella en concreto o usan el nombre como una personificación del combate.

Al rey Hedin se le describe como hijo de Hiarrand (de ahí Hedin Hiarrandason). Hiarrand es uno de los nombres que dan a Odín en la *Edda Prosaica*. Tal circunstancia da un significado mitológico añadido a los sucesos que se describen.

Halfdan el Viejo es un legendario rey nórdico de quien, como se detalla a continuación, descendían muchas familias y personajes legendarios. Eso incluye a algunos de los mencionados en el anterior capítulo sobre los Volsungs.

* * *

El secuestro de Hild por parte del rey Hedin Hiarrandason y la batalla interminable de los guerreros-lobo *hiadnings*

Había una vez un rey cuyo nombre era Hogni, que tenía una hija llamada Hild. Mientras estaba ausente, en una reunión con otros reyes, su tierra fue saqueada por el rey Hedin Hiarrandason, que secuestró a su hija. Cuando Hogni recibió noticias de que su tierra había sido atacada y su hija raptada, partió en persecución de Hedin Hiarrandason. Sus exploradores le informaron de que este había navegado hacia el norte, contorneando la costa, en dirección a Noruega, y el rey Hogni partió en cerrada persecución.

Cuando la flota llegó a Noruega, descubrió que el rey Hedin Hiarrandason había virado hacia el oeste para adentrarse en el mar rumbo a las islas Orcadas. El rey Hogni le siguió y acabó por alcanzarle en la isla de Hoy. Allí se encontró con todo el ejército de saqueadores congregado. Al llegar, el rey Hedin Hiarrandason envió a Hild a negociar en su nombre con su padre. Ella le entregó a este un mensaje confuso.

Por un lado, le informó de que el rey Hedin Hiarrandason le ofrecía una gargantilla de oro como compensación por el secuestro de su hija. Por otro, Hild le avisó de que el rey no estaba por la labor de ulteriores negociaciones y se preparaba para combatir. Al oír tal cosa, la respuesta del rey

Hogni fue corta y precisa: «no habrá acuerdo, así que disponte a luchar». Ese fue el mensaje con el que volvió Hild.

Ambos bandos tomaron posiciones en la isla y se dispusieron a resolver la cuestión por las armas. Fue entonces cuando el rey Hedin Hiarrandason envió otro mensaje al rey Hogni. Se lo mandó como un yerno se lo enviaría a su suegro, pues había raptado a Hild para convertirla en su esposa. El mensaje era una última oportunidad de evitar el derramamiento de sangre y llegar a un acuerdo. Y, para lograrlo, Hedin Hiarrandason le ofrecía una enorme cantidad de oro como compensación por lo que había hecho.

La respuesta del rey Hogni no estaba abierta a la reconciliación. Manifestaba que ya era demasiado tarde para hacer las paces, porque ya había sacado su gran espada, que se llamaba Dainsleif (significa Legado de Dain, que era un enano, aunque algunos dicen que era un rey de los elfos). La espada fue forjada por los enanos y, cuando se desenvainaba, tenía que causar la muerte de un enemigo antes de que se pudiera enfundar de nuevo. Eso se debía a que Dain significa muerto. Además, un tajo de esa espada nunca fallaba a la hora de causar una herida que jamás sanaba. Tal fue el mensaje que el rey Hogni envió al rey Hedin Hiarrandason.

Al oír esto, Hedin Hiarrandason respondió que, aunque la jactancia sobre la calidad de la espada pudiera ser cierta, eso no era garantía de lograr la victoria en una batalla. Luego, los dos ejércitos se trabaron en combate.

La lucha es conocida como La batalla de los *hiadnings*. Los *hiadnings* eran guerreros-lobo, que entraron en la lid usando capuchas de piel de ese animal. Eran grandes luchadores. Durante todo el día, los dos ejércitos pelearon. Al caer la noche, los reyes se retiraron a sus barcos.

Pero esa noche, mientras dormían, Hild caminó por el campo de batalla alfombrado de hombres muertos y obró su magia sobre los difuntos, de forma que los que habían fallecido resucitaron. A la mañana siguiente, los dos reyes volvieron al campo y se reanudó la batalla. Allí se trabaron de nuevo todos aquellos que habían muerto el día anterior, junto con los que habían sobrevivido. Un día tras otro sucedió lo mismo: los que morían eran resucitados de noche gracias a la magia de Hild y al día siguiente volvía a continuar la batalla. Aquellos que morían se convertían en piedra, lo mismo que sus escudos y armas ofensivas, pero al amanecer volvían a su forma original: los hombres a hombres y las armas a armas. Y se dice que esos guerreros-lobo lucharán así hasta el fin del mundo, hasta el día del Ragnarok.

Halfdan el Viejo y su sacrificio

Había una vez un rey llamado Halfdan el Viejo. Era famoso y sus hazañas bien conocidas. Una vez, realizó un gran sacrificio en mitad del invierno, cuando los días son cortos y gélidos. Lo hizo con la esperanza de llegar a reinar trescientos años. La respuesta que recibió de los dioses fue que no le podían otorgar tal cosa, pero sí, en cambio, que durante trescientos años su linaje fuera de gentes de noble cuna. Ni una mujer ni un hombre tendría rango menor que noble.

Este Halfdan era un guerrero de gran renombre y viajó muy lejos por las tierras orientales. En ellas, se enfrentó en combate singular con un rey cuyo nombre era Sigtrygg. Y en el enfrentamiento le mató. Luego, en esas tierras del este, se casó con una mujer llamada Alvig la Sabia. Era la hija del rey Emund de Novgorod, de las tierras rusas.

Tuvieron dieciocho hijos. Nueve de ellos nacieron al mismo tiempo. Estos nueve fueron grandes guerreros y desde entonces sus obras son tan famosas que sus nombres se han

GOBERNANTES LEGENDARIOS DE LOS HOMBRES

Sigurd, principal representante de la famila Lofdung, recibe un cuerno de bebida de la mano de Brynhild. Grabado de Jenny Nyström realizado en 1893.

utilizado a modo de títulos para que sean recordados por aquellos que les sucedieron. Así pues, Gylfi significa rugiente o rey marino; Gram, fiereza; Hilmir, casco; Iofur, príncipe; Raesir, gobernante; Thengil, príncipe de los hombres; Tiggi, noble; Skuli, protector y Herra, señor. Ninguno de estos nueve guerreros tuvo hijos y todos murieron en batalla.

Halfdan y Alvig la Sabia tuvieron nueve hijos más. Fueron: Hildir, de quien descienden los Hildings; Nefi, de quien descienden los Nibelungos; Audi, de quien descienden los Odlings; Yngvi, de quien descienden los Ynglings; Dag, de quien descienden los Doglings; Bragi, de quien descienden los Bragnings; Budli, de quien descienden los Budlungs; Lofdi, de quien descienden los Lofdungs, uno de los cuales fue Sigurd, que mató a la serpiente Fafnir y cuya partida de guerra era conocida como los Lofar; por último estaba Sigar, de quien descienden los Siklings y a los que se relaciona con los Volsungs. Estas son familias de grandes guerreros. Otras líneas reales que descienden de ellos son los Skioldungs de Dinamarca y los Volsungs de los francos. Otros —aunque en tierras orientales— son la familia de Skelfir (los Skilfings). Estas familias reales y nobles son tan famoso que sus mismos nombres aparecen en poesía como títulos de honor.

Reyes y reinos nombrados a partir de Odín

Había una vez un rey sueco en la isla de Gotland de nombre Goti. De hecho, Gotland recibe su nombre de él, así como la tribu de los Gautar o Gotar, que viven en esta isla. Él a su vez recibió su nombre a partir de uno de los utilizados por Odín. Significa Padre.

De igual manera, el nombre de Suecia deriva de Svidur, otro nombre empleado por Odín. Este significa El sabio.

21

La Saga de los Ynglinga
y la historia de dioses y reyes

La *Saga de los Ynglinga* es la primera parte de la historia de los antiguos reyes noruegos, obra del historiador islandés Snorri Sturluson, llamada *Heimskringla* (*El círculo del mundo*). Es una saga legendaria, escrita originalmente hacia el año 1225 en nórdico antiguo. Cubre el periodo que arranca en los orígenes míticos de la monarquía noruega, sigue con gobernantes legendarios y llega a la época histórica. Acaba en 1177 con la muerte de Eystein Meyla, que fue uno de los aspirantes al trono de Noruega durante un periodo de guerra civil.

La parte más antigua de la saga pretende abordar la llegada de los dioses nórdicos a Escandinavia. Explica cómo eran originarios de una parte de Asia, al este del río Tana-Kvísl, que es como llama Snorri a lo que ahora conocemos como río Don. Snorri lo conocía como río Tanais (siendo Tanais un asentamiento en el delta del Don). Este río fluye desde el sur de Moscú hasta llegar al mar de Azov, que está unido al mar Negro. Esta región está al sur de Rusia, al este de Ucrania, y en su meridión limita con el Cáucaso. Ahí, según Snorri, la ciudad originaria de los dioses se llamaba Asagarth (Asgard en otros mitos) y era la capital de una zona conocida como Asaland (literalmente, tierra de los Æsir o Tierra de Asia).

La geografía de este relato se inspiró con claridad en el conocimiento sobre tierras extrañas situadas al este y que habían sido de verdad exploradas por los comerciantes de la

Era Vikinga, aunque más tarde habrían sido convertidas en Noruega e Islandia de los siglos XII y XIII, en una fabulosa tierra de nunca jamás situada muy, muy lejos. Esto queda de manifiesto por el hecho de que, en el relato de Snorri, el viaje de Odín a Escandinavia se realiza por los ríos Don y Volga y a través de Garðaríki (el nombre en nórdico antiguo para Kiev-Rus); una ruta que, para compensar, sí fue de verdad histórica, pues era el camino histórico de los vikingos hacia el Imperio bizantino y Serkland, que era el nombre que los nórdicos daban al califato abasida islámico.

La saga Ynglinga dice que el gobernante de esa área era Odín, pero lo describe en una forma que se conoce como evemerista. Significa que una figura mitológica se presenta como si él o ella hubiera sido una vez un personaje heroico real, que más tarde fue considerado divino. De esta forma, Snorri —que escribió en la Islandia cristiana del siglo XIII— presenta las historias tradicionales sobre los dioses nórdicos como si estos hubieran sido antepasados humanos cuya verdadera identidad se vio oscurecida y distorsionada por escritores posteriores. La tradición mitológica sobre un conflicto entre los divinos Æsir y Vanir se plantea como si hubiera sido una guerra real entre los oriundos de Asaland, dirigidos por Odín, y los gobernantes de Vanaland, que fueron invadidos. La posterior tregua e intercambio de rehenes (que en la mitología nórdica explicaría la presencia de Vanir entre los Æsir, como por ejemplo Niord con sus hijos Freyr y Freyia, y de Æsir entre los Vanir, como Haenir y Mimir) se escribe en parte como una reflexión sobre los tipos de compromiso político alcanzados en la Era Vikinga. La confusa naturaleza de todo esto se explica por el hecho de que a Odín se le describe como una figura mágica y al mismo tiempo como un mortal que muere y es incinerado.

La saga se lanza a explicar cómo Freyr fundó la real dinastía Yngling de Suecia, en Uppsala. Luego la historia sigue el linaje de los reyes suecos hasta Ingjald. Sus descendientes se asentaron en Noruega y se convirtieron en los antepasados de los reyes noruegos. Snorri se toma particular interés en señalarlos como los antecesores del famoso rey noruego, Harald Fairhair (muerto hacia el 933).

***

Odín, el gobernante de Asaland

Al este del río Tanakvísl hay una tierra que alguna vez fue llamada Asaland, lo que significa Tierra de los Æsir o Tierra de Asia, aunque algunos la recuerdan como Asaheimr o Mundo de los Æsir. La capital de esa tierra se llamaba Asagarth. Odín fue nombrado su gobernante.

En la ciudad se alzaba un gran templo, y era costumbre del lugar que doce sacerdotes del templo presidieran sus rituales, sacrificios y juicios. Eran conocidos como los diar (los señores). Odín era un famoso guerrero y viajó mucho y lejos, conquistando otras naciones. Venció en todas las batallas que libró y de esa forma su gente llegó a creer que era él quien decidía quién vencía y quién era derrotado. Cada vez que su gente iba a la guerra, los bendecía y ellos creían que eso les aseguraría la victoria. Y, cuando su gente estaba en problemas, invocaba su nombre y creían que los ayudaría y protegería. Hicieron tal cosa en tierra y por mar.

Odín tenía dos hermanos. Uno se llamaba Ve y el otro Vili. Hacían las veces de regentes cuando él estaba fuera. Sucedió una vez que Odín estuvo fuera tanto tiempo que la gente llegó a pensar que nunca volvería. Entonces Ve y Vili se dividieron la tierra y las riquezas, aunque mantuvieron en común a la esposa de Odín, Frigg. Sin embargo, Odín acabó por regresar y recuperó la tierra y a su esposa.

La guerra entre los Æsir y los Vanir

Odín y la gente de los Æsir estaban en conflicto con enemigos conocidos como los Vanir. Odín alzó un ejército entre los Æsir e invadió la tierra de los Vanir, pero estos defendieron su territorio con tal determinación, que ninguno de los dos bandos pudo alzarse con la victoria. Finalmente, ambas partes se cansaron del conflicto y organizaron una reunión que llevó, a la postre, a poner fin a la guerra. Como parte de ese tratado, intercambiaron rehenes para salvaguardar la paz y asegurarse de que cada lado cumplía el acuerdo. Para respetar lo convenido, los Vanir entregaron a sus miembros más nobles: Niord, que era muy rico, junto con su hijo Freyr. Los Æsir hicieron lo mismo y dieron como rehenes a Haenir, que era fuerte y apuesto, y de quien los Æsir decían que era un gran líder, y a Mimir, que era muy sabio. Los Vanir también ofrecieron a uno de sus miembros más eruditos, el llamado Kvasir.

No obstante, las cosas no salieron según lo esperado, ya que Haenir dependía por completo del consejo de Mimir. Si Mimir no estaba presente, siempre respondía: «¡que otros decidan!» Después de que esto sucediera muchas veces, los Vanir decidieron que los Æsir les habían engañado y que Haenir no era tan sabio. En su cólera, decapitaron a Mimir y enviaron su cabeza cortada a los Æsir. Pero Odín tomó la cabeza de Mimir, la cubrió de hierbas que detuvieron la descomposición y recitó hechizos. Eso dio poder mágico a la cabeza cortada, que pudo hablarle y contarle secretos.

Las cosas les fueron mejor a los rehenes Vanir de los Æsir. Niord y Freyr fueron nombrados por Odín sacerdotes y debían llevar a cabo sacrificios, con la consideración de dioses. La hija de Niord se llamó Freyia y era una sacerdotisa. Fue Freyia la que les enseñó a los Æsir la magia conocida como *seithr*, que le permitía entrar en contacto con el mundo de los espíritus, ya que tal cosa era común entre los Vanir. Ocurre que Freyr y Freyia eran hijos que Niord había tenido con su propia hermana. Sin embargo, entre los Æsir estaba prohibido tener relaciones sexuales con familiares cercanos.

Odín guía a los Æsir desde Asaland a Escandinavia

Gran número de altas montañas corren desde el noreste hasta el suroeste en las cercanías de Asaland. Al sur de las montañas se encuentra Turkland. Odín tenía tierras allí. Fue en esa época cuando los *rumvejar* (los romanos) se hicieron poderosos, gobernaron muchos pueblos y empujaron a los líderes de estos al exilio.

Como Odín tenía poderes mágicos, podía prever que sus descendientes vivirían en las regiones del norte del mundo y las regirían. En consecuencia, nombró a sus hermanos Ve y Vili gobernantes de Asagarth; sin embargo, él, todos los dioses y gran cantidad de habitantes abandonaron Asaland y se dirigieron a su nuevo hogar. Al principio, viajaron hacia el este, hasta Garthariki (Rusia); desde allí siguieron hacia el sur, hasta llegar a Saxland (Alemania). Odín se convirtió en rey de grandes áreas de Saxland y dejó allí a sus muchos hijos para que asegurasen la tierra. Tras hacer eso, dirigió a su pueblo hacia el norte, a la costa, y se establecieron en la isla danesa de Funen, en el lugar que más tarde sería llamado Odinsey (santuario de Odín). Luego, Odín envió a Gefion al norte, por mar, a buscar más tierras. Ella llegó hasta el rey Gylfi de Suecia y él le entregó una tierra de labranza. Tras eso, viajó a Giantland y allí tuvo cuatro hijos con un gigante. Al cabo del tiempo, los transformó en bueyes y los unció al arado. Esos gigantes-bueyes arrastraron la tierra al mar y eso es lo que se conoce como Zelanda. Allí construyó su casa y se casó con un hijo de Odín. Atrás quedó un lago. Es lo que se llama Logrinn o Mälaren. Los fiordos de Logrinn se corresponden con los cabos de Zelanda. Cuando Odín oyó hablar de tierra buena y fértil al este de su hogar, se dirigió hacia allí en su busca. Fue entonces cuando Gylfi llegó a un acuerdo con Odín, tras decidir que no era lo suficientemente fuerte como para resistir a los Æsir. A pesar de ello, Odín y Gylfi competían a menudo para decidir quién era más hábil en el arte de los artificios e ilusiones. Pero el Æsir ganaba siempre. Odín levantó su salón en el lugar que ahora se llama Old Sigtunir. Fue allí donde construyó un gran templo y llevó a cabo sacrificios a la manera de los Æsir. Dio a los distintos sacerdotes que servían en su templo lugares donde habitar: Niord vivía en Noatun, Freyr en Uppsala, Heimdall en Himinbjorg, Thor en Thrudvangar y Baldr en Breidablik.

La transformación de Odín y sus victorias en la batalla

Cuando Odín entraba en combate, siempre aterrorizaba a sus enemigos, pues podía cambiar de apariencia y hablar de tal forma que todos creían sus palabras. Se pronunciaba siempre con rimas, lo que dio origen a lo que ahora llamamos poesía. Esa poesía se originó en las tierras del norte gracias a Odín y sus sacerdotes.

Además de eso, Odín podía cegar o ensordecer a sus enemigos, o sumirles en el pánico. Cuando eso sucedía, las armas de estos no valían más que pedazos de madera. Por el contrario, sus propios hombres nada temían y se comportaban con tanto salvajismo como si fueran perros o lobos. Mordían los bordes de sus escudos y se hacían tan fuertes como osos o toros. Mataban a muchos, pero nadie podía llegar a tocarlos. Esa ira salvaje de los guerreros es a la que llaman furia de *berserk*.

Además de eso, Odín podía también cambiar de forma. Entonces su cuerpo parecía estar dormido o muerto. Pero, mientras esto ocurría, en realidad, Odín había adoptado la forma de un pájaro, un pez, o una serpiente y había sido transportado de manera instantánea a lejanas tierras. Además, también podía apagar el fuego, calmar una tormenta marina o hacer rolar el viento. Podía lograr todo eso tan solo con palabras. Era dueño de un barco que, aunque lo bastante grande como para transportarlo a él y a sus guerreros, se podía también doblar y llevar en un bolsillo.

Odín tenía la cabeza de Mimir a su lado porque de ella aprendía secretos sobre diversos mundos. Aparte de eso, a veces despertaba a los muertos y otras se sentaba bajo las horcas con los cuerpos de los hombres colgados balanceándose sobre él. Por tal razón, a veces se le llamaba Draugadrottinn (el señor de los fantasmas) o Hangadrottinn (el señor de los ahorcados).

Tenía dos cuervos que volaban lejos y le llevaban noticias. Gracias a todo eso, se hizo muy erudito y sabio. Era ducho en el empleo de las runas y los hechizos mágicos. Por eso los Æsir son llamados Galdrasmithir (fabricantes de magia). Odín practicó lo que se llama *seithr*, una forma de magia que le permitía conectar con el mundo de los espíritus. Gracias a ella, era capaz de predecir los destinos de los hombres y de prever sucesos que aún no habían ocurrido; también le permitía provocar la muerte de hombres o causar calamidad y enfermedad; a veces la empleaba para apoderarse de la capacidad de pensar y de la fuerza de algunos hombres, para entregárselas a otros de su elección. Esa era la forma de magia que Freyia de los Vanir había introducido entre los Æsir.

Las leyes establecidas por Odín

Las leyes de los nórdicos se originaron con las establecidas por Odín. Porque fue Odín quien decretó que todos los muertos debían ser quemados junto con todas sus posesiones. Él fue quien decretó que esos guerreros muertos acudan a su salón del Valhalla y que lleguen con tantas riquezas como las que se amontonen en sus piras funerarias y se quemen con ellos. Sin embargo, sus cenizas deben ser entregadas al mar o enterradas en túmulos funerarios. Y se deben alzar piedras conmemorativas para atestiguar las hazañas de los muertos ilustres. Esa fue una costumbre que se mantuvo durante innumerables años.

Las leyes de Odín también decretan que haya tres épocas anuales para el sacrificio: uno debe hacerse al aproximarse el invierno, para tener una buena estación; otro ha de llevarse a cabo en mitad del invierno para conseguir buenas cosechas al año siguiente; y el tercero debe realizarse en verano, para asegurarse la victoria en la guerra.

La muerte de Odín

Cuando Odín estaba a punto de morir, él mismo se marcó con la punta de una lanza. Apoyándose en tal acto, reclamó para sí a todos los hombres que mueren en batalla. Manifestó que partía hacia Gothheimr (hogar de los dioses), donde se reuniría con sus viejos compañeros. Las gentes de Svear (es decir, Suecia) creían que había regresado a Asagarth, desde donde había llegado mucho tiempo atrás. Pensaban que allí viviría para siempre.

Los svear consideraban que se aparecía antes de que se celebrasen grandes batallas. Era entonces cuando les aseguraba la victoria a unos, y a otros les permitía morir para que se uniesen a él en el Valhalla.

Cuando Odín murió, le incineraron en una ceremonia magnífica. Se creía que, cuanto más subiera el humo, más arriba en el reino de los cielos estaría el poseedor de dicho humo funerario. Y sería más rico en el Valhalla si sus riquezas se quemaban con él.

Tras la muerte de Odín, Niord se convirtió en el gobernante de las gentes de Svear y continuó la forma de adoración establecida por Odín. Recibió tributos procedentes de toda Suecia. Durante su reinado, hubo paz y buenas cosechas, por lo que los svear creían que tenía poder sobre la agricultura y era capaz de asegurar la prosperidad del reino.

Durante el reinado de Niord, murieron la mayoría de los dioses y les quemaron, tal como habían hecho antes con Odín. Tras eso, les rindieron culto. Por último, el propio Niord cayó enfermo y murió. Antes de morir, se marcó a sí mismo para Odín, tal como este había hecho, con la punta de una lanza. Los svear quemaron su cuerpo y le echaron mucho en falta.

Freyr establece el linaje real de Suecia

Freyr gobernó a los svear después de Niord. Era popular entre las gentes y, como ocurrió con su padre, las cosechas fueron buenas durante su reinado. Construyó un gran templo en Uppsala e hizo de ese lugar su capital. Gobernó desde allí y también era allí donde se llevaban los impuestos y los tributos. Freyr era también conocido como Yngvi y, tras él, ese nombre se convirtió en un título honorífico. Sus herederos fueron llamados los Ynglings (que significa «los descendientes de Yngvi»).

Con el tiempo, Freyr cayó enfermo y, según su salud se desvanecía, sus lugartenientes tomaron decisiones, aunque a pocos se les permitió acercarse hasta él. Los líderes le construyeron una gran tumba con un portal y tres ventanas.

Cuando Freyr murió, lo colocaron en la tumba y le dijeron a los svear que seguía vivo. Mantuvieron tal ficción durante tres años. En ese periodo de tiempo, llevaron todos los tributos acumulados en Uppsala hasta el montículo: echaban el oro por una ventana, la plata por la segunda y el cobre por la tercera. Así prosiguió la paz y la prosperidad asociadas con el reinado de Freyr.

Su hermana Freyia siguió con los sacrificios tradicionales, ya que era la única de todos los dioses que seguía viva. El resultado fue que se convirtió en la más conocida de las deidades y todas las aristócratas llegaron a usar su nombre como título honorífico.

El sacrificio de un rey para traer prosperidad a la tierra

Había una vez un rey de los svear llamado Domaldi. Sucedió a su padre, Visburr, y gobernó Suecia. Sin embargo, en su época, el infortunio cayó sobre la tierra y hubo hambruna. El pueblo pasó mucha hambre.

Fue entonces cuando se reunieron los svear y celebraron grandes sacrificios en Uppsala. Lo hicieron durante tres otoños. El primer año, sacrificaron bueyes, pero no se produjo mejoría de la situación y los cultivos siguieron sin producir. El segundo año, hicieron un sacrificio humano, pero las cosechas continuaron siendo fallidas y algunos dicen que la situación incluso empeoró. El tercer año, los svear acudieron de nuevo en otoño a Uppsala, en gran número. Porque era la época para celebrar sacrificios y había mucho sufrimiento en la tierra.

Fue entonces cuando los nobles suecos celebraron un gran consejo. Discutieron la crisis y llegaron a un acuerdo. Convinieron en que su rey, Domaldi, podía ser el causante de tan terrible hambruna. En consecuencia, decidieron que habían de sacrificarlo si querían devolver la prosperidad a la tierra. Y eso hicieron. Le mataron y su sangre corrió roja sobre el altar de Uppsala.

Un rey sacrifica a sus propios hijos para alargar su vida y reinado

Había una vez un rey de Suecia llamado Aun que gobernaba desde Uppsala. Cuando llegó a los sesenta años de edad, celebró un gran sacrificio con el objeto de tener una larga vida. Sacrificó a su propio hijo a Odín. Y entonces Odín le manifestó que viviría otros sesenta años.

Aun fue rey durante veinte años, hasta que fue expulsado de su trono por un rival. Estuvo en el exilio durante veinte años más. Luego, cuando ese rival murió, el rey Aun regresó a Uppsala y reinó allí durante otros veinte años. Eso completaba los sesenta que Odín le había prometido.

Al cabo de este tiempo, celebró otro gran sacrificio e inmoló a su segundo hijo. Hecho eso, Odín le dijo que viviría para siempre, pero solo si le sacrificaba uno de sus hijos cada diez años. Y, al mismo tiempo, debía dar un nombre a una región de su tierra que recordase el número de hijos que había sacrificado a Odín.

Así continuó hasta que fueron siete sus hijos sacrificados. Luego vivió durante diez años incapacitado para andar. Sus sirvientes le transportaban en una silla.

Cuando sacrificó a su octavo hijo a Odín, vivió otros diez años, pero ya confinado en su cama.

Después sacrificó a su noveno hijo y vivió otros diez años más, pero tenía que beber de un tazón de comida como si fuera un bebé.

Por último, al rey Aun le quedó solo un hijo. Decidió sacrificarlo, e iba a dar a Odín toda la región de Uppsala, a la que llamaría Tiundaland (Décima Tierra).

Pero las gentes de Svear le impidieron hacerlo. Así pues, no se celebró ningún sacrificio. El resultado fue que el rey Aun murió y fue enterrado en Uppsala.

De estos antiguos reyes descendían los linajes de los reyes de Suecia y Noruega, que remontaban sus estirpes a los Æsir y Vanir.

22

La espada mágica llamada *Tyrfing*

Esta es la historia de una espada mágica. Diferentes manuscritos y tradiciones presentan su nombre como *Tyrfing*, *Tirfing* o *Tyrving*. El origen del nombre es oscuro y puede estar relacionado con los Terwingi, que eran parte de la nación de los godos. Fuentes romanas del siglo IV registran su nombre tribal con la forma Tervingi. Hacia el siglo IV, este grupo vivía en las llanuras del Danubio, al oeste del río Dniéster, que nace en la actual Ucrania y fluye luego a través de Moldavia para volver por último a territorio ucraniano y desembocar en el mar Negro. Los avatares de esta espada mágica se conservan en historias conocidas como *El ciclo de Tyrfing*. Es una recopilación de leyendas escandinavas que tienen como elemento común a la espada. Dos de las leyendas se encuentran en la *Edda Poética* (que incluye un poema llamado *Hervararkviða*) y en la *Saga de Hervarar*, que contiene otras tradiciones sobre esta espada. El nombre de la espada se usa también en esta saga para identificar al grupo tribal de los godos. Esto podría apuntar a una tradición nórdica sobre esas tierras orientales de Kiev-Rus (por las que viajaron aventureros nórdicos que, en algunos casos, entroncaron con las dinastías reinantes) como lugares de misterio.

Los enanos tienen también nombres consignados en diversas tradiciones. El de Dvalin se encuentra tanto en el poema *Grímnismál*, en la *Edda Poética*, como en la historia llamada *Gylfaginning*, en la *Edda Prosaica*.

En lo tocante a la princesa Eyfura, el libro del siglo XII titulado *Gesta Danorum* (*Hazañas de los daneses*), recopilado por

Saxo Grammaticus, la identifica como una princesa danesa y dice de ella que era la hija de un rey cuyo nombre era Frodi. Esto podría indicar que el personaje gozó de una tradición distinta de la de la leyenda de la espada y que pudo ser incorporado a este relato para aumentar su color local escandinavo.

Estas características, en estas tradiciones, están muy en consonancia con el material legendario que se encuentra en ellas, donde lo propio de los mitos nórdicos se entremezcla con hechos de tribus y personas reales (o presumiblemente reales). En estos relatos legendarios, encontramos también resabios distorsionados de conflictos reales que tuvieron lugar entre las tribus góticas (de origen nórdico) que vivían al noroeste del mar Negro y las tribus invasoras hunas del siglo IV. Tales conflictos tuvieron lugar en el periodo de los «pueblos errantes» (el llamado *Völkerwanderung*) durante el periodo de migraciones que acompañó al final del Imperio romano. Debido a los orígenes escandinavos de los godos, así como a la posterior exploración escandinava de las tierras orientales, durante las que llegaron al Imperio bizantino y al mar Caspio, esos antiguos conflictos se entremezclaron con las leyendas nórdicas tardías. De esa forma, espadas mágicas y tribus en periodo de migración se amalgamaron en una mezcla curiosa de ficción e historia.

Myrkvithr (Mirkwood) haría más tarde una aparición en *El señor de los anillos* de Tolkien.

* * *

El rey Svafrlami y la espada que fue forjada por los enanos Dvalin y Durin

Había una vez un monarca cuyo nombre era Svafrlami. Era el rey del pueblo conocido como los Gardariki. El nombre de tales gentes significa algo así como la tribu de las ciudades o la tribu de las poblaciones. Svafrlami era hijo de Sigrlami, que a su vez era hijo de Odín. Así pues, este Svafrlami era el nieto de Odín. Mediante astucia logró atrapar a los dos enanos de nombre Dvalin y Durin.

El nombre de Dvalin significa el que duerme, y algunos lo usan para llamar a uno de los cuatro ciervos que se dan un festín con Yggdrasil, el árbol del mundo. Fue Dvalin quien condujo a la hueste de enanos desde las montañas, en la búsqueda de un nuevo hogar. Viajaron desde las cumbres, a través de los pantanos, hasta llegar a los campos de arena. Algunos dicen que fue Dvalin quien enseñó a los enanos cómo escribir mediante runas, de la misma manera que fue Dain quien enseñó a los elfos y Odín quien lo hizo con los dioses. Algunos poetas denominan al sol «el que engaña a Dvalin», porque el sol convierte a un enano en piedra si lo alcanza. Otros poetas dan al hidromiel el nombre de «bebida de Dvalin», ya que el hidromiel de la poesía fue creado originalmente por los enanos. Algunas de los nornas (las que decide los destinos de los hombres) son conocidas como las hijas de Dvalin.

Durin es a su vez famoso porque fue el segundo enano creado después de Motsognir, el padre de los enanos, en los tiempos lejanos en los que los mundos se crearon por primera vez.

Ocurre que Dvalin y Durin se vieron atrapados porque abandonaron la roca en la que vivían y, por lo tanto, quedaron expuestos a las mañas de Svafrlami. Sucedió como sigue. Un día, Svafrlami fue a cazar a caballo y se encontró con estos dos enanos. Estaban cerca de una gran roca que era el hogar en el que vivían. Svafrlami les amenazó con su espada para que no pudieran desaparecer de nuevo entre la roca y así les atrapó. Con ellos en su poder, les obligó a forjarle una espada mágica. Tenía una empuñadura hecha de oro puro y cuando se blandía nunca erraba a la víctima destinada. Nunca se oxidaba y, en lo que toca a agudeza, podía cortar la piedra y el hierro como si no fueran más que tela.

Obligados por Svafrlami, los dos enanos forjaron la espada, y pudo constatar que brillaba como el fuego. Sin embargo, en venganza por su aprisionamiento, los dos enanos maldijeron el arma que habían hecho, de manera que debía matar a un hombre cada vez que saliese de su vaina. Además, causaría tres grandes males. Como si eso no fuera suficiente, completaron su venganza maldiciéndola para que llevase a la muerte al propio Svafrlami.

Cuando Svafrlami se dio cuenta de lo que los enanos habían hecho, se puso furioso e intentó matar a Dvalin. Pero el enano desapareció en la roca de la que había surgido originalmente. Svafrlami clavó la espada mágica bien profunda en la roca, pero Dvalin escapó a la hoja afilada y así sobrevivió a la ira del rey.

La espada pasa a ser propiedad de Arngrim, el berserker

La espada fue, en efecto, la ruina de Svafrlami. Con el paso del tiempo lo mató un *berserker* (un guerrero salvaje) que se llamaba Arngrim. Al principio, cuando combatió contra Arngrim, todo parecía ir a favor de Svafrlami. La espada *Tyrfing* hendió el escudo de Arngrim, pero fue tan grande la fuerza del golpe que se hundió profundamente en la tierra. Svafrlami se vio sorprendido y se encontró con que su espada estaba atrapada con firmeza en el suelo. El resultado fue que Arngrim fue capaz de cortar la mano de Svafrlami. Le arrebató Tyrfing y le mató.

Después de esa victoria, Arngrim forzó a la hija de Svafrlami (cuyo nombre era Eyfura) a casarse con él. Tras su matrimonio tuvieron doce hijos. Todos fueron *berserkers*. A los doce hijos los mató más tarde el guerrero sueco Hjalmar y su compañero Orvar-Odd, como veremos dentro de poco. Algunos dicen, sin embargo, que la espada llegó a poder de Arngrim de una manera diferente y que Arngrim luchó por el rey Frodi de Dinamarca y solo ganó la mano de la princesa tras haber derrotado a las tribus finlandesas de los samis y los bjarmianos. Arngrim se convirtió así en el campeón guerrero del rey Frodi y el resultado fue que, más tarde, le entregaron tanto la espada *Tyrfing* como la princesa Eyfura, en recompensa por sus servicios.

Después de la muerte de Arngrim, la espada pasó a Angantyr, hijo concebido en Eyfura y que era uno de los doce hermanos. En lo que respecta a ellos, cierta Navidad habían regresado a su casa en Bolmsö, en el lago Bolmen, en Småland, en el sur de Suecia. Fue entonces cuando el segundo hijo, Hjorvard, manifestó que deseaba casarse con la princesa Ingeborg, que era hija de Yngvi, rey de Suecia. A tal fin, pronunció un juramento declarando su intención y su determinación.

A consecuencia del juramento, los doce hermanos partieron hacia la corte real sueca de Uppsala. Cuando llegaron allí, Hjorvard reclamó a la princesa Ingeborg. Pero las cosas pronto se pusieron feas, porque, en ese momento, Hjalmar, que era uno de los campeones suecos del rey, afirmó que tenía mayor derecho a la princesa que el *berserker* Hjorvard. Eso colocó al rey sueco en una posición muy difícil, porque temía que, si se oponía, los hermanos, que eran *berserkers* de los más temidos, se desataría una terrible contienda en su corte real. Como solución al dilema, sugirió que la propia Ingeborg debería decidir con qué hombre quería casarse.

Ella eligió a Hjalmar, ya que le conocía y le prefería a aquel extraño tan amenazador. Hjorvard se puso furioso

Hjalmar y Hjorvard piden a la princesa Ingeborg en matrimonio. Grabado de Hugo Hamilton realizado en 1830.

y desafió a Hjalmar a un duelo en la isla danesa de Samsø. Agravó el desafío al declarar que Hjalmar perdería su honor si estaba demasiado asustado como para aparecer. Pero Hjalmar no tenía miedo. Decidió aceptar el desafío, y navegó hasta allí en compañía de Orvar-Odd, su amigo de confianza, que era hermano juramentado noruego.

La primera hazaña maligna de la espada

Cuando los doce hermanos llegaron a la isla de Samsø, entraron en un frenesí de rabia *berserk*. Tal como era su costumbre, mordieron el borde de sus escudos, vociferaron maldiciones tremendas y obscenas; cayeron sobre los tripulantes del barco de Hjalmar y Orvar-Odd y los descuartizaron. El derramamiento de sangre fue terrible.

Sin embargo, cuando el guerrero sueco Hjalmar y Orvar-Odd el noruego llegaron al lugar, la marea de la batalla cambió de signo. Los once hermanos de Angantyr fueron masacrados con rapidez por Orvar-Odd, que los liquidó con una maza de guerra. Luego acudió en ayuda de Hjalmar. Al llegar hasta él, constató que Angantyr estaba muerto, pero que Hjalmar había sido mortalmente herido por *Tyrfing*. La herida mortal de Hjalmar fue la primera hazaña maligna de *Tyrfing*.

Orvar-Odd constató que la espada había dispensado muerte y, al mismo tiempo, también causado la destrucción de su dueño. Era, en efecto, un arma maldita.

En consecuencia, Orvar-Odd enterró a los doce hermanos allí, en la isla de Samsø, en túmulos de tierra. Con ellos, enterró la espada maldita *Tyrfing*. Así, esperaba que no seguiría causando daño. Tras hacer eso, Orvar-Odd llevó el cuerpo de Hjalmar, el campeón sueco, a Uppsala, donde entregó el cadáver a la princesa Ingeborg, hija del rey Yngvi.

Pero el plan de Orvar-Odd se vio frustrado porque la hija de Angantyr, que se llamaba Hervor, viajó hasta Samsø, recuperó *Tyrfing* y se apropió de ella. Este acto se recuerda como El despertar de Angantyr.

La segunda hazaña maligna de la espada

Hervor se había criado como una esclava y no tenía idea de quiénes eran sus padres. Cuando se lo contaron al cabo del tiempo, tomó las armas de una mujer guerrera (una escudera), como si fuera una de las valquirias. Al conocer la muerte de su padre, viajó a la isla de Samsø para buscar la espada que los enanos habían maldecido y que provocara su muerte en batalla.

Después, se casó con el hijo del rey Gudmund, que vivía en Jotunheim, en el noreste de Noruega. Gobernaba sobre una tierra llamado Glaesisvellir, que era famosa por sus guerreros y por sus hazañas bélicas. Era el área conocida como Finnmark o Marca Fronteriza Finlandesa, ya que estaba en el límite entre los territorios de los nórdicos y los finlandeses. Algunos dicen que Gudmund era un gigante y otros le llamaron tiempo después Gudrun *faxi* (crines de caballo). Le consideraban un dios que rondaba por el país oscuro de Yule recogiendo muertos.

El hombre con el que Hervor se casó se llamaba Hofund. Tuvieron dos hijos, cuyos nombres fueron Heidrek y Angantyr (el Joven). Hervor decidió que la espada mágica debería pasar a uno de sus hijos Sin consultar a nadie, se la entregó a Heidrek. Pero, de nuevo, la espada *Tyrfing* sería la perdición de sus propietarios.

Un día, Angantyr (el Joven) y Heidrek iban paseando. Mientras caminaban, Heidrek quiso echar un vistazo a la espada que su madre le había entregado. Para hacerlo, la sacó de su vaina. Pero, una vez desenvainada estaba condenada a matar a un hombre. Era la maldición que los enanos habían echado sobre la espada. En consecuencia, como resultado de la maldición, Heidrek mató a su hermano Angantyr. Fue la segunda de las tres hazañas malignas de *Tyrfing*.

La tercera hazaña maligna de la espada

Tras matar a su hermano, Heidrek se convirtió en rey de los godos. Se embarcó en una aventura y, durante su viaje, acampó en los montes Cárpatos. Viajaba en compañía de ocho esclavos. Una noche, mientras Heidrek dormía, los esclavos irrumpieron en su tienda, robaron a *Tyrfing*, su espada, y le mataron. Esa fue la última de las tres hazañas malignas de *Tyrfing*. El hijo de Heidrek, que también se llamaba Angantyr (y que gobernó con el nombre de rey Angantyr II), persiguió, capturó y mató a los esclavos que habían asesinado a su padre. Tras hacer tal cosa, reclamó para sí la espada mágica; y, de esa forma, la maldición siguió su curso.

La espada mágica en poder del rey Angantyr II

Después de haberse vengado de los esclavos que habían matado a su padre, Angantyr II se convirtió en el nuevo rey de los godos. Sin embargo, su hermanastro ilegítimo le desafió. Era medio huno y se llamaba Hlod (o Hlothr). Era hijo bastardo, habido con una esclava huna, lo que no quitaba para que fuese hijo de Heidrek. Hlod se había criado con su abuelo, que era nada menos que Humli, rey de los hunos. Su hija había sido capturada por los godos y reducida a la esclavitud, y por eso Heidrek tuvo un hijo medio huno. Hlod era apuesto y valiente. Siendo solo un bebé había recibido armas y caballos como era costumbre entre los hunos, pues estos eran guerreros fieros.

Hlod exigía la mitad del reino a su medio hermano, el rey Angantyr II. Para hacer valer su reclamación, se dirigió a la corte en el corazón del reino de los godos.

La batalla entre los godos y los hunos

Cuando Hlod llegó a la corte de Angantyr II, fue recibido en ella, pero se encontró con que Angantyr le esperaba empuñando un escudo y la espada mágica. No obstante, Angantyr invitó a Hlod a beber en honor de su padre muerto.

Hlod, empero, rechazó su oferta de hospitalidad y exigió la mitad del reino, con su tesoro, rebaños, molinos, esclavos, los bosques de Myrkvithr (Mirkwood) y toda la tierra hasta la piedra tallada junto al río Dniéper.

Angantyr rechazó las demandas de Hlod y manifestó que no tenía ningún derecho a heredar tierras que habían llegado de manera legítima hasta él. Pero trató de lograr la paz ofreciendo a Hlod una compensación: armas, ganados, tesoros, un millar de esclavos, otro tanto de caballos y otro tanto de hombres de armas. Además, un tercio de los territorios de los godos serían suyos.

Tal oferta habría satisfecho a Hlod de no haber sido invalidada por un insulto lanzado contra él. Junto a Angantyr II estaba Gizur Grytingalidi, el canoso rey de los Getas. Había acudido al funeral de Heidrek, que era su difunto hijo adoptivo. Al oír las exigencias y ofertas, pensó que Angantyr había sido generoso en exceso con su medio hermano huno. El resultado fue que Gizur calificó a Hlod de bastardo y fruto de una esclava. Y, siendo así, no debía recibir las riquezas que le ofrecía el rey de los godos.

Hlod se puso furioso cuando le tildaron de bastardo y de hijo de una esclava, por lo que rechazó la oferta de Angantyr y regresó a la tierra de los hunos, junto a su abuelo Humli. Contó a Humli cómo Angantyr se había negado a compartir el reino con él y que Gizur Grytingalidi le había denigrado al calificarle de ¡simple hijo de una esclava!

Al oír tal cosa, su abuelo se ofendió tanto como él y mandó reunir un gran ejército huno. Para primavera, estaba dispuesto. Congregaba a los guerreros de las vastas praderas gobernadas por los hunos. Todos los hombres mayores de doce años fueron llamados a acudir equipados para la guerra.

En primavera, los hunos reunidos cabalgaron a través de Myrkvith, que hace frontera con la tierra de los godos. Salieron de los bosques a las llanuras que había más allá y llegaron a una fortaleza que estaba defendida por Hervor, la abuela de Angantyr II.

En la batalla consiguiente, Hervor resultó muerta y las noticias de su deceso llegaron hasta Angantyr. Los hunos quemaron y arrasaron las tierras fronterizas. Angantyr se devanó los sesos, buscando la forma de hacer frente a un ejército invasor tan grande. Entonces, recordó la ley promulgada por Heidrek, de los hunos, por la cual, si se delimitaba un campo de batalla con palos de avellano, ningún ejército invasor podía saquearlo hasta que se hubiese decidido, por la fuerza de las armas, quién era el vencedor.

El mensaje que informaba de eso llegó a los hunos de manos de Gizur Grytingalidi, rey de los getas. Y el campo delimitado de batalla se fijó en las llanuras, junto al río Danubio. Cuando Gizur informó a los hunos de todo eso, añadió que Odín estaba contra ellos y que caerían bajo las armas de los godos.

Así fue cómo los dos grandes ejércitos fueron a encontrarse en las llanuras junto al Danubio, en el lugar marcado por palos de avellano. Allí, la batalla se libró durante ocho largos días de muerte y destrucción. Para los godos, era una guerra para defender su libertad; para los hunos, una guerra para evitar ser aniquilados por un ejército godo victorioso. Eso añadió intensidad a los bríos con que ambos bandos emplearon sus armas.

Los hunos eran muy superiores en número a los godos, pero, aun así, estos triunfaron, ya que Angantyr empleó a *Tyrfing* contra ellos y los derrotó con sus poderosos tajos mortíferos. Al ver a esa gran hoja repartiendo muerte, los hunos flaquearon. Los godos rompieron sus líneas y los hicieron retroceder. Con esa espada, Angantyr mató a su hermanastro Hlod en la batalla y acabó por derrotar a los hunos. Humli murió también en medio de aquella gran carnicería. Tan grande fue la matanza de los hunos en desbandada que los cuerpos de sus guerreros y caballos muertos atascaron los ríos, causando una inundación que anegó los valles.

Después de la batalla, Angantyr regresó y buscó entre los cadáveres del campo de batalla hasta que, al final, logró encontrar el cuerpo de su hermanastro. Al contemplar a uno que había caído bajo el fijo de *Tyrfing*, declaró que era un destino cruel que las nornas decretasen que un hermano matase a su propio hermano.

Y este es el final de la historia de la espada llamada *Tyrfing*.

23

LA SAGA DEL REY HROLF KRAKI

La historia del rey Hrolf Kraki y los personajes asociados con él es una de las *fornaldar-sagas* (sagas de los tiempos antiguos) o sagas legendarias. Como otras de tales historias, da cuenta de tradiciones legendarias asociadas a reyes (posiblemente reales) de la Edad Pre-Vikinga. En este caso, el rey en cuestión es Hrolf de Dinamarca, del siglo VI. Su apodo, Kraki, hace alusión a que su rostro era largo y delgado como una escalera de mano. Así que su sobrenombre en nórdico antiguo se traduciría más o menos como Hrolf Caralarga.

La historia original del rey Hrolf Kraki se escribió por primera vez hacia el 1400 en Islandia, pero bebe de tradiciones mucho más antiguas que se encuentran en otras literaturas germánicas (hay resabios de algunas de sus andanzas en un poema incompleto del siglo X llamado *Bjarkamál* y en la *Saga de los Skjoldungs*, de finales del siglo XII). Su estructura delata que en realidad es una colección de historias y subtramas. Hay cinco de esas subsecciones y cada una gira alrededor de un grupo distinto de personajes, aunque todos ellos están ligados de alguna manera a Hrolf Kraki y otros miembros de su familia y su corte real.

En las cuatro primeras subsecciones, el papel de Hrolf Kraki es relativamente menor pero unificador; en la quinta historia, se encuentra en el centro de la acción. Curiosamente, a menudo los personajes femeninos conectan las historias tanto como Hrolf Kraki y, por lo general, las mujeres juegan un papel principal en ellas. Sin embargo, los abusos que sufren Olof y la dama de Hjalti nos recuerdan lo vulnerables que eran las mujeres a la violencia masculina en la Era Vikinga.

Sobre todo, su paralelismo mayor es con la historia, escrita en inglés antiguo (anglosajón), de *Beowulf*, que se plasmó en algún lugar de Inglaterra, entre los siglos VIII y XI, basándose en tradiciones todavía más antiguas. Ambas historias versan sobre sucesos legendarios que se cree que ocurrieron en el reino danés de los Skjoldungs (Scyldinga en inglés antiguo). Ambas historias se inspiraron en guerreros del pasado (el propio nombre de la familia deriva de *skjold*, escudo). En ambos relatos aparecen personajes con nombres similares, aunque sus papeles divergen en ocasiones. Lo más sorprendente es que ambas historias dan cuenta de los actos de un guerrero con aspecto de oso. En la *Saga del rey Hrolf Kraki*, el personaje se llama Bodvar Bjarki (*bjarki* significa «oso pequeño») y en el *Beowulf* es el propio Beowulf (cuyo nombre, «abeja-lobo», es un término poético para designar a un oso, por su afición a la miel). Las historias de ambos héroes comienzan en Götaland, en el sur de Suecia (en nórdico antiguo la tierra de los gautar; en inglés antiguo la tierra de los geatas). Hasta la última unificación de Suecia, a partir del siglo X, esa fue una unidad política distinta del reino de Svear (el nombre antiguo de Suecia). En ambas historias, el héroe cruza las aguas hasta la corte danesa de los Skjoldungs y mata a un monstruo que devasta esa tierra.

La supuesta localización de la colección de historias se centra en la corte real de Hleidargard, en la isla danesa de Sjælland (Zelanda). Sin embargo, se desplaza mucho, desde la Laponia ártica al norte de Inglaterra. Y su relación con la mitología nórdica es patente en las historias de Odín (disfrazado del personaje llamado Hrani), una mujer elfo, hechizos mágicos, brujas, un jabalí monstruoso y Bodvar Bjarki, que aparece en la batalla final de Hrolf Kraki en forma de un oso gigante al que ninguna arma puede detener. Las tardías referencias negativas a Odín y la afirmación de que Hrolf Kraki no adoraba a los dioses antiguos revelan el punto de vista del o de los escritores cristianos que consignaron la historia en su forma actual.

Las historias asociadas con el rey Hrolf Kraki fascinaron claramente a los islandeses de épocas posteriores. En el *Landnámabók* (*Libro de los asentamientos*), libro islandés escrito entre los siglos XII y XIII, se relata como (hacia el 900) uno de los primeros colonos de Islandia, de nombre Skeggi, invadió el túmulo funerario danés del rey Hrolf Kraki y se apoderó de su espada, llamada *Skofnung*, así como de un hacha y un tesoro. Cuando luego trató de robar la espada de Bodvar Bjarki, se encontró con que ese guerrero, largo tiempo muerto, seguía vigilando el tesoro y se alzó para atacarle. Solo gracias a que el propio rey Hrolf Kraki acudió en ayuda de Skeggi pudo este escapar con el tesoro. Según la tradición islandesa posterior, se oyó hablar por última vez de la espada en la década de 1070, cuando la llevó encima el islandés cristiano Gellir, durante una peregrinación a Roma.

* * *

El exilio y el triunfo final de los príncipes Hroar y Helgi

Había una vez dos hermanos de estirpe real y sus nombres eran Halfdan y Frodi. Halfdan era gentil y generoso, mientras que Frodi era cruel y codicioso. Ambos gobernaban reinos, pero el de Halfdan —Dinamarca— era el más deseable de los dos. Eso había hecho que Frodi albergase un profundo resentimiento. Con el tiempo, tal resentimiento creció hasta hacer que Frodi invadiese Dinamarca y matase a Halfan.

Sin embargo, no pudo capturar a los hijos de Halfdan. Se llamaban Hroar y Helgi. Su padre adoptivo se llamaba Regin (era habitual en aquellos tiempos entregar a los niños a otros nobles para reforzar así los lazos de lealtad). Con gran riesgo para su propia integridad, Regin llevó a los niños a una isla en la que vivía un hombre llamado Vifil, que era tanto un gran amigo del rey Halfdan, como muy versado en magia antigua. Allí se escondieron los niños.

Ahora bien, Frodi removía cielo y tierras buscando a los jóvenes príncipes. Había ofrecido recompensas a aquellos que pudieran suministrarle información, y lanzado amenazas contra aquellos que pudieran ocultarlos. Al cabo, recurrió a sus propios expertos en magia, que le informaron de que debía buscar la isla que servía de hogar a Vifil, así como de que su casa estaba protegida por una niebla mágica para que no pudieran ver en su interior. En consecuencia, Frodi envió hombres a buscarles

Una mañana temprano, Vifil se despertó con la sensación de que la isla había sido visitada por magia ajena y, por tanto, mandó los chicos a esconderse. No fue una precaución exagerada, ya que llegaron los hombres de Frodi, aunque no pudieron encontrar a los niños. Cuando esos hombres regresaron junto a Frodi, se enojó y ordenó que volvieran a buscar de nuevo, pero ni aun así fueron capaces de encontrar a los niños.

Al cabo, el propio Frodi visitó la isla, pero ni siquiera él pudo dar con el paradero de los chicos, porque Vifil los había escondido bien. Tras todo eso, Vifil los envió a refugiarse junto a su cuñado el *jarl*[4] (*earl*) Saevil. Estaba casado con Signy, su hermana. Así lo hicieron y partieron disfrazados, cubiertos en todo momento con capuchas. Habían pasado

---

[4] Rango nobiliario de origen nórdico con fuerte componente militar. (N. del t.).

ya tres inviernos desde que marchasen al exilio y Frodi todavía no había logrado encontrarlos. Pero este sospechaba que podían estar ocultos junto a Saevil, por lo que le convocó a la corte, a un festín. Cuando el Jarl se negó a que los chicos le acompañasen, ellos le siguieron de todas formas. El más joven, Helgi, era el más valiente y montó en su caballo al revés, para parecer tonto. Su hermano mayor, Hroar, cabalgaba a su zaga. Mientras viajaban, fueron reconocidos por su hermana. Avisó al *jarl* Saevil, para que instase a los chicos a regresar a su salón, pero ellos rehusaron.

Cuando llegaron al salón real de Frodi, este convocó a una vidente para que le adivinase dónde estaban los niños. Ella comenzó a hablar, pero, cuando Signy (la hermana de Hroar y Helgi) le arrojó un anillo de oro, dejó de revelar secretos. Por último, viéndose presionada por Frodi para que continuase, la vidente avisó a los chicos de que escapasen y los tres huyeron del salón. Fue entonces cuando Regin, su padre adoptivo, les reconoció. Les siguió hasta los bosques y, hablando con sumo cuidado (pues, aunque no podía romper su juramento de lealtad a Frodi, les quería dar consejos) les intimó a incendiar el salón. Así lo hicieron, y Frodi y sus secuaces se vieron atrapados en el interior y murieron. Pero Regin escapó, lo mismo que el *jarl* Saevil y Signy. Sin embargo, su madre Sigrid murió en el salón, porque se negó a marcharse.

Los reinados de Hroar y Helgi

Hroar se fue a vivir a Inglaterra, donde se casó con Ogn, la hija del rey Nordri de Northumbria. Helgi gobernó Dinamarca. Fue en ese momento cuando Regin, su padre adoptivo, murió.

Mientras tanto, Helgi recibió la noticia de que en Saxland, en el norte de Alemania, gobernaba una reina bella, pero orgullosa y arrogante, llamada Olof. Portaba armas como si fuera un hombre y era una gobernante decidida. Helgi decidió casarse con ella, tanto si le gustaba como si no. Tras navegar hasta su tierra, la capturó por sorpresa y ella no tuvo otro remedio que invitarle a una fiesta en su salón. Allí, él porfió en casarse y, pese a las protestas de ella, sobre que no era de su agrado una decisión tan precipitada, la voluntad de él prevaleció. Pero Helgi bebió demasiado y se desvaneció en la cama. Olof le puso una espina mágica en el oído para que no pudiese despertar; luego le afeitó, le cogió en vilo y le metió en un saco. Entonces, sus hombres llevaron al rey dormido a su barco. Cuando los hombres de este, informados de que su rey había regresado a su nave, acudieron en su búsqueda, le encontraron dentro del saco. Helgi estaba furioso y quería venganza, pero nada pudo hacer, ya que Olof había reunido a su ejército. Así que zarpo de esa tierra.

Helgi se tomó venganza de la siguiente manera. Navegó de nuevo hasta la tierra de Olof y escondió un gran tesoro en un bosque. Disfrazado como un mendigo, persuadió a uno de los esclavos de Olof para que le contase a esta que había encontrado un tesoro en el bosque, pero que debía acudir al lugar sola para evitar que cualquier otra persona lo reclamase. Era tan codiciosa que así lo hizo y, de esa forma, el enojado Helgi la capturó. De inmediato se le ofreció en matrimonio, pero él ni quiso oír hablar de tal cosa. Su venganza consistió en tenerla prisionera en su barco, donde se acostó con ella muchas noches.

Cuando Helgi se cansó de ella, la dejó marchar y regresó a su corte. Sin embargo, Helgi siguió saqueando y conquistando. De regreso a Saxland, Olof descubrió que estaba embarazada de Helgi. Ella ocultó su estado y, en secreto, dio a luz a una niña. Olof odiaba a la chica y la llamó Yrsa, como uno de sus perros. Cuando cumplió los doce años, enviaron a Yrsa a cuidar ganado y le ocultaron su origen.

Al año siguiente, Helgi volvió a Saxland para ver qué había ocurrido allí desde su última visita. Lo hizo de nuevo disfrazado y se encontró con Yrsa en los bosques. No sabía que era su hija y se enamoró de ella, ya que era muy hermosa. A la fuerza, se la llevó a Dinamarca y se casó con ella. Cuando Olof se enteró de eso, se congratuló, pues sabía que, pasado el tiempo, algo así llevaría a la deshonra de Helgi.

Fue en esa época cuando Hroar y Jelgi resolvieron la cuestión de la herencia danesa. Al principio, Hroar había mantenido su interés por el reino de Dinamarca, pero, con el tiempo, decidió permanecer en Inglaterra y renunciar a sus reclamaciones sobre cualquier tierra en cualquier otro lugar. Navegó hasta Dinamarca para informar de eso a Helgi y, a cambio, Helgi le entregó un anillo magnífico que el propio Hroar deseaba.

Fue en ese momento cuando el *jarl* Saevil murió y su viuda, Signy, (hermana de Hroar y Helgi), aconsejó a su hijo, Hrok, que reclamase una recompensa a sus tíos por la ayuda que les prestó Saevil en su día. Así que Hrok fue a Helgi y le exigió un tercio de Dinamarca o el gran anillo. Pero Helgi no estaba dispuesto a darle lo uno, y no podía darle lo otro. Así que Hrok navegó hasta Inglaterra y preguntó a Hroar si podía ver y palpar el anillo. Cuando Hroar aceptó, el otro lo tomó y lo arrojó al mar. Por tal crimen, Hroar hizo que le cortaran un pie a Hrok.

Con el tiempo, Hrok regresó a Inglaterra y mató a Hroar en batalla. Luego exigió casarse con la viuda de Hroar. Era Ogn, la hija del rey Nordri de Northumbria. El rey Nordri era viejo, pero todavía estaba dispuesto a luchar para defender a su hija, que no deseaba casarse con su sobrino, el asesino de su propio marido. Dado que estaba embarazada de Hroar, pidió que se propusiese el matrimonio y mandó a Helgi una petición de ayuda. Cuando Helgi supo que Ogn había dado a luz a un hijo llamado Agnar, decidió que era hora de pasar a la acción. Navegó hasta Inglaterra, capturó a Hrok e hizo que le rompieran los brazos y las piernas. Así lisiado, le envió de vuelta a su casa.

Agnar creció hasta convertirse en un guerrero fuerte y, con el tiempo, navegó hasta donde el gran anillo se había perdido entre las olas. Se sumergió tres veces y, al tercer intento, salió a la superficie ¡con el anillo!

De regreso a Dinamarca, Helgui consiguió renombre gracias al éxito de su incursión estival. Yrsa y él se amaban y tenían un hijo. Así fue cómo nació Hrolf, más tarde apodado Kraki.

Su felicidad llegó a término cuando la reina Olof visitó Dinamarca y por fin se vengó de Helgi al revelarle a Yrsa la verdad sobre su ascendencia: que ella, Olof, era su madre, pero que Helgi, su marido y padre de su hijo, era nada menos que su propio progenitor. Llena de desazón, Yrsa decidió que no podía quedarse junto a Helgi, por lo que regresó a Saxland con Olof. Helgi quedó desolado. Se metió en la cama, sumido en una profunda depresión, y no fue capaz de gobernar su tierra. Olof se había tomado su terrible venganza.

Tiempo después, el rey Adils de Suecia pidió la mano de Yrsa en matrimonio. A ella no le entusiasmaba gran cosa tal partido, pero aun así aceptó. Tras estos sucesos, Olof no tiene parte en esta historia.

Cuando Helgi supo que el rey Adils se había llevado a Yrsa a Suecia como esposa, se hundió todavía más en la depresión. Una noche, en Yule, vio a una pobre mendiga a las puertas y le invitó a pasar a su estancia. Ella le solicitó dormir en su cama y él convino. Cuando esa noche se giró para mirarla descubrió que se había convertido en una hermosa mujer, liberada de un hechizo al haberla aceptado él. La deseó y yació con ella. Se marchó por la mañana, pero le conminó a que fuera un año más tarde al amarradero de los barcos, a recoger a su hijo. Pero él se olvidó de hacerlo y, tres años después, una mujer elfo, que era con la que había dormido tres años antes, le llevó a medianoche su hija, una niña llamada Skuld. Le dijo que recibiría beneficios por haberla librado del hechizo, pero que su familia sufriría porque no había ido a recoger al niño, tal como le había indicado. La chica creció desarrollando un carácter problemático y peligroso.

El propio Helgi volvió a sus incursiones de verano, pero dejó a Hrolf (que más tarde sería conocido como Kraki), su hijo, en casa. Luego, Helgi navegó hasta Suecia, donde visitó al rey Adils en Uppsala.

Fue recibido por el rey, y por Yrsa, que ahora era reina de Suecia. Cuando Adils constató lo mucho que Helgi amaba todavía a Yrsa, le tendió una trampa. Cuando Helgi regresaba a su barco, le emboscó junto con los doce *berserkers* que hacían las veces de guardaespaldas suyos. Atrapado entre ellos y el ejército de Adils, Helgi murió en combate. Así terminó el reinado del rey Helgi de Dinamarca.

Tras eso, el rey Adils se consideró a sí mismo un rey famoso y poderoso. Era un devoto seguidor de los dioses nórdicos y practicaba la magia. Yrsa se reconcilió a regañadientes con Adils mediante una compensación por la muerte de Helgi, su padre, pero en su interior ansiaba matar a los *berserkers* del rey y deseaba liberarse del yugo de Adils.

Svipdag combate contra los *berserkers* de Adils de Suecia y entra al servicio del rey Hrolf

Había una vez un rico granjero llamado Svip. Vivía en las montañas de Suecia y tuvo tres hijos. Uno de estos fue llamado

Svipdag. Se cansó de vivir lejos de las personas y de la acción, por lo que resolvió ir a la corte del rey Adils y convertirse en guerrero. Su padre lo armó con una gran hacha y una cota de malla, le dio un buen caballo, y él partió hacia Uppsala.

Cuando llegó a la protegida residencia real, echó abajo la puerta para pasar y todos quedaron asombrados. El rey le saludó, le preguntó quién era, y él se lo dijo. Pero los *berserkers* del rey Adils querían pelear, porque les provocaba su arrogancia. Sin embargo, el rey les ordenó que se contuviesen. Fue entonces cuando la reina Yrsa le acogió, porque quería matar a los *berserkers* que habían tendido una emboscada a su padre. Los quería muertos y enviados a Hel. Los *berserkers* conocían tal circunstancia, pero desafiaban su odio, confiados en su fortaleza y habilidades.

Al llegar la mañana, tuvieron lugar una serie de combates singulares, hasta que Svipdag mató a cuatro de los *berserkers*. El rey Adils habría mandado al resto de sus hombres contra Svipdag, pero la reina Yrsa logró acordar una tregua que debía durar hasta el anochecer. Fue entonces cuando los *berserkers* supervivientes atacaron a Svipdag, aprovechando que salió del salón por su cuenta. El rey les había enviado a atacarle. Svipdag mató a otro de ellos antes de que el rey detuviese la pelea. Luego, desterró a los *berserkers* supervivientes, porque ya no le impresionaban con sus habilidades marciales. Ellos se marcharon, aunque amenazaron con vengarse. De esa manera, Svipdag sustituyó a los *berserkers* en la corte del rey Adils y la reina quedó complacida por ese giro de los acontecimientos.

Al cabo del tiempo, los *berserkers* reunieron un ejército y regresaron contra el rey Adils. A petición de este, Svipdag marchó como líder del ejército real para hacer frente a los invasores. Antes de que se trabaran en batalla, Svipdag dispuso abrojos en determinados lugares, para herir a los caballos de enemigos. Al comenzar la batalla, uno de los *berserkers* resultó muerto junto con muchos de los hombres del ejército invasor, y los supervivientes volvieron en desorden a sus barcos.

Tras reunir más guerreros, los *berserkers* regresaron de nuevo y otra vez enviaron a Svipdag contra ellos, pero con un ejército más pequeño que el de los invasores; aunque el rey prometió apoyarle junto con sus guardaespaldas. Se produjo la batalla y fue una lucha muy comprometida.

Allí cerca, vivía Svip con sus otros dos hijos. Se despertó y los convocó. Les dijo que debían ir a ayudar a su hermano, porque sabía que había perdido un ojo y sufrido multitud de heridas. Y que, aunque había matado a otros tres *berserkers*, todavía tres le hacían frente.

Siguiendo su mandato, los dos hermanos acudieron en su ayuda, ya que el rey no lo había hecho. Fue eso lo que salvó a Svipdag y condenó a los *berserkers* restantes. Mientras, todo el rato, el rey Adils estuvo observando desde el borde del bosque, sin saber quién quería que ganase.

Así fue cómo Svipdag sobrevivió y fue cuidado por la reina. Pero, cuando se hubo recuperado, decidió marcharse de Suecia, ya que el rey le había brindado tan poco auxilio. Así pues, sus hermanos y él fueron a Dinamarca y ofrecieron sus servicios al rey Hrolf. Este los aceptó y les dio asientos en sus bancadas de hidromiel. Al finalizar el verano, los doce *berserkers* del rey Hrolf regresaron al salón. Tal como era su costumbre, desafiaron a cuanto hombre había allí, pero solo Svipdag se levantó en esta ocasión. Se habría producido una pelea, pero Hrolf los separó y apaciguó tanto a Svipdag como al jefe de los *berserkers*. De ahí en adelante, serían iguales en la batalla y amigos cercanos.

Tras eso, el rey Hrolf estableció su salón en Hleidargard, en Dinamarca. Fue entonces cuando Skuld —la hermanastra medio elfo de Hrolf— se casó con el rey Hjovard

Hjorvard le sujeta la espada a Hrolf Kraki mientras este se sujeta el cinturón. Grabado de Jenny Nyström realizado en 1895.

(algunos dicen que era rey de Öland, en Suecia y otros que gobernaba sobre los alemanes). Poco después, Hrolf enredó a Hjovard para que se convirtiese en rey tributario suyo. Lo hizo de la siguiente forma. Mientras se aflojaba el cinturón, le pidió a Hjorvard que le sostuviese la espada. Así lo hizo Hjovard y entonces Hrolf recuperó su espada. Luego le recordó a Hjovard que cualquiera que le sujetase la espada a un hombre mientras este se abrochaba el cinturón aceptaba ser alguien de menor rango. Hjovard se enfadó, pero pagó religiosamente tributo a Hrolf, tal como lo hicieron el resto de reyes tributarios.

Y este es el final de la historia de Svipdag, que mató a los *berserkers* del rey Adils de Suecia y se convirtió en guerrero en la corte del rey Hrolf.

Cuentos de magia en Noruega y Laponia: Bjorn el oso-hombre y sus hijos

Muy lejos, en el norte de Noruega, había un rey llamado Hring que tuvo un hijo llamado Bjorn. Cuando la reina murió, El rey Hring envió al sur a buscar una nueva esposa. Sin embargo, las tormentas condujeron a sus mensajeros lejos, al norte, donde pasaron el invierno entre la gente de Lapp que vivía en la región fronteriza que los nórdicos llaman *Finnmark* (frontera finlandesa). Allí, en esa tierra aislada, encontraron a dos hermosas mujeres en una casita. Cuando les preguntaron, resultó que la mayor de ellas era amante del rey de los lapones y la más joven era su hija, de nombre Hvit. Estaban escondidas porque un rey poderoso había exigido casarse con Hvit, pero esta le había rechazado y temían que él la tomase por la fuerza.

Los mensajeros del rey Hring llegaron a la conclusión de que Hvit sería una novia adecuada para su rey. La convencieron de que les acompañase al sur y el viejo rey se sintió feliz de casarse con una joven tan hermosa.

Ocurre que el hijo de Hring, Bjorn, amaba a una chica llamada Bera, que era hija de un rico granjero. Cierto día, cuando el rey Hring partió a la guerra, la reina Hvit pidió que Bjorn se quedase a su lado y le ayudase a gobernar. El rey Hring aceptó tal petición porque pensaba que Hvit se estaba volviendo arrogante y a la gente no le gustaba. Así pues, Bjorn se quedó en casa, aunque no le hizo ninguna gracia tal decisión.

Cuando Hring se hubo ido, la reina Hvit fue a ver a Bjorn e intentó consolarle, pero él la rechazo. Sin embargo, ella volvió y le ofreció compartir su cama. Le dijo que eso sería mejor que lo que experimentaba al estar casada con un hombre tan viejo como Hring. Ante una sugerencia tal, Bjorn la pegó y la echó. Para vengarse, la reina Hvit le abofeteó con su guante hecho de piel de lobo y le maldijo, condenándole a convertirse en oso. Tras eso, él abandonó la corte, ya que estaba atrapado por la magia de la reina.

Después de este suceso, un gran oso gris comenzó a atacar al ganado del rey y mató a muchas cabezas. Una tarde, mientras Bera, la hija del agricultor, estaba en el campo, el oso se acercó a ella, pero no la amenazó. Ella le siguió hasta su cueva y allí el animal se volvió a convertir en Bjorn. De día era un oso, pero era hombre al caer el sol. Cierta noche, Bjorn le dijo a Bera que los cazadores del rey le matarían a la mañana siguiente, pero que ella daría a luz a tres hijos tras su muerte. Cuando le matasen, debería pedirle al rey que le entregase cuanto hubiese bajo su hombro izquierdo, y la conminó a no comer nada que le ofreciese la reina, que era en realidad un troll. Tras el nacimiento de sus hijos, debía leer las runas talladas en un arcón de madera en la cueva del oso. Le revelarían cuáles debían ser las armas para cada hijo, que estarían incrustadas en la roca.

Así sucedió. Al día siguiente Bjorn, el hombre-oso, fue cazado y muerto. A Bera se le permitió coger el anillo que había bajo su sobaco izquierdo, aunque nadie le vio cogerlo. Pero, después, la reina le obligó a comer un bocado de la carne del oso cocinada, afirmando que con comer ese trozo pequeño tendrían bastante para obrar magia.

Pasado el tiempo, Bera dio a luz a tres niños: uno era como un alce por debajo de la cintura y se llamaba Alce-Frodi; otro tenía patas de perro y fue llamado Thorir Pataperro; el tercero salió completamente humano y recibió el nombre de Bodvar. Ingerir incluso aquella pequeña porción de la carne del oso había afectado a los niños.

Alce-Frodi creció violento y resentido. A los doce años, dejó la compañía de las personas, tomó la porción más pequeña del tesoro, así como una espada pequeña, y se convirtió en ladrón y asesino en las montañas.

Cuando Thorir Pataperro se fue de casa, tomó un hacha de la cueva y su parte del tesoro. Viajó a las montañas para pasar algún tiempo con Alce-Frodi y, luego, siguiendo su consejo, dirigió sus pasos hacia Gotland en el sur de Suecia, donde se convirtió en rey.

Bera le reveló a Bodvar todo lo que le había ocurrido a su padre por culpa de la reina Hvit. Juntos, acudieron al rey Hring a exigir venganza. Hring les preguntó si no podrían dejarla en paz por el amor que sentía hacia Hvit, y a cambió Bodvar sería compensado con el tesoro y el trono del reino cuando Hring muriese, pero Bodvar quería venganza y el rey no pudo contenerle. Sorprendió a la reina Hvit y la encapuchó con una bolsa de cuero que llevaba consigo. La golpeó y la arrastró por las calles hasta que murió.

El rey quedó sumamente apenado por aquello y al poco también murió. Así fue cómo Bodvar acabó por convertirse en rey.

No obstante, así no era feliz, y decidió marcharse. Lo primero de todo, tomó su arma —una espada mágica— de la roca de la cueva. La naturaleza de esta era tal que mataría a un hombre cada vez que la desenvainasen, y solo podía ser usada tres veces por el mismo dueño. La hizo una vaina de corteza de abedul y viajó hasta llegar a la casa de Alce-Frodi, que no le reconoció, ya que llevaba la capucha echada. Lucharon largo rato, hasta que por último Alce-Frodi le reconoció. Entonces le pidió que se quedase con él, pero Bodvar rehusó. Alce-Frodi le dio a beber un poco de su propia sangre para aumentar sus fuerzas. Y prometió que le vengaría si era muerto por otro hombre.

Cuando Bodvar llegó a Gotland, el rey Thorir Pataperro estaba lejos, pero Bodvar se le parecía tanto que incluso la reina creyó que era su esposo. Esa noche durmieron juntos, pero Bodvar mantuvo una manta entre ellos. Cuando Thorir Pataperro regresó, se llenó de contento al ver a su hermano, pero Bodvar no quiso quedarse, pues deseaba unirse a los compañeros guerreros del rey Hrokf, en Hleidargard, en Dinamarca.

De camino, una pareja de ancianos le dio alojamiento. La madre estaba llorando porque su hijo Hott era tratado con crueldad por los campeones del rey Hrolf, en Hleidargard. Cada noche, le arrojaban los huesos de su festín.

Bodvar decidió salvar al chico en gratitud por la hospitalidad que la pareja de ancianos le había brindado. Así que, cuando llegó a Hleidargard y vio cómo Hott estaba oculto tras una pila de huesos, tiró de él y le hizo sentarse a su lado en la bancada de hidromiel. Cuando le arrojaron un gran hueso, Bodvar lo lanzó de vuelta y mató al hombre que lo había tirado. Tras eso, el rey Hrolf —que previamente había dicho a sus hombres que cesasen en su acoso, cosa que estos habían ignorado— pidió a Bodvar que se uniese a sus campeones. Pero Bodvar solo aceptaría la oferta ¡si Hott le acompañaba!

Una vez que se hubo unido a los campeones, Bodvar supo que, cada *Yule*[5], un troll enorme y alado atacaba la tierra. Esa víspera de Yule, Bodvar y un Hott sumamente reacio salieron al encuentro de la bestia. Sacando su poderosa espada, Bodvar mató al animal. Hizo beber su sangre y consumir su carne a Hott, lo que le hizo fuerte y valeroso. Luego, para mostrar su transformación a todos, levantaron a la bestia para simular que seguía viva. Más tarde, cuando otros acudieron a investigar, Hott se acercó a ella en solitaria y, tomando la espada del rey Hrolf, que se llamaba *Empuñadura Dorada*, golpeó a la bestia, haciéndola caer al suelo. De esa forma, el rey Hrolf ganó dos campeones: Bodvar y Hott, que cambió su nombre por el de Hjalti, en honor a su transformación personal.

Y este es el final de la historia de Bodvar y sus hermanos.

El reinado del rey Hrolf: conflictos con el rey Adils de Suecia. Bodvar Bjarki el hombre-oso. Odín disfrazado de Hrani. La muerte de Hrolf

Era costumbre que, siempre que los *berserkers* del rey Hrolf regresaban de una campaña, desafiasen a todos los hombres del salón del rey, ¡del rey mismo abajo! Creían que nadie estaba a su altura. Pero, la siguiente vez que los *berserkers* regresaron, las cosas habían cambiado, pues Bodvar y Hjalti (que una vez fue llamado Hott) ¡estaban sentados en las bancadas de hidromiel! Cuando desafiaron a Bodvar, este dijo al *berserker* que hizo tal cosa que era hijo de una yegua ¡y

---

[5] El solsticio de invierno. (N. del t.).

le habría matado de no haber impuesto orden el rey Hrolf! Hjalti hizo otro tanto. Ahora que los dos nuevos campeones estaban allí, las cosas eran diferentes en el salón. Al lado derecho del rey se sentaban Bodvar y Hjalti, al izquierdo Svipdag y sus tres hermanos; cerca estaban los doce *berserkers*. Tanto destacó Bodvar que se casó con la única hija del rey Hrolf, Drifa.

Un día, mientras el rey Hrolf y Bodvar estaban de banquete, hablaron acerca de la grandeza de los reyes. Fue entonces cuando Bodvar advirtió al rey de que su grandeza se vería aminorada mientras el rey Adils de Suecia conservase el tesoro del padre de Hrolf, Helgi, en Uppsala. El rey Hrolf estuvo de acuerdo en ese extremo, pero añadió que no se podría recuperar con facilidad, ya que Adils era ducho en los usos tenebrosos de la magia. Así que iniciaron viaje hacia Uppsala. De camino, se quedaron tres noches con un granjero llamado Hrani y, cada noche, hubieron de pasar una prueba: de frío, de sed y de calor. Hrani aconsejó al rey Hrolf que mandase de vuelta a casa a aquellos que no las pasasen. Nadie lo sabía en aquellos momentos, pero ese granjero que se hacía llamar por el nombre de Hrani era en realidad Odín disfrazado. Al final, tan solo doce compañeros cabalgaron con el rey hacia Uppsala.

Cuando llegaron a su destino, Svipdag fue abriendo paso, porque conocía el salón del rey Adils y había multitud de obstáculos en el camino que hubieron de superar hasta llegar donde el rey se sentaba. Había pozos trampa y hombres armados ocultos detrás de tapices. Hubieron de enfrentarse a todos ellos. Finalmente, el rey Adils mandó a sus hombres que se apaciguasen y —haciendo hincapié en los pocos hombres que el rey Hrolf traía consigo— les pidió que se sentaran. Encendieron un fuego para calentarlos, pero este ardió con tanta furia que amenazó con quemarlos, ya que el rey Adils pretendía separar a Hrolf de sus hombres, pues suponía que no soportaría el calor tan bien como sus campeones. Sin embargo, Bodvar, Svipdag y Hjalti arrojaron a algunos deudos del rey Adils al fuego y el propio Adils solo pudo evitarlo usando la magia para escapar a través de un árbol hueco situado en el centro de la sala.

Entonces, la reina Yrsa envió a un sirviente a atender las necesidades del rey Hrolf. Cuando este vio al rey, constató que su cara era larga y delgada como una escala tallada en un poste alto. En Escandinavia, una escalera así tallada se conoce como *kraki*, y de esa forma ¡el rey Hrolf fue conocido como Hrolf Kraki!

El criado advirtió al rey de que Adils usaría la magia para hacer que un troll con forma de jabalí les atacase y, en efecto, eso es lo que ocurrió. Solo se retiró cuando el sabueso de Hrolf Kraki le atacó. Entonces, el rey Adils prendió fuego al salón y los compañeros solo pudieron escapar al abrirse paso a través de las paredes. Se produjo una tremenda batalla en el exterior, de la que Hrolf Kraki y sus campeones salieron victoriosos; tanto, que incluso su halcón mató a todos los halcones del rey Adils en las caballerizas reales. Tras eso, Adils huyó y los victoriosos guerreros tomaron asiento en la parte que quedaba en pie de su salón. La reina Yrsa les llevó el tesoro de Adils, incluido el anillo más precioso de los que el rey Adils tenía; y les entregó doce buenos caballos, porque Adils había ordenado que mutilasen a sus monturas. Se marcharon y Hrolf Kraki dio a su madre una emotiva despedida.

Cuando se alejaban, el rey Adils le persiguió, pero Hrolf Kraki arrojó oro sobre el camino y los que les perseguían ¡se retrasaron para poder recogerlo! Incluso Adils se detuvo cuando vio su anillo más valioso en el suelo. Cuando se inclinó a recogerlo, Hrolf Kraki se mofó de él por arrastrase como un cerdo y le hirió en las nalgas con un tajo de espada. Luego mataron a los hombres más cercanos a Adils y los dos reyes acabaron por separarse.

Esa noche llegaron a una granja y una vez más fueron recibidos por el granjero llamado Hrani. El granjero ofreció armas al rey, pero este las rechazó. Ante eso, Hrani se ofendió sobremanera y, pese a que estaba oscuro, Hrolf Kraki y sus campeones no tuvieron otro remedio que marcharse. Ni Hrolf Kraki ni Hrani se despidieron el uno del otro.

Mientras estaban ya en camino, Bodvar reflexionó sobre que se habían equivocado al no aceptar los regalos del granjero y afirmó que solo saldráin males de eso. Hrolf Kraki se mostró de acuerdo y dijo que ahora sabía que se habían encontrado con Odín el Viejo, y que por eso el granjero solo tenía un ojo. Volvieron atrás, pero tan solo para descubrir que la granja y el granjero habían desaparecido. Hrolf Kraki manifestó que sería inútil buscar más, ya que el granjero era un espíritu maligno.

Al llegar a casa, Bodvar aconsejó a Hrolf Kraki que no debiera ir más a la batalla, porque temía que la buena suerte del rey en la guerra se hubiese agotado por culpa del encuentro en el camino. Pero él rey replicó que el destino decide sobre la vida de un hombre y no el espíritu maligno que era Odín.

No mucho después de eso, Skuld —la hermanastra medio elfo de Hrolf— incitó a su marido, el rey Hjovard, a negar el tributo al rey Hrolf Kraki. Era el tributo debido por cuando había sido engañado por aquel episodio del cinturón y la espada. Skuld usó sus poderes mágicos para convocar a los elfos, las nornas y muchas criaturas horribles, que se sumaron al ejército que estaba reuniendo.

Hrolf Kraki no estaba advertido de tales preparativos cuando Skuld y Hjovard llegaron a Hleidargard con su ejército; confiaba demasiado en la fuerza de su gobierno y en sus campeones, y estaba muy ocupado en disfrutar de la vida en Hleidargard. No decimos que sus guerreros y él adorasen a los viejos dioses, sino más bien que confiaban demasiado en sus propias habilidades y valor.

Fue entonces cuando Hjalti (que una vez se llamó Hott) fue a acostarse con su amante fuera de la fortaleza y vio a los enemigos reunidos. Al mismo tiempo, le mordió a ella en la nariz (algunos dicen que por su infidelidad) y declaró que la traición puede cegar a cualquiera durante un rato. Eso desató la alarma. Hrolf reunió a sus campeones, incluido Bodvar, al que los hombres llamaban Bjarki (oso pequeño) desde que derrotase a los *berserkers*.

El rey y sus campeones bebieron a fondo y salieron luego a combatir. ¡Y terrible fue esa batalla!: los cadáveres formaban pilas y la espada de Hrolf Kraki, *Skognung*, cantaba al destrozar huesos. En todo momento, un oso enorme peleó al lado de Hrolf Kraki. Desgarraba y trituraba hombres y caballos, y no había arma que pudiese herirle.

Fue entonces cuando Hjalti advirtió que Bodvar Bjarki había desaparecido y mandó a llamarle al salón, afeándole que se hubiese quedado allí. Pero, cuando Bodvar Bjarki apareció en el campo de batalla, el gran oso se desvaneció y la batalla se volvió en contra de Hrolf Kraki. Porque de esa forma Skuld pudo hacer su magia y que un terrible jabalí apareciera e hiciera una matanza entre los hombres de Hrolf Kraki. Bodvar Bjarki advirtió también que los guerreros muertos de ejército enemigo volvían a la vida.

Recurrió al Hjalti que, aunque había despedazado al rey Hjovard, no había conseguido hacerle caer, lo que era claramente obra de Odín, el hijo del diablo, aunque no podía verle. Fue entonces cuando el rey Hrolf Kraki cayó, rodeado de enemigos y abrumado por la magia. No pudo vencer porque no conocía al verdadero Dios.

Así fue como Skuld se impuso, aunque bien poco provecho sacó de ello. Porque Bodvar Bjarki fue vengado por sus hermanos Alce-Frodi y el rey Thorir Pataperro, y un ejército sueco enviado por la reina Yrsa. Vencieron a Skuld y su magia, la torturaron y mataron, y devolvieron a Dinamarca el gobierno del linaje de Hrolf Kraki a través de sus hijas. Luego, alzaron un gran túmulo funerario sobre la tumba de Hrolf Kraki y su espada *Skofnung*, y levantaron túmulos sobre las tumbas de todos los campeones.

Así acaba la historia del rey Hrolf Kraki y sus campeones.

24

Viajes a Vinlandia

Con estas historias de los viajes a Vinlandia, en Norteamérica, finaliza esta sección de «leyendas nórdicas». Están enraizadas con más firmeza en tiempos históricos posteriores que las *fornaldar-sagas* (sagas de los tiempos antiguos) que hemos estado conociendo. Aun así, todavía muestran muchos rasgos míticos, e incluso las que parecen más históricas nos presentan a personajes inmortales, que recuerdan en las tradiniones británicas a Arturo en sus formas más históricas, Robín Hood, o los aspectos más legendarios de las hazañas de Robert the Bruce.

Lo narrado en este capítulo se encuentra en dos sagas islandesas del siglo XIII: La *Saga de Eric el Rojo* y la *Saga de los groenlandeses*. La narración que hacemos aquí de estos viajes a occidente y del descubrimiento de América se ha hecho combinando información contenida en ambas. Eso funciona muy bien porque, a menudo, una de las fuentes aporta detalles a algo que solo aparece esbozado en la otra, si es que no forma parte de sus tradiciones en absoluto.

En ciertos puntos, no obstante, ofrecen versiones muy diferentes de las mismas tradiciones. Por ejemplo: la *Saga de Eric el Rojo* nos dice que fue el hijo de Eric, Thorstein, el que compró un barco al padre de Gudric, con el que navegó hacia el oeste; mientras que la *Saga de los groenlandeses* dicen que el hijo de Eric, Leif, compró el barco a Bjarni Herjolfsson. En tales casos, hay que tomar una decisión; por lo normal, se sigue el relato más detallado para así conseguir la mejor «historia». La *Saga de Eric el Rojo* contiene abundante información sobre el asentamiento en Groenlandia, pero se emplea en este libro sobre todo por la información que proporciona sobre la mujer exploradora Gudrid Thorbjornsdottir (que juega un papel significativo en el asentamiento de Vinlandia) y por la información adicional que ofrece en lo tocante a los viajes a Vinlandia.

Las tierras «descubiertas» en estos relatos medievales fueron, durante mucho tiempo, consideradas como algo legendario, producto de la imaginación de los nórdicos medievales. Sin embargo, estudios más recientes de los textos medievales, comparándolos con la geografía de América del Norte y, por último, la evidencia arqueológica del asentamiento en L'Anse aux Meadows en el extremo norte de Terranova, en Canadá, nos han llevado a que ahora estemos seguros de que estos relatos se basan en sucesos reales, aunque se entrelacen con cierto material legendario. El asentamiento de L'Anse aux Meadows puede corresponderse con el campamento conocido como *Straumsfjord* (en nórdico antiguo: *Straumfjörð*) que se menciona en la *Saga de Eric el Rojo*.

El resultado de todo esto es que las tierras mencionadas en esas sagas del siglo XIII se identifican ahora de la siguiente manera:

Helluland se llama así a partir de la palabra nórdica para laja y, a día de hoy, muchos expertos creen que hace referencia a la isla Baffin en el territorio canadiense de Nunavut.

Markland recibe su nombre de la palabra nórdica para bosque y es probable que se refiera a la costa del Labrador.

Vinlandia se llama así por la palabra nórdica para uvas (o vino) y es probable que designe al área que va desde Terranova al Golfo del San Lorenzo y, quizás, tan lejos al sur como New Brunswich nororiental, ya que allí crecen viñas silvestres.

* * *

El asentamiento en Groenlandia

Bjarni Herjolfsson y su padre, Herjolf, navegaron con Eric el Rojo hasta Groenlandia y se establecieron allí. Lo hicieron en compañía de un habitante de las Hébridas, cristiano, que era poeta.

En Groenlandia, Herjolf y su familia se establecieron en Herjolfsnes, en tanto que Eric el Rojo lo hacía en Brattahlid. Los hijos de Eric eran Leif, Thorvald, Thorstein y una hija (ilegítima) a la que llamaron Freydis y que resultó ser una mujer dominante. Estaba casada con Thorlvad, que era rico, pero del que poco más se podía decir.

Un personaje famoso en la historia del poblamiento de Groenlandia y Vinlandia fue una mujer llamada Gudrid. Viajó a Groenlandia desde Islandia junto a su padre en un grupo de treinta colonos. Pasaron momentos difíciles, ya que la mitad de ellos enfermaron y murieron, pero los supervivientes fueron al final rescatados.

Fue entonces cuando una mujer que podía predecir el futuro le leyó a Gudrid la buenaventura. Todo ocurrió de forma extraña, ya que esa mujer —una vidente llamada Thorbjorg— visitó la granja en la que Gudrid vivía y le preguntó si conocía las canciones necesarias para poder predecir el futuro. Gudrid contestó que se las habían enseñado de niña, pero que ahora no podía participar porque era cristiana. La otra le instó a hacerlo para ayudar a la gente de la granja y se unió al cántico tradicional. Después, Thorbjorg se lo agradeció, afirmando que, gracias a los cantos de Gudrid, los espíritus le habían revelado que pronto acabarían los tiempos de penuria en Groenlandia; los problemas de salud de Gudrid pronto pasarían; y que Gudrharía haría un buen matrimonio en Groenlandia, viajaría a Islandia para echar raíces allí y sería una mujer de la que descendería una familia ilustre.

Tiempo después, Gudrid viajó al salón del famoso aventurero Eric el Rojo. Fue entonces cuando el hijo de Eric, Leif, recibió la orden del rey Olaf de Noruega de convertir a los colonos de Groenlandia al cristianismo. Eso se debía a que los colonos seguían siendo paganos. Tanto Leif como Gudrid desempeñaron su papel en el asentamiento en Vinlandia, como veremos en seguida.

El hallazgo de tierras al oeste de Groenlandia... el descubrimiento de Vinlandia

Los relatos antiguos dan dos versiones de cómo se descubrió la tierra de Vinlandia. Uno cuenta cómo Bjarni Herjolfsson se desvió de su curso durante un viaje por mar a Groenlandia y avistó una tierra extraña lejos, al oeste. Era una tierra de colinas bajas y arboladas; estaba donde no se sabía que hubiese tierra alguna. Avistó esa tierra, pero no ancló frente a ella ni desembarcó. Mantuvo tierra por el costado de babor (a la izquierda) y luego se alejó de ella para navegar dos días antes de avistar de nuevo tierra. Comprendió que no era Groenlandia, ya que no tenía glaciares; esa tierra era plana y arbolada.

La tripulación quería desembarcar para conseguir madera y agua, Pero Bjarni Herjolfsson no les hizo caso. En cambio, se alejaron de allí y navegaron durante tres días, hasta llegar a una tercera tierra. Esta tenía altas montañas y glaciares. Una vez más, no desembarcaron y, en vez de eso, la circunnavegaron hasta constatar que era una isla. Luego se alejaron y navegaron otros cuatro días. Al cabo de ese tiempo, llegaron a una cuarta tierra. Esa era Groenlandia y arribaron al punto en el que se había establecido el padre de Bjarni Herjolfsson.

El otro cuento narra cómo Leif Ericsson se vio también desviado de su rumbo durante una travesía marítima y llegó a una tierra desconocida y lejana, al oeste de Groenlandia. Descubrió que era una tierra de trigo y vides silvestres, en la que crecían arces. Algunos dicen que se perdió mientras viajaba hacia Groenlandia desde Noruega. Otros, que Leif navegó directamente al oeste a partir de Groenlandia.

Casi todos concuerdan en decir que todo ocurrió de la siguiente forma. Leif había comprado un barco a Bjarni Herjolfsson y le pidió a Eric, su padre, que le acompañase de exploración, navegando desde Groenlandia hacia el oeste. Pero Eric decidió que ya estaba demasiado viejo para tales aventuras. Luego cambió de parecer, enterró todo su oro y cabalgó hasta donde Leif tenía amarrado el barco. De camino, Eric se cayó del caballo, rompiéndose varias costillas y lastimándose el hombro, por lo que decidió que lo mejor era volverse a su granja; en consecuencia, Leif tuvo que navegar sin él.

Leif descubrió la tierra que Bjarni Herjolfsson había avistado con anterioridad. Pasó por nuevas tierras a las que bautizó como Helluland (Tierra de Lajas), Markland (Tierra Boscosa) y por último Vinlandia (Tierra de Parras o Tierra de Vino).

Varó su nave para explorar la primera tierra que alcanzaron. Helluland no tenía hierba y los glaciares cubrían las alturas. Entre estos y el mar, la tierra era una planicie rocosa. Decidieron que una tierra tan baldía no les servía para nada.

En consecuencia, siguieron navegando hasta arribar a una segunda tierra. Una vez más, desembarcaron. Markland tenía playas de arenas blancas y era plana y boscosa. Por eso la llamaron así, Markland (Tierra Forestal), por ser muy distinta de las costas estériles a las que habían llegado cuando navegaron más allá de Helluland.

Navegaron durante dos días más. Y luego llegaron a la tierra más fértil de todas. Al norte de la misma había una isla, que fue donde desembarcaron. Había rocío en la hierba y esta resultaba dulce al paladar. Al volver al barco, navegaron hasta el estrecho que había entre la isla y el continente. Tras bogar a lo largo de la costa, su buque embarrancó en aguas someras. El mar parecía hallarse lejos.

Tenían la pretensión de explorar esta nueva tierra y, por tanto, dejaron su barco varado cerca del lugar en el que un río desembocaba en el mar, procedente de un lago. Por último, la marea desembarrancó su nave y ellos volvieron a ella y remontaron el río hasta el lago. Allí echaron finalmente el ancla.

Bajaron a tierra y construyeron refugios. Decidieron pasar el invierno en aquel lugar y levantaron viviendas adecuadas. Había muchos salmones en el lago y el río, y eran peces mayores de los que hubieran visto jamás. Llegaron a la conclusión de que no necesitarían acumular forraje para el ganado en invierno, ya que el clima se mantuvo templado y la hierba apenas se agostó. En comparación con Groenlandia e Islandia, los días y las noches duraban lo mismo, e incluso en pleno invierno el sol era visible con claridad a media mañana. Incluso aún se podía ver a mitad de la tarde.

Construyeron nuevos refugios en ese lugar y se dedicaron a explorar el territorio colindante. Para estar seguros, se dividieron en dos grupos: uno permanecía siempre en el campamento y los que salían a explorar se mantenían juntos en todo momento. Durante una de esas exploraciones, el padre adoptivo de Leif se separó de los demás y, cuando lograron encontrarles, le dijo lleno de excitación que había encontrado vino y vides crecidas. A partir de ese descubrimiento comenzaron a llamar a esa tierra Vinlandia. Como resultado de eso, los colonos cosecharon las uvas y cortaron madera para llevársela a los barcos.

Más tarde, exploradores posteriores llegaron a ese lugar y lo llamaron Campamento de Leif. Desde esa base, los viajeros que les siguieron exploraron más allá.

Durante la primavera siguiente, en su viaje de vuelta a Groenlandia, Leif rescató al noruego Thorir y a su tripulación, que habían naufragado y sobrevivían en un arrecife: una isla baja rocosa. Había quince hombres atrapados allí cuando él llegó. Tras aquello, la gente le apodó Leif el Afortunado. Thorir pasó luego el invierno (junto con su esposa Gudrid) en la granja de Leif. Ese mismo invierno, Thorir enfermó y murió, lo mismo que el padre de Leif, Eric el Rojo. Gudrid sería posteriormente una de las primeras pobladoras de Vinlandia.

Otro relato sobre la exploración de Vinlandia... el viaje de Thorvald

El hermano de Leif el Afortunado se llamaba Thorvald. También navegó hasta Vinlandia. Llegó al Campamento de Leif y se estableció para pasar el invierno y pescar.

Desde allí, al llegar la primavera, exploró hacia el oeste. Él y sus compañeros quedaron impresionados ante la tierra pletórica de bosques (en Groenlandia había gran escasez de madera) y las playas de arena blanca.

El segundo verano, exploraron la tierra que había al este. Tras algún tiempo de vagabundear, el barco fue empujado a tierra por una tormenta y quedó muy dañado. Eso ocurrió en un punto que Thorvald llamó Kjalrnes (Punta Quilla).

Mientras estaban allí, se encontraron con nueve nativos (a los que los nórdicos llamaron *skraelings*, que significa «bárbaros» o «aulladores») escondidos bajo tres botes hechos con cueros de animales. Thorvald y sus hombres mataron a todos menos a uno, que consiguió escapar. Dio la voz de alarma y acudieron muchos más, a atacar a los nórdicos con arcos y flechas.

Thorvald y sus hombres se habían rendido al sueño y despertaron cuando una voz les advirtió del peligro. Fue entonces cuando vieron una enorme cantidad de botes cubiertos de cueros que se dirigían hacia ellos. Alertados por la voz misteriosa, defendieron su barco del ataque. Pasado un tiempo, los atacantes se retiraron. Pero una de sus flechas había herido de muerte a Thorvald y fue enterrado en un lugar al que sus compañeros llamaron Krossanes (Lugar de la Cruz). Le pusieron ese nombre por las cruces que Thorvald había ordenado que se colocasen a la cabeza y a los pies de su tumba. Thorvald era cristiano, pero su padre, Eric el Rojo, había muerto antes de que se produjese la conversión de Groenlandia.

La primavera siguiente, los colonos supervivientes navegaron de regreso a Groenlandia y llevaron la noticia de la muerte de Thorvald a su hermano Leif.

Otro relato de la exploración de Vinlandia... el viaje de Thorstein y Gudrid

Thorstein (hijo de Eric el Rojo) se casó con Gudrid, que fue una de los primeros pobladores de Groenlandia junto con su primer marido, el noruego Thorir. Era el Thorir al que Leif el Afortunado rescató en el arrecife.

Thorstein y Gudrid se instalaron en Groenlandia, en Tysufjord, en el área conocida como Asentamiento Occidental. Se habían visto empujados hasta allí por el mal tiempo cuando intentaron un viaje a Vinlandia para recuperar el cuerpo de Thorvald. Se quedaron en una granja local a pasar el invierno. Thorstein y Gudrid eran cristianos, pero las gentes entre las que estaban todavía creían en los viejos dioses como Odín y Thor.

Fue allí donde Thorstein cayó enfermo y murió. Después, se levantó durante un tiempo de entre los muertos y le reveló a Gudrid su fortuna. Ocurrió como sigue.

La enfermedad abatió a muchos de los que estaban en la granja en la que Thorstein y Gudrid se habían quedado a invernar. Antes de que muriesen, se veía a los espíritus de los muertos parados en el exterior, en el patio que había entre la casa y un edificio auxiliar. De esa forma, aquellos que habrían de morir pronto eran vistos ya por los demás como tales. Cuando Thorstein murió cerca del anochecer, Gudrid se fue a dormir mientras el granjero velaba el cadáver. Pero, durante la noche, el granjero llamó a Gudrid para decirle que su marido muerto se había levantado y quería hablar con ella. Dado que Gudrid era cristiana, puso su confianza en Dios y acudió a donde estaba su esposo. Este habló en privado con ella y le pidió que él, así como el resto de muertos en la granja, fuesen enterrados en tierra consagrada, en una iglesia. En esa época, la práctica en Groenlandia era enterrar a los muertos en tierra no consagrada y clavarles una estaca en el pecho. Por eso, a menudo, mucho después, se sacaba la estaca, se echaba agua bendita en el agujero, y se recitaban las oraciones fúnebres. Pero Thorstein pidió que enterrasen de inmediato en tierra sagrada a todos los muertos. A todos excepto a Gardi, el capataz de la granja, que había sido el primero en morir. Porque Thorstein le dijo que era por su culpa que los muertos acechaban a los vivos; debían quemar su cuerpo en una pira funeraria. Luego, Thorstein le aconsejó que no se casase con un groenlandés y que donase su dinero a la iglesia o a los pobres. Después, se tendió y descansó en paz.

Esa fue la segunda vez que le dijeron a Gudrid la buenaventura. Más tarde llevaron el cuerpo de Thorstein al cementerio de Brattahlid (aunque algunos dicen que fue a la iglesia de Ericsfjord) y Gudrid llevó allí vida de viuda.

Tiempo después, acabó casándose con Thorfinn Karlsefni cuando este llegó a Groenlandia. Todos hablaban de ir a Vinlandia, por lo que Gudrid y Thorfinn Karlsefni partieron en compañía de Freydis, la hija (ilegítima) de Eric el Rojo, y de su esposo Thorvald. Se les unió el hijo de Eric, que también se llamaba Thorvald. Llevaron ganado con ellos, ya que tenían intención de asentarse en Vinlandia.

Pasaron por Helluland y vieron multitud de zorros. Tras dos días de navegación avistaron la tierra boscosa de Markland y encontraron un oso en una isla costera, por lo que la llamaron Bjarney (Isla del Oso). Tras otros dos días en el mar, pasaron por una zona a la que llamaron Furdurstrandir (Playas Hermosas) debido a sus largas extensiones de arenas. Entonces desembarcaron a dos escoceses que les había enviado Olaf Tryggvason, el rey de Noruega. Eran un hombre llamado Haki y una mujer llamada Hekja. Podían correr más rápido que los ciervos y le encargaron que explorasen el territorio. Al cabo de tres días, regresaron con uvas y trigo silvestre. Entonces, Thorfinn Karlsefni manifestó que esa tierra sería buena para asentarse.

Reembarcaron a los escoceses y navegaron por el Straumsfjord hasta establecerse por último en el Campamento de Leif, donde algunos dicen que había mucha comida gracias a una ballena recién varada, las uvas que creían salvajes y caza de todas clases. Aunque otros dicen que el invierno les cogió por sorpresa y que pasaron hambre al principio. Fue entonces cuando uno de los suyos ——Thorhall el Cazador— desapareció. Era un hombre problemático y sentía poco respeto por el cristianismo, pero había sido un compañero íntimo de Eric el Rojo. Al desaparecido Thorhall tardaron tres días en encontrarlo. Thorfinn Karlsefni le descubrió al borde de un acantilado en estado de perturbación mental. Poco después, encontraron una ballena varada de un tipo como nunca antes habían visto y comieron su carne, aunque eso les hizo enfermar. Fue entonces cuando Thorhall el Cazador les reveló que el descubrimiento de la ballena había sido su recompensa por recitar un poema a Thor, que era su custodio, y que «el Viejo Barbarroja (Odín) les había sido más útil que Cristo». Cuando los demás oyeron tal cosa, arrojaron la carne de ballena desde lo alto del acantilado e imploraron la misericordia de Dios. Entonces mejoró el clima, por lo que pudieron ir a pescar y consiguieron mucha comida. Al avanzar a lo largo del fiordo, encontraron muchas piezas para cazar, huevos para recolectar y pescado que atrapar.

En lo que a Thorhall el Cazador respecta, continuó recitando poemas en honor a Odín, al que llamaba «el dios del casco». Al final, partió por su cuenta en su barco, pero fue desviado de su curso por una tormenta y embarrancó en Irlanda, donde tanto él como los que le acompañaban fueron maltratados y reducidos a la esclavitud.

Volviendo a Vinlandia, uno de los barcos restantes fue al norte, costeando Kjarlarnes, donde descubrió la quilla de un barco que había sido abandonado allí. Ese buque fue empujado fuera de su rumbo y terminó muy al sur en un lugar que llamaron Hop (Pozo de Marea). Así lo denominaron porque un río fluye desde un lago hasta el mar. Pero las barras arenosas en la boca del río implicaban que solo se podía navegar cuando subía la marea. Ese barco estaba al mando de Thorfinn Karlsefni. En Hop descubrieron campos de trigo silvestre, viñas creciendo en las colinas y ríos repletos de peces. Al cavar trincheras a lo largo de las marcas de pleamar, atraparon platijas cuando la marea bajaba. En invierno no había nieve y su ganado podía pastar en el exterior.

En Hop, Thorfinn Karlsefni y Gudrid se encontraron por primera vez con *skraelings*. Esas gentes eran de baja estatura, aspecto amenazador y pelo salvaje y enmarañado; tenían grandes ojos y pómulos anchos. Los nórdicos comerciaron con ellos. Les dieron leche y productos lácteos, así como telas rojas, y los *skraelings* les entregaron cueros a cambio. Los *skraelings* también pretendían conseguir armas, pero Thorfinn Karlsefni no permitió a sus hombres comerciar con eso. Los *skraelings* tenían miedo del toro que Thorfinn Karlsefni y Gudrid habían llevado consigo, así que decidieron que, de ser necesario, podrían usar al animal para atemorizarles.

Durante su estancia allí, Gudrid dio a luz a un hijo y le llamó Snorri. Fue el primer nórdico en nacer en Vinlandia. Poco después, Gudrid vio un fantasma. Era una mujer de ojos enormes. Aquella extraña mujer le dijo que también se llamaban Gudrid, pero, antes de que pudieran hablar más, les interrumpió un gran alboroto, porque uno de los *skraelings* había intentado robar un arma y le mataron.

Al final, los *skraelings* atacaron el asentamiento. Muchos murieron, y uno de ellos fue abatido por otro de sus compañeros, que se había apoderado de un hacha de hierro —que encontró clavada en la cabeza de un *skraeling* muerto— y que la usó contra él para ver qué efecto hacía. Al ver eso, el jefe de los *skraelings* cogió el hacha y la arrojó al mar. Otro relato dice que los *skraelings* la probaron en madera, pero que, cuando trataron de hacer lo mismo en piedra, la hoja se quebró.

Durante la lucha, hubo un momento en el que los nórdicos tuvieron que retroceder ante el ataque de los *skraelings*, pero Freydis, la hija de Eric el Rojo, salvó la situación. Aunque estaba embarazada, atemorizó a los atacantes al descubrir el pecho y golpeárselo con el plano de una espada.

Tras eso, Thorfinn Karlsefni decidió que no podía permanecer allí, ya que estarían en perpetuo peligro de sufrir un ataque. En consecuencia, embarcaron, navegaron por la costa y mataron a cinco *skraelings* a los que descubrieron durmiendo en sacos hechos de cueros animales.

Circunnavegaron Kjalrnes hasta un punto en el que un río desembocaba en el mar. Allí, él y su tripulación fueron atacados por una criatura de una sola pierna que mató a Thorvald, el hijo de Eric el Rojo, de un flechazo. Thorvald se sacó la flecha del cuerpo y bromeó con sus compañeros acerca de lo grueso que tenía el estómago, por lo mucho que se había hundido la flecha. Tras eso, murió.

De vuelta a Straumsfjord, los hombres disputaron por las mujeres. Aquellos varones que no tenían esposas, trataron de tomar las de los casados. Para entonces, ya llevaban en Vinlandia tres años, pues esa era la edad del hijo de Thorfinn Karlsefni y Gudrid, Snorri (ese que fue el primer nórdico en nacer en Vinlandia).

Al seguir navegando, llegaron a Markland, donde encontraron a cinco *skraelings*: un hombre barbudo, dos mujeres y dos niños. Se apoderaron de los niños, les enseñaron el lenguaje nórdico y les bautizaron. Esos fueron los primeros nativos de Vinlandia en convertirse en cristianos. En esos días, perdieron otro de sus barcos.

A la primavera siguiente, Thorfinn Karlsefni y Gudrid decidieron regresar a Groenlandia. Se llevaron con ellos un gran cargamento de madera —ya que en Groenlandia no había más madera que la de los pecios—, bayas silvestres y pieles de animales.

Desde allí, prosiguieron viaje a Islandia y luego a Noruega, para vender los bienes que se habían llevado de Vinlandia. Entre ellos estaba la proa de madera tallada de su propio barco. Esta la compró por un buen monto de oro un comerciante de

Bremen, Sajonia, que había viajado a Noruega. Se dijo luego que esa proa estaba hecha de arce de Vinlandia, aunque, al mismo tiempo, Thorfinn Karlsefni ignoraba que clase de madera se había llevado en su viaje de vuelta.

Desde Noruega volvieron a Islandia. Y ahí, en esas tierras, Thorfinn Karlsefni y Gudrid se establecieron al final en Reynines, en Skagafjord, en el norte. Al principio, Gudrid no fue aceptada por su suegra, ya que consideraba que la familia de Gudrid no era digna de su hijo. Al final, sin embargo, cambió de opinión y la aceptó.

Del hijo de Thorfinn Karlsefni y Gudrid, Snorri, descendieron muchos islandeses, incluidos tres que llegaron a ser obispos de la iglesia islandesa. La mayoría de lo que sabemos sobre los viajes a Vinlandia proceden de los informes de Thorfinn Karlsefni.

La propia Gudrid viajó más tarde a Roma como peregrina. Al regresar a Islandia, construyó una iglesia en Glaumbaer y se hizo monja para vivir allí como ermitaña. Fue anacoreta, hasta su muerte.

Otro relato sobre la exploración de Vinlandia... el viaje de Freydis Ericsdottir con su esposo Thorvard

Tiempo después, Freydis, la hija de Eric el Rojo, regresó a Vinlandia junto con su esposo Thorvard. Viajó en compañía de dos hermanos, Helgi y Finnbogi, llegados de los fiordos orientales de Islandia y dueños de un buque con el que habían navegado hasta Groenlandia. Freydis era la mujer que aterrorizó a los *skraelings* al golpear su pecho desnudo con el plano de una espada. Pero esta expedición acabó muy mal, porque Freydis era una persona tortuosa e indigna de confianza.

Llegaron al Campamento de Leif, pero allí los miembros de su expedición se pelearon entre ellos. Freydis se negó a permitir que Helgi y Finnbogi usaran las casas comunales del campamento, alegando que Leif —su hermano— le había cedido su uso a ella y no a ellos. Así que ellos acamparon más lejos del mar, junto a un lago.

Durante el verano, los dos grupos de colonos se entretuvieron con competiciones, pero pronto los desacuerdos los dividieron. Eso se mantuvo así a lo largo de todo el invierno.

Incitados por los actos de Freydis, lucharon entre ellos. Freydis mintió a su esposo, diciéndole que había sido maltratada por Finnbogi y animándole a vengarse. Sus hombres y él cayeron sobre los otros pobladores —Helgi, Finnbogi y sus seguidores— mientras dormían. Ataron a los hombres, que fueron asesinados por orden de Freydis, pero nadie del grupo que dirigía estuvo dispuesto a matar a las cinco mujeres que había entre los seguidores de Helgi y Finnbogi. Al final fue la propia Freydis quien mató a las mujeres que habían viajado con ellos hasta allí. Lo hizo con un hacha.

Tras eso, los supervivientes regresaron a Groenlandia y Freydis les intimó a guardar silencio sobre lo que había ocurrido, o de lo contrario los mataría. Debían decir a los demás que los restantes miembros de la expedición se habían quedado en Vinlandia.

Sin embargo, las noticias de la atrocidad que Freydis había perpetrado en Vinlandia acabó por difundirse. Fue condenada por Leif el Afortunado, su propio hermano; pero, como era de su familia, se libró del castigo por los asesinatos que había instigado y los que cometió personalmente en Vinlandia.

Notas

[I] C. Balbirnie, «The Vikings at home», *BBC History Magazine*, vol. 13, n°. 9 (septiembre 2012), p. 25.

[II] Una panorámica del término *viking* se puede encontrar en: M. Arnold, *The Vikings: Culture and Conquest* (London: Hambledon Continuum, 2006), pp. 7-8; A. Somerville y R. A. McDonald, *The Viking Age: A Reader* (University of Toronto Press, 2010), p. XIII.

[III] K. Kunz, en Ö. Thorsson (ed.), *The Sagas of Icelanders* (Londres: Penguin, 2000), p. 640.

[IV] Para tener un relato accesible de este descubrimiento, ver: H. Ingstad y A. Stine Ingstad, *The Viking Discovery of America: The Excavation of a Norse Settlement in L'Anse aux Meadows, Newfoundland* (St John's, NF: Breakwater Books, 2000).

[V] P. B. Taylor, 'The Hønen runes: A survey', *Neophilologus*, vol. 60, n°. 1 (enero 1976), pp. 1-7. Ver también: C. Cavaleri, 'The Vínland Sagas as Propaganda for the Christian Church: Freydís and Gudríd as Paradigms for Eve and the Virgin Mary', Trabajo de master, Universidad de Oslo, 2008.

[VI] Para traducciones modernas al inglés, ver: Snorri Sturluson, *Edda*, ed. con traducción de. A. Faulkes (London: Everyman, 1987) —más conocida como *Prosa Edda*— y *The Poetic Edda*, con traducción de C. Larrington (Oxford University Press, 1996).

[VII] Para traducciones modernas al inglés, ver: M. L. Colish, *Medieval Foundations of the Western Intellectual Tradition, 400-1400* (New Haven, CT, y Londres: Yale University Press, 1997), cap. 8: 'Varieties of Germanic literature: Old Norse, Old High German, and Old English'.

VIII G. Nordal, *Tools of Literacy: The Role of Skaldic Verse in Icelandic Textual Culture of the Twelfth and Thirteenth Centuries* (Toronto: University of Toronto Press, 2001), p. 58.

IX Para ampliar sobre la literatura nórdica, ver: M. Clunies Ross, *The Cambridge Introduction to the Old Norse-Icelandic Saga* (Cambridge University Press, 2010).

X J. Jesch, *The Norse gods in England and the Isle of Man*, en edición de D. Anlezark; *Myths, Legends, and Heroes: Essays on Old Norse and Old English Literature in Honour of John McKinnell* (University of Toronto Press, 2011), pp. 18–19.

XI M. Osborn, *The ravens on the Lejre Throne*, edición de M. D. J. Bintley y T. J. T. Williams (eds). *Representing Beasts in Early Medieval England and Scandinavia* (Woodbridge: Boydell & Brewer, 2015), p. 104; A. Andrén, K. Jennbert y C. Raudvere (eds). *Old Norse Religion in Longterm Perspectives: Origins, Changes, and Interactions: An International Conference in Lund*. Suecia, junio 3–7, 2004 (Lund: Nordic Academic Press, 2006), p. 128.

XII *Feminae: Medieval Women and Gender Index*, https://inpress.lib.uiowa.edu/feminae/DetailsPage.aspx?Feminae_ID=31944 (visitado el 17 de Marzo 2017).

XIII L. Hedeager, *Iron Age Myth and Materiality: An Archaeology of Scandinavia AD 400–1000* (Abingdon: Routledge, 2011), Figura 4.21, p. 76.

XIV P. Parker, *The Northmen's Fury: A History of the Viking World* (Londres: Vintage, 2015), p. 130.

XV J. D. Richards, *The Scandinavian presence*, edición de J. Hunter y I. Ralston, *The Archaeology of Britain: An Introduction from the Upper Palaeolithic to the Industrial Revolution* (Londres: Routledge, 1999), p. 200; J. Jesch, 'Speaking like a Viking: Language and cultural interaction in the Irish Sea region', edición de S. E. Harding, D. Griffiths y E. Royles, en *Search of Vikings: Interdisciplinary Approaches to the Scandinavian Heritage of North-west England* (Boca Raton, FL: CRC Press, 2015), p. 58.

[XVI] *Anglo-Saxon Chronicle annal for 878*, D. Whitelock (ed.), English Historical Documents, volumen I, c.500-1042 (London: Eyre Methuen, 1979), p. 195. Sobre esto, los ya tardíos *Annals of St. Neots* (de comienzos del siglo XII) recogen la tradición de que si el estandarte flamea anuncia la victoria, pero si cuelga avisa de una derrota.

[XVII] P. Meulengracht Sørensen, 'Religions old and new', edición de P. Sawyer, *The Oxford Illustrated History of the Vikings* (Oxford University Press, 1997), p. 206.

[XVIII] J. Lindow, *Handbook of Norse Mythology* (Santa Barbara, CA: ABC Clio, 2001), p. 10.

[XIX] A. Faulkes, *Pagan sympathy: Attitudes to heathendom in the Prologue to Snorra Edda*, edición de R. J. Glendinning and H. Bessason, *Edda: A Collection of Essays* (Winnipeg, MB: University of Manitoba Press, 2014), p. 285.

[XX] De igual manera, muchos expertos sostienen que las escenas mitológicas que se encuentran en las cruces de piedra de Gran Bretaña implican el uso de simbología nórdica pagana para trasmitir un mensaje cristiano. J. Jesch, *The Norse gods in England and the Isle of Man*, edición de D. Anlezark. *Myths, Legends, and Heroes: Essays on Old Norse and Old English Literature in Honour of John McKinnell* (University of Toronto Press, 2011), p. 12.

[XXI] Dice: «Ahora se contarán más historias suyacentes a partir de las cuales se originan esos *kennings* que acabamos de enumerar», M. Clunies Ross,'Quellen zur germanischen Religionsgeschichte, edición de H. Beck, D. Ellmers y K. Schier, *Germanische Religionsgeschichte* (Berlin y New York: Walter de Gruyter, 1992), p. 647.

XXII Se ha defendido que el material islandés «puede suministrar una imagen de la mitología pagana suficientemente sistemática y fundamentada». A. Mills, *Mythology* (Ciudad del Cabo: Struik Publishers, 2006), p. 233.

XXIII Adam de Bremen, *History of the Archbishops of Hamburg-Bremen*, trad. F. J. Tschan (Nueva York: Columbia University Press, 2002), vol. IV, p. 207.

XXIV Tacito, *Germania*, trad. M. Hutton y W. Peterson, rev. R. M. Ogilvie, E. H. Warmington y M. Winterbottom (Cambridge, MA: Harvard University Press, 1914), p. 144.

XXV A. A. Somerville y R. A. McDonald, *The Vikings and Their Age* (University of Toronto Press, 2013), cap. 2: «Society and religion in the Viking Age: Conversion».

ÍNDICE ONOMÁSTICO

A

Adam de Bremen 15, 26, 283
Aegir 7, 114, 115, 153, 154, 155, 159, 160, 161, 165
Æsir 11, 25, 33, 34, 39, 42, 44, 45, 47, 48, 49, 53, 55, 56, 57, 58, 59, 60, 62, 63, 68, 71, 72, 73, 74, 76, 79, 84, 85, 86, 87, 90, 91, 92, 93, 95, 96, 97, 98, 99, 100, 101, 102, 103, 104, 105, 106, 107, 114, 115, 117, 119, 120, 132, 134, 139, 140, 141, 146, 149, 150, 151, 152, 154, 155, 159, 160, 161, 163, 165, 168, 169, 170, 171, 178, 179, 180, 181, 182, 184, 185, 190, 191, 192, 210, 219, 220, 221, 222, 223, 224, 225, 226, 230
Alfheim 46, 139
Alta Edad Media 11, 69
América del Norte 15, 16, 266
Angantyr 235, 237, 238, 239, 240, 241, 242
Asagarth 219, 221, 223, 227
Asgard 31, 34, 35, 39, 42, 43, 44, 54, 72, 87, 90, 97, 98, 102, 105, 113, 114, 117, 155, 159, 170, 171, 172, 191, 219
Ask 39
Asyniur 7, 61, 62, 65, 66, 67, 115
Atila el Huno 123
Atli Budlason 123, 124, 125
Audhumla 37, 177

B

Baldr 7, 19, 44, 48, 49, 50, 62, 83, 84, 85, 86, 87, 89, 90, 93, 98, 140, 162, 182, 185, 186, 191, 224
Beowulf 244
Berserkers 87, 251, 252, 253, 259, 260, 263
Beyla 165
Bifrost 31, 40, 42, 44, 45, 49, 68, 141, 189
Bjorn 255, 256, 257
Bodvar 11, 244, 245, 257, 258, 259, 260, 261, 262, 263, 264
Bor 53
Borghild 203, 204, 205
Bragi 33, 49, 115, 141, 159, 161
Bredi 196, 197
Brimir 114, 178, 183
Brisingamen 63, 170
Brokk 116, 117, 118
Brynhild 123, 124, 217
Byggvir 164
Byleist 55

C

Ciervos 45, 140, 233, 274
Codex Regius 11, 18, 19, 176
Codex Trajectinus 18
Codex Upsaliensis 18
Codex Wormianus 18, 41

Collar de los Brisings 170, 171
Cristianismo 7, 18, 21, 23, 31,
    69, 176, 268, 274
Cristo 24, 25, 32, 126, 176, 275

D

Danubio 231, 241
Dedo de Aurvandil 108
Dinamarca 11, 14, 20, 34, 121,
    125, 126, 127, 167, 204,
    213, 218, 235, 243, 245,
    247, 249, 250, 251, 253,
    258, 264
Domaldi 228, 229
Dvalin y Durin 232, 233

E

Edad Media 11, 17, 28, 69
Edda Poética 16, 17, 18, 23, 31,
    32, 41, 53, 61, 69, 83, 84,
    93, 95, 114, 129, 130, 135,
    136, 143, 153, 167, 175,
    195, 231
Edda Prosaica 16, 17, 18, 23, 31,
    41, 53, 55, 61, 69, 70, 83,
    93, 95, 103, 113, 114, 153,
    176, 187, 195, 211, 212,
    213, 231
El anillo de los Nibelungos 9
El engaño de Gylfi 18, 24, 25, 31,
    32, 41, 53, 55, 61, 69, 83,
    93, 153, 187, 286
Elfos 22, 45, 46, 47, 58, 116, 119,
    132, 134, 139, 159, 160,
    169, 184, 195, 210, 215,
    233, 262
El lenguaje de la poesía 24, 25,
    31, 53, 83, 95, 103, 113,
    211, 213, 286

El Señor de los Anillos 9, 196, 232
El Vagabundo 34, 40, 42
Embla 39
Enanos 22, 38, 43, 44, 45, 58, 63,
    69, 74, 96, 100, 101, 113,
    114, 132, 175, 178, 179,
    183, 184, 215, 231, 232,
    233, 234, 238
Era Vikinga 11, 14, 16, 19, 20,
    22, 23, 42, 69, 70, 113, 143,
    144, 220, 244
Eric el Rojo 265, 266, 267, 268,
    271, 272, 274, 276, 277,
    278, 287
Escandinavia 13, 14, 20, 21, 24,
    144, 195, 219, 220, 223,
    261
Evemerismo 25

F

Fafnir 113, 114, 119, 121, 122,
    124, 125, 196, 207, 208,
    209, 210, 211, 212, 218
Fenrir 10, 32, 49, 56, 57, 58, 59,
    60, 66, 67, 104, 141, 158,
    159, 161, 163, 165, 183,
    185, 188, 189, 190, 191
Freyia 48, 62, 63, 71, 72, 73, 89,
    98, 105, 115, 140, 159, 162,
    163, 167, 168, 169, 170,
    171, 172, 173, 174, 180,
    181, 220, 223, 226, 228
Freyr 7, 26, 27, 48, 58, 61, 67, 68,
    74, 89, 115, 116, 117, 118,
    139, 141, 163, 164, 185,
    190, 220, 221, 222, 223,
    224, 227, 228
Frigg 7, 39, 47, 62, 64, 65, 66, 84,
    85, 87, 89, 109, 115, 135,

137, 138, 140, 159, 162, 182, 185, 197, 222
Frodi 114, 126, 232, 235, 245, 246, 247, 257, 258, 264
Fulla 64, 65, 138

G

Gefion 33, 34, 161, 162, 223
Geirrod 108, 109, 110, 111, 112, 130, 135, 136, 137, 138, 139, 141, 142
Gesta Danorum 213, 231
Giantland 7, 43, 56, 69, 72, 73, 75, 87, 97, 98, 103, 104, 105, 106, 108, 109, 113, 131, 153, 154, 155, 159, 169, 170, 172, 173, 174, 178, 190, 224
Gigantes 7, 31, 33, 36, 37, 38, 39, 40, 43, 44, 45, 47, 49, 53, 55, 63, 67, 68, 69, 70, 71, 72, 73, 76, 77, 80, 81, 82, 89, 96, 97, 98, 99, 100, 101, 103, 104, 105, 106, 107, 108, 109, 110, 112, 113, 114, 115, 118, 130, 131, 132, 134, 136, 140, 144, 146, 147, 148, 149, 153, 154, 155, 156, 157, 158, 159, 163, 164, 165, 167, 169, 170, 171, 172, 173, 174, 175, 176, 180, 181, 183, 184, 185, 189, 191, 198, 204, 224, 238, 244
Gilling 100, 287
Gimle 36, 46, 47, 186, 287
Gladsheim 43, 44
Gleipnir 58, 59, 67
Gna 64, 65

Gothheimr 226
Gotland 13, 70, 95, 126, 198, 199, 200, 213, 218
Gram 121, 205, 208, 209, 210, 218
Granmar 204
Groenlandia 14, 266, 267, 268, 269, 270, 271, 272, 273, 274, 277, 278, 279
Gudrun 123, 124, 125, 126, 238
Gullveig 180
Gunnar 123, 124, 125
Gylfi 18, 24, 25, 31, 32, 33, 34, 35, 36, 37, 38, 40, 41, 42, 53, 55, 61, 69, 83, 93, 153, 187, 218, 224
Gymir 67

H

Haenir 95, 96, 118, 119, 179, 207, 220, 222
Halfdan 214, 216, 218, 245, 246
Halfdan el Viejo 214, 216
Harald Fairhair 221
Heidrek 238, 239, 240, 241
Heimdall 41, 42, 49, 50, 51, 63, 89, 140, 164, 171, 181, 184, 190, 191, 224
Heimskingla 17
Hel 36, 37, 55, 56, 57, 73, 86, 87, 88, 89, 90, 91, 93, 140, 183, 184, 189, 191, 252
Helblindi 55
Helgi 62, 203, 204, 245, 246, 247, 248, 249, 250, 251, 260, 278, 279
Hiadnings 214, 215
Hild 122, 182, 213, 214, 215, 216
Hjalmar 235, 236, 237

Hlin 65
Hlod 239, 240, 242
Hnoss 62
Hod 49, 50, 83, 84, 86, 93, 182, 186, 191
Hogni 123, 124, 125, 214, 215
Hraesvelg 47
Hrafnkell 27
Hraudung 7, 135, 136, 137
Hrimfaxi 39
Hringhorni 87
Hroar 245, 246, 247, 249
Hrolf Kraki 113, 127, 128, 243, 244, 245, 250, 251, 253, 254, 255, 258, 259, 260, 261, 262, 263, 264
Hrungnir 104, 105, 106, 107, 108, 146, 147
Hrym 184, 189
Hugin y Munin 66, 89
Hymir 70, 80, 81, 82, 153, 155, 156, 157, 158, 159, 163

I

Idunn 7, 49, 95, 96, 97, 98, 115, 159, 161, 164
Ingeborg 235, 236, 237
Islandia 11, 14, 18, 19, 22, 23, 195, 220, 243, 245, 267, 270, 277, 278

J

Jormungand 56, 70
Juicio Final 176

K

Kennings 17, 24, 25, 26, 28, 31, 53, 83, 95, 96, 282

L

La lista de Rig 41, 42
L' Anse aux Meadows 15, 16, 266, 280
La pelea de Loki 144, 153
La Saga de Olaf Tryggvason 61
Leif Ericsson 269
Leyding 57, 58
Leyendas nórdicas 17, 196, 232, 265
Life y Leifthrasir 191
Lodur 179
Lofn 65
Loki 53, 55, 56, 60, 62, 63, 69, 70, 71, 72, 73, 74, 75, 78, 79, 80, 83, 84, 85, 86, 90, 91, 92, 94, 95, 96, 97, 98, 108, 109, 110, 111, 112, 113, 115, 116, 117, 118, 119, 120, 144, 145, 153, 154, 159, 160, 161, 162, 163, 164, 165, 166, 167, 168, 169, 170, 171, 172, 173, 174, 182, 183, 184, 185, 189, 191, 207, 208
Los dichos de Grimnir 11, 130, 135

M

Megingjorth 76
Midgard 21, 39, 42, 55, 56, 70, 71, 80, 81, 82, 153, 158, 184, 185, 189, 190, 191
Mim 184
Mimir 44, 182, 186, 190, 220, 222, 225
Miollnir 47, 69, 73, 75, 76, 89, 107, 159, 165, 168, 173, 174, 191

Mirkwood 164, 232, 240
Muspell 37, 38, 40, 68, 164, 184, 189, 190

N

Naglfar 184, 189
Narfi 56, 92, 166
Nidhogg 44, 45, 140, 141, 183, 186
Niflheim 36, 44, 56, 88
Niflhel 36, 73
Niord 48, 58, 67, 99, 115, 140, 159, 163, 172, 196, 220, 222, 223, 224, 227, 289
Nórdico 9, 10, 11, 12, 13, 14, 16, 17, 18, 19, 21, 27, 28, 41, 61, 83, 103, 113, 129, 135, 143, 175, 176, 187, 188, 206, 213, 214, 219, 220, 232, 243, 244, 246, 266, 276, 277
Nornas 45, 46, 66, 114, 203, 205, 210, 233, 242, 262
Noruega 11, 14, 16, 20, 127, 214, 219, 220, 221, 230, 238, 255, 268, 269, 274, 277, 278

O

Odín 7, 11, 20, 21, 22, 24, 25, 26, 27, 31, 32, 36, 37, 38, 39, 43, 44, 46, 47, 48, 50, 53, 55, 56, 57, 58, 60, 61, 62, 63, 65, 66, 67, 74, 84, 87, 89, 91, 93, 94, 95, 96, 99, 101, 102, 103, 104, 105, 106, 107, 113, 114, 115, 116, 117, 118, 119, 120, 126, 129, 130, 131, 132, 135, 136, 137, 138, 139, 140, 141, 142, 143, 144, 146, 148, 149, 152, 159, 161, 162, 165, 172, 174, 175, 176, 177, 179, 180, 181, 182, 183, 184, 185, 187, 190, 196, 197, 198, 204, 205, 207, 213, 218, 220, 221, 222, 223, 224, 225, 226, 227, 229, 230, 233, 241, 244, 245, 259, 260, 262, 263, 273, 275
Olaf Tryggvason 61, 64, 274
Oro 43, 46, 49, 50, 62, 63, 89, 99, 104, 113, 114, 115, 116, 117, 118, 119, 120, 121, 122, 124, 125, 126, 127, 128, 140, 144, 150, 156, 169, 172, 173, 174, 178, 182, 183, 186, 191, 196, 199, 208, 210, 211, 214, 215, 228, 234, 247, 261, 269, 277

P

Padre Supremo 31, 35, 36, 39, 43, 44, 46, 47, 56, 58, 60, 62, 63, 65, 67, 74, 84, 101, 141, 161
Pozo de Weird 44, 46
Profecía de la vidente 7, 18, 28, 32, 41, 53, 136, 175, 176, 213

R

Ragnarok 7, 21, 49, 60, 66, 68, 70, 92, 136, 140, 158, 163, 164, 175, 176, 183, 185, 187, 191, 216

Ratatosk 45, 140
Regin 21, 119, 121, 122, 124, 129, 206, 207, 208, 209, 210, 211, 246, 247
Rey de los hunos 196, 197, 239
Rind 50, 66, 93, 290

S

Saga de Egill 27
Saga de Hervarar 231
Saga de los islandeses 15
Saga de los Volsungs 8, 19, 195, 196, 211, 212
Saga de los Ynglinga 8, 25, 219, 220
Saga del rey Hrolf Kraki 8
Saxo Grammaticus 213, 232
Siggeir 198, 199, 200, 201, 202, 203
Sigi 196, 197
Sigmund 121, 124, 198, 199, 200, 201, 202, 203, 204, 205, 206, 208, 209, 210
Signy 198, 199, 200, 201, 202, 203, 246, 247, 249
Sigrun 203, 204
Sigurd 8, 9, 21, 113, 121, 122, 123, 124, 125, 129, 136, 195, 196, 206, 207, 208, 209, 210, 211, 212, 217, 218
Sigyn 56, 92, 166
Sinfjotli 201, 202, 203, 204, 205
Skadi 48, 98, 99, 115, 159, 164, 166, 196, 197
Skidbladnir 116, 141
Skidblandnir 74
Skinfaxi 39
Skirnir 58, 67, 68, 190

Skraelings 271, 276, 277, 278
Skrymir 76, 77, 80, 165
Sleipnir 20, 44, 74, 87, 93, 104, 141, 207
Snorri Sturluson 17, 23, 24, 25, 26, 31, 32, 41, 53, 55, 84, 95, 175, 219, 220, 221, 276, 277, 278, 280
Suecia 11, 14, 20, 22, 33, 42, 61, 68, 70, 95, 126, 127, 167, 192, 198, 213, 218, 221, 224, 227, 228, 229, 230, 235, 244, 250, 251, 253, 255, 257, 259, 260, 281
Svafrlami 232, 233, 234

T

Tanngniost 47, 74
Tanngrisnir 47, 74, 81
Tesoro de los Nibelungos 114, 122, 125
Thor 7, 9, 20, 21, 25, 26, 27, 31, 39, 45, 47, 48, 50, 55, 63, 66, 69, 70, 71, 72, 73, 74, 75, 76, 77, 78, 79, 80, 81, 82, 87, 89, 91, 92, 103, 104, 105, 106, 107, 108, 109, 110, 111, 112, 115, 116, 117, 118, 139, 140, 141, 143, 144, 145, 146, 147, 148, 149, 150, 151, 152, 153, 154, 155, 156, 157, 158, 159, 165, 167, 168, 169, 170, 171, 172, 173, 174, 181, 185, 187, 190, 191, 224, 273, 275
Thorfinn Karlsefni 274, 275, 276, 277, 278
Thorir Pataperro 257, 258, 264

Thorstein 265, 267, 272, 273
Thorvald 267, 271, 272, 274, 277
Thrym 167, 169, 170, 171, 172, 173, 174
Tierra Media 9, 39, 42, 114, 141
Tolkien 9, 114, 196, 232
Troya 24
Tyr 7, 27, 49, 57, 59, 115, 153, 155, 156, 157, 158, 159, 163, 183, 190
Tyrfing 8, 231, 234, 235, 237, 238, 239, 241, 242

U

Uppsala 127, 221, 224, 227, 228, 229, 230, 235, 237, 251, 252, 260

V

Valaskialf 46
Valhalla 34, 47, 61, 66, 67, 70, 85, 104, 105, 106, 115, 140, 162, 182, 226, 227
Vali 49, 50, 66, 92, 182, 191
Valquirias 7, 20, 21, 61, 62, 66, 67, 89, 122, 182, 198, 204, 213, 237
Vanir 48, 58, 63, 67, 68, 96, 99, 100, 103, 104, 159, 171, 180, 181, 184, 196, 220, 222, 223, 226, 230
Var 65, 173
Ve y Vili 38, 177, 221, 223
Vidar 50, 110, 115, 159, 161, 185, 190, 191
Vikingo 13, 14, 27, 126, 206
Vingolf 43
Vinlandia 8, 14, 15, 16, 196, 265, 266, 267, 268, 269, 270, 271, 272, 274, 275, 276, 277, 278, 279
Volsungs 8, 9, 19, 121, 195, 196, 197, 198, 199, 200, 201, 203, 207 211, 212, 214, 218

W

Wagner, Richard 187
Wedrfolnir 45

Y

Yggdrasil 44, 45, 54, 140, 141, 179, 181, 184, 187, 190, 233
Ymir 37, 38, 39, 43, 103, 114, 141, 177, 178
Ynglings 68, 218, 228
Yrsa 248, 249, 250, 251, 252, 261, 264

Z

Zelanda 33, 224, 244

Bibliografía

Seleccionada por los autores:

Anónimo:

—*The Poetic Edda*, trad. C. Larrington. Oxford University Press. Oxford, 1996.

—*The Sagas of Icelanders*, de J. Smiley y otros. Penguin. Londres, 2000.

—*The Saga of King Hrolf Kraki*, trad. J. L. Byock. Penguin, Londres, 1998.

—*The Saga of the Volsungs*, trad. J. L. Byock. Penguin. Londres, 1999.

—*The Vinlandia Sagas*, trad. K. Kunz, en J. Smiley y otros. Penguin. Londres, 2000.

Sturluson, Snorri: *Edda*, edición y traducción de A. Faulkes. Everyman. Londres, 1987. A menudo llamada *Edda prosaica*.

—*Heimskringla: History of the Kings of Norway*, trad. L. M. Hollander. University of Texas Press. Austin, Texas, 2007.

En español:

Anónimo:

—*Edda mayor*. Alianza editorial. Madrid, 2016.

—*El cantar de los Nibelungos*. Arpa editores. Madrid, 2018.

—*Sagas islandesas de los tiempos antiguos*. Miraguano. Madrid, 2007.

—*La saga de Eirík el Rojo*. Nórdica libros. Madrid, 2011.

Canales, Carlos y Del Rey, Miguel: *Demonios del norte. Expediciones vikingas*. EDAF. Madrid, 2017.

Cohat, Yves: *Los vikingos, reyes de los mares*. Editorial Aguilar Universal, Madrid, 1989.

HALL, Richard: *El mundo de los vikingos.* Editorial Akal. Madrid, 2008.

MORALES ROMERO, E.: *Historia de los vikingos en España. Ataques e incursiones contra los Reinos Cristianos y Musulmanes de la Península Ibérica en los siglos IX-XI.* Miraguano Ediciones. Madrid, 2004.

NIEDNER, Heinrich: *Mitología Nórdica.* Ed. Edicomunicación, Madrid, 1919.

OXENTIERNA, Eric Graf: *Los vikingos.* Ed. Caralt, Barcelona, 1977.

REINHART, P.A. Dozy: *Los vikingos en España.* Ed. Polifemo. Madrid, 1987.

STURLUSON, Snorri: *Edda menor.* Alianza editorial. Madrid, 2006.